社會團體工作

Social Work with Groups:
A Comprehensive Workbook, 6th edition

Charles H. Zastrow　著

楊蓓　審閱

何金針・謝金枝　譯

CENGAGE
Learning™

Australia · Brazil · Japan · Korea · Mexico · Singapore · Spain · United Kingdom · United States

社會團體工作 / Charles H. Zastrow 著；何金針，
謝金枝譯. -- 初版. -- 臺北市：湯姆生，2007.11
　面；公分
　譯自：Social Work with Groups：A
Comprehensive Workbook, 6th ed.
　ISBN 978-986-6775-12-3(平裝)

　1. 社會團體工作

547.3　　　　　　　　　96014258

社會團體工作

出 版 商　新加坡商聖智學習亞洲私人有限公司台灣分公司
　　　　　臺北市鄭州路 87 號 9 樓之 1
　　　　　http://www.cengage.tw
　　　　　電話：(02) 2558-0569　傳眞：(02) 2558-0360

原　　著　Charles H. Zastrow

審　　閱　楊蓓

譯　　者　何金針‧謝金枝

企劃編輯　邱筱薇

執行編輯　吳曉芳

編務管理　謝惠婷

總 經 銷　心理出版社股份有限公司
　　　　　台北市和平東路一段180 號7 樓
　　　　　電話：(02) 2367-1490　傳眞：(02) 2367-1457
　　　　　郵撥：19293172 心理出版社股份有限公司
　　　　　http://www.psy.com.tw
　　　　　E-mail: psychoco@ms15.hinet.net
　　　　　駐美代表：Lisa Wu
　　　　　Tel: 973 546-5845　Fax: 973 546-7651

定　　價　新臺幣 550 元

出版日期　西元 2010 年 10 月　初版二刷

ISBN 978-986-6775-12-3

(7SCOR0)

審閱序

　　在團體工作教學的二十餘年間，一直對教科書尋尋覓覓，很難找到一本團體工作的書是在教學上既符合現況，另一方面又在社會工作的根本精神上是不離不棄的。多年來，在台灣的社會工作領域中以團體為主要工作方法的人未見增加，一旦機構要求繳出成績單時，常見心理諮商背景的帶領者頻頻出線，而社工人員淪為行政助理，卻名為協同領導。這種現象雖然其來有自，但作為教學工作者的我，常深感慚愧，總希望為這種現象做點什麼。

　　社會工作的專業化歷程帶來了專業分工，但不可否認的也帶來斷裂與切割。於是作個案的人專注於個案的發包與問題解決，而忘了案主是生存在共同的社會文化情境中；帶團體的人，只考慮眼前的團體目標與活動方案，而忘了改變歷程是牽一髮而動全局的；機構化的結果是讓社會工作者出讓了社區工作的半壁江山而不自知。這本書最大的特色在於作者視社會工作的實施為一整體的系統，再一次由綜融的角度來看待社會工作的三大方法之一——團體工作。

　　非常感佩原作者的出發點。因為這本 2006 年出版的第六版新書，顯而易見的為目前社會工作的發展困境找到了出路，那就是回到「人在情境中」、「以案主需求為中心」的社會工作根本精神。

　　在專精化和機構化的今天，案主如同輸送帶上未完成的產品，每到一處就歷經以機構為本位的服務，幸好，我們的客戶都是弱勢者，乖巧順從，不太挑剔。久而久之，個案管理者負責派案，或轉介諮商，或轉介某團體工作坊，當案主進入團體，歷程中發生的事，個案工作者可以毫不知情，而團體帶領者帶完團體就離開了，留下我們的案主在此輸送帶上自求多福。試問，斷裂的情境中，「人」到哪兒去了？

　　本書由第二章起就試圖由社會工作的整體視框來架構團體工作的位置與關係，這是其他團體工作教科書所不及。

　　團體工作的起源並非與社會個案工作同步，而是由兩次世界大戰後人類在社區中自助互助的引導社會變遷的歷程走出來的，所以團體工作者有一部分

性格是草根性十足，同時又對人與人之間的互動，充滿自主、平等的熱情。所以，1946 年美國的社會工作者協會（NASW）在 Grace Coyle 的主導下，將團體工作納入社會工作專業方法之一時，有大批的團體工作者出走，理由是他們認為專業化將抹殺團體工作愛好自主平等的取向。事實也證明，專業化的結果是機構化，而機構化的結果是遠離社區，如今在社區關係中深耕的社會工作者已如鳳毛麟角。而團體工作者進入機構之後，就只能走向臨床取向的小團體，美其名要深入處理成員的議題，在訓練不足的情況下，或節節挫敗，或不敢嘗試，自信與勇氣更是缺缺。

作者在本書中由第六章起，將團體工作劃出一個寬廣的範圍，凡是可以以團體來工作的議題均被納入，其中包含了傳統中的團體工作之外，重新納入家庭、組織、社區等領域。為此，在審閱時深感興奮。

多年來，常被問到：社會團體工作和團體輔導諮商有什麼差別？其實，最大差別在於社會工作者以系統觀來看待現象，因此，團體只是服務體系中的一個次系統，也因為它是一種方法或媒介，因此在案主的需求評估中，只要弄清楚何時或何種需求是必須以團體來達成的，就可以進行團體工作，至於是輔導，或是諮商，甚或是治療，是以案主需求來界定的。

此外，在家庭、組織和社區之間，是有其網絡性的。對一個團體工作者而言，也將網絡視為系統，因此如何在網絡中穿針引線，或如何在網絡中建立起一個一個銜接案主改變歷程中所需要的小團體或方案。這是這本書對團體工作最大的貢獻，也因此團體工作的面貌不再模糊，可以還其本色。

也由於團體工作者須以團體動力為基礎理論，於是常在團體工作的教科書中置入大量團體動力的理論與研究結果。殊不知對一個團體工作者而言，團體動力的理論不是拿來背的，而是拿來用的。因此，需具備的是對這些理論的理解和洞察力，而不是記憶力，因此本書作者對團體動力作了十分精練的介紹，非常實用取向，顯見作者在團體工作的實踐上是下過功夫的。

團體工作的教學常面臨一個難處，就是如果沒有「體驗」團體歷程，只停留在認知階段，考完試，就全忘了。因此，體驗式教學是必需的。本書作者每每在某一需要與經驗結合起來之處提供恰當的活動，這給予教學者和讀者很大

的空間來體驗。其實，就在體驗、參與、分享之間，團體就動起來了。

　　感謝翻譯者的用心，也感謝出版商的慧眼。雖然翻譯書總難逃社會文化的隔閡，但身為華人的我們，已在此種隔閡下適應多年了。不過，文化差異太大的部分，已在審閱過程中刪掉大部分，剩下來的，就請讀者們自行轉化了。

　　但願此書真能為社會團體工作的教育有點貢獻。

楊荗

於國立台北大學社會工作系

目　錄

第 6 章　任務團體　179

第 7 章　自助團體　215

團體：類型與發展階段

1

　　每一個團體都會因為團體動力原則的不同而發展出團體的特質。本章簡要地說明社會團體工作的發展歷史，並介紹社會工作中的團體類型。文中亦將團體發展階段的模式重點歸納，也比較參照團體（reference group）及會員團體（membership group）之差異，並介紹暖身活動及引導班級活動的原則。

每一個社會服務機構皆運用團體，每一個社會實務工作者也分屬於各種不同的團體。社會工作團體廣泛地應用在各種機構，如收養機構、矯治情境、中途之家、藥物濫用治療中心、職能治療中心、家庭服務機構、私人心理診所、精神病院、療養院、社區中心、公立學校及其他許多社會服務情境。為了在現代助人系統中有效地協助案主，社會工作者必須藉由團體的方法來訓練，因為社會工作者經常得在各種團體中扮演領導者及參與者的角色，需要具備許多不同的技能。社會工作新鮮人可能在看到目前如此多的團體而感到驚訝，也會對各種情境的社會工作實務挑戰感到興趣。

團體工作的發展歷史

團體社會工作開始於睦鄰之家（settlement houses），如基督教青年會（YMCAs）、基督教女青年會（YWCAs）、男童軍（Boy Scouts）和女童軍（Girl Scouts）及 1800 年代的猶太中心。這些機構提供一般人團體方案。早先，來參加這些方案的人大部分是為了娛樂、非正式教育、友誼和社會行動。Euster 指出，這些參與方案的人「學習合作，及與他人相處；他們透過參與團體中的問題解決，豐富他們的知識、技能、興趣及提升整體的社會地位」。

睦鄰之家

第一個睦鄰之家湯恩比館（Toynbee Hall）於 1884 年成立於倫敦，隨後許多美國的大城市也有設置。

許多早期睦鄰之家的工作者是神職人員的女兒，通常是來自於中上家庭而且願意居住在貧窮鄰里，以體驗其惡劣生活環境者，運用傳教式的策略來教居民如何過著道德的生活及改善他們的生活環境。早期的工作者期待改善住居、健康及生活條件，也為居民找工作、教英文、衛生及職業技能，也透過社區共同合作來改善生活條件。睦鄰之家所應用的技術就是現在所說的社會團體工作、社會行動及社區組織。

睦鄰之家強調「環境的改革」，但是他們也「持續教育居民一般中產階級

的工作、節儉及節制等通往成功之路的美德」。除了透過社會行動來解決地方問題外，睦鄰之家也在社會政策與法令的起草方面扮演重要的影響角色。

睦鄰之家運動時期最負盛名的領導者是芝加哥的 Jane Addams。她於 1860年在伊利諾的席達威爾市出生，是一個成功的磨粉廠和鋸木廠老闆的女兒。當她從伊利諾州洛克福市洛克福女子學校畢業後，到醫學院就讀，但因為生病而被迫中斷學業，只待了短暫的時間。後來她到歐洲旅居數年，對於她的終身志業應如何規劃感到困惑。二十五歲那一年，她加入長老教會，幫助她找到生命中的焦點：宗教、人道主義及為窮人服務（之後她加入了公理教會，就是當今有名的耶穌基督聯合教會）。Addams 聽說英國成立了湯恩比館，就回到歐洲研究它的經營策略。館中的大學生及畢業生員工主要來自於牛津，住在倫敦的貧民區體驗第一手經驗，並且以他們個人的資源（包括金錢）協助改善館裡的生活。

Jane Addams 回到美國後，在芝加哥一個貧民區租了一幢兩層的房子，之後命名為赫爾館（Hull House）。Addams 和一些朋友為社區規劃了許多團體和個人的活動。團體種類包括提供給年輕婦女、幼稚園的文學閱讀團體，及以促進社會關係、運動、音樂、繪畫、藝術及時事討論的團體。赫爾館也提供立即的協助給需要的人，像食物、庇護所及其他服務的轉介。一個赫爾館社會科學俱樂部（Hull House Social Science Club）以科學方法研究社會問題，參與社會行動，以改善生活條件。這個團體成功地推動伊利諾立法，禁止雇用兒童到血汗工廠（sweatshops）工作。Addams 也對附近社區的各種族群產生興趣，她也相當成功地把來自各國的人聚集在館裡，一起分享及交換他們彼此的文化觀點。

赫爾館的經營成為之後在芝加哥及美國許多大城市設立的睦鄰之家的良好典範。睦鄰之家的領導人相信，如果能改變鄰里，就能使社區獲得改善；如果使社區提升，就能發展一個比較優質的社會。由於 Addams 的卓越貢獻，使她在 1931 年時獲得諾貝爾和平獎。

基督教青年會

基督教青年會（Young Men's Christian Association, YMCA）的創立人

George Williams，生於英格蘭，在小農場長大。他十三歲的時候輟學，然後在他父親的農場工作，但是十四歲時去當一個布工廠的學徒（一個製造業者及毛織品的處理者）且學習貿易。他在一個宗教環境下成長，十六歲時加入公理教會，二十歲時遷居到倫敦，仍然在另一家布工廠工作。跟 George Williams 一樣，工廠的老闆 George Hitchcock 也是一個宗教信仰非常虔誠的人，也允許他的員工在工作時組織祈禱會。

參與祈禱的人逐漸增加，這個聚會也以讀經及禱告為特色。這一個團體的成功，鼓舞了 Williams 和他的同事在其他的布工廠組織了類似的團體。Williams 創立的這個十二個同事的團體，就是基督教青年會的開始。1844 年，有十四個商業界的祈禱會形成一個協會，稱為基督教青年會。每一個團體每週都會有禱告、讀經及心靈主題的討論。

基督教青年會很快地擴展各項活動。很多來自於各領域的著名學者都來為它的成員演講。之後成立了一個辦公室，也鼓吹其他國家的新教徒，包括法國、荷蘭等成立基督教青年會。逐漸地，此方案得以擴展並符合社區的特殊需求。

1851 年，Thomas V. Sullivan，一個退休的水手，在波士頓撿起一份宗教週報，而了解到倫敦基督教青年會的運動。隨後 Sullivan 聚集一些朋友，在美國創立了第一所基督教青年會。和倫敦的組織一樣，美國的此項運動也很快地擴展到其他社區。大約七年的時間，基督教青年會提供的社區服務已經遍及整個美國境內。

美國的基督教青年會創下了許多第一。它是第一個在戰地幫助軍隊及監獄的組織；它也是率先成立社區運動和體育活動，發明排球和籃球，教授水上安全及游泳者。它也設計了一個類似和平部隊（Peace Corps）的國際社會服務方案。它最先辦理團體的育樂營（recreational camping），發展夜校及成人教育，並且為大專學生提供廣泛的非單一宗教的基督教工作，並且擴展到對外國學生的協助。基督教青年會從一個以宗教為目標的組織，擴展成一個多元目標的組織。基督教青年會的成功案例，也刺激了 1866 年在波士頓第一個基督教女青年會（Young Women's Christian Association, YWCA）的成立。

團體的類型

社會工作中有許多種團體──社會性的對話、休閒技能的建構、教育的、任務的、問題解決的、做決定的、焦點的、自助的、社會化的、治療的、敏感度及交心訓練（encounter training）。根據 Johnson 和 Johnson 的觀點，團體可以定義為兩個或兩個以上的個體進行面對面的互動，每個人都覺察到成員彼此積極互賴的關係，都為了達到相互的目標而努力，也感受到彼此在團體中的成員關係，認識團體的其他成員。

社會性對話團體

社會性對話（social conversation）常被用來判定不熟人際之間可能的關係發展。因為談天常是沒有特定焦點且是漫無目的，通常沒有一個正式的機制。如果對話的主題是模糊的，話題常會被改變。也許每個人都有目標（或許只是想彼此認識），但是卻未成為整個團體的議題。在社會工作裡，與其他專業人員進行社會性對話是經常有的，但如果團體中有個案加入，通常都有目標，像解決個人問題，而非只是對話。

休閒／技能建構團體

休閒性團體也許可以歸類為**非正式休閒團體**或**技能建構的休閒團體**。

一個休閒團體的服務處（像基督教青年會、基督教女青年會，或者是鄰里中心），可能提供物理空間和設備來舉辦休閒性活動及運動。活動經常是自發的操場上遊戲及非正式的運動，且此團體常是沒有領導者。有一些機構宣稱，休閒及與他人互動有助於建構人格及避免年輕人的不良行為，讓他們除了在街頭遊蕩外還有其他選擇。

相較於非正式的休閒團體，技能建構團體則把焦點放在任務上，且由指導教師、教練及教學者來引導。目標是運用愉悅的方式來提升技能。活動包括藝術、手工藝及高爾夫、籃球與游泳等競技活動。這些團體通常由休閒訓練的專業人員來帶領，而非社工專業者領導。主要參與的機構包括基督教青年會、基

督教女青年會、男、女童軍、社區中心及學校休閒部門。

教育團體

　　教育團體的主題變化很大，大部分的團體教導專業技能與知識，如育兒課程、壓力管理、親職、英語為第二外語及信心訓練。社會服務組織訓練志工也是屬於此類。教育團體常有著教室的氣氛，有許多互動及討論，由領域專家扮演教師角色（通常是社會工作者）。

任務團體

　　任務團體的目的在於完成特定的任務或目標。以下介紹的例子是屬於任務團體，且是社會工作者互動與參與的團體。**指導委員會**是屬於負責訂定方案管理政策的行政團體。**特別小組**是因特別目的而形成的團體，任務結束後就解散。代理或組織**委員會**是為了處理特別任務或事務而成立的團體。**特殊委員會**與特別小組類似，是為特定目的而設立，在任務完成後就停止運作。

問題解決與做決定的團體

　　社會服務的提供者與消費者都可能接觸問題解決與做決定性質的團體（這類型的團體有許多地方與任務團體相似，其實可以把問題解決與做決定這一類團體歸屬於任務團體的一種）。

　　社會服務提供者運用團體聚會來發展個案、小組治療計畫，或決定如何分配有限的資源。有些消費者也會組成團體來滿足目前社區的需求，包括蒐集相關資料及發展方案或影響現有的機構提供服務。社會工作者在這些團體的設立上則扮演激勵者或組織者的角色。

　　在問題解決與做決定的團體中，每一個參與者可能都有他本身的利益和關注點，有可能因為參與而有所得失。通常這樣的團體都會有一個正式的領導者，其他領導者則會在歷程中視需要加入。

焦點團體

　　焦點團體與任務團體、問題解決與做決定團體非常類似。其成立主要為了各種不同的目的，包括：(1) 確認需求與議題；(2) 提出可能的解決計畫或策略；(3) 了解各種問題解決策略的可能效果。

　　焦點團體是為了特定議題或單一主題的討論而形成的團體，輔以問卷，有一個主席讓討論聚焦不至於離題。焦點團體設立的目的，通常是為了獲得難以透過個別訪談而取得的資訊及想法。

 ### 自助團體：PA（Parents Anonymous）[a]

　　PA 是 Jolly K. 於 1970 年在加州成立的全國性父母協助團體，針對兒童虐待及兒童忽視之家庭提供協助。此團體成立前四年，Jolly 本身有嚴重體罰她的女兒的傾向與問題。一天下午，她甚至很想勒死她的女兒，在絕望之下，她求助於住家附近的兒童輔導診所而開始接受治療。當治療師問 Jolly 是否有任何方法可以解決她的問題時，她出現了一個想法：「如果一個酗酒的人能藉由聚會而停止喝酒，賭徒能停止賭博，同樣的原則可能可以應用在兒童虐待預防的工作上」。在治療師的鼓勵下，1970 年在加州成立了 MA（Mothers Anonymous），並組成一些分會。目前幾乎在全美及加拿大的主要城市至少都有一個分會，但是名稱已改為 PA，因為兒虐的父親也有加入的資格。

　　PA 是一個危機介入處理方案，提供每週的小組聚會及個別與電話聯絡等兩種主要協助。成員在團體中分享本身的經驗與感受，學習如何控制自己的情緒。在危機時期，個人及電話的接觸與聯絡是非常重要的，尤其是當成員覺得幾近無法控制，要把自己的怒氣及挫折發洩在孩子身上時。父母親可能透過社會機構（包括保護機制）轉介到 PA，或是當父母親覺察到他們需要協助時，也可以自我推薦。

　　Cassie Starkweather 與 S. Michael Turner 說明為什麼兒虐的父母親寧願參加自助團體，而不願意接受專家的諮商。

依據我們的經驗，大部分兒虐的家長對本身的評斷比他人嚴苛，而一般人也會對他們有所批評。害怕失去孩子的恐懼使他們降低安全感，即使其他成員有正向的回饋，仍會擔心。

一般來說，PA 的成員非常害怕別人也是像他們本身一樣嚴苛地看待自己，所以不太敢走出去尋求協助。成員擔心與專業人員接觸，因為教育、性別及社會地位的差異，使他們不容易溝通及相互了解。

當成員了解到其他父母也有同樣的情況時感到心安。但對於只有工作訓練及工作責任卻沒有育兒經驗的專業人員，則有些擔心。[b]

PA 強調誠實與直率，因為有兒虐傾向的父母會隱藏問題，主要是社會難以認同他們。相對於社會否定的態度，PA 幫助父母接納自己兒虐的行為。虐待（abuse）這個詞在聚會中經常提及，這種真誠的主張在成員中有了正向的效果。兒虐的父母在團體中逐漸能敞開心胸，因為他們發現成員們能接納他們真正的樣子。而且，當他們能接納自己是兒虐者時，才能開始發現處理本身問題的方法。

在團體聚會中，父母須承認他們打小孩或以其他方式虐待小孩的行為，小組成員則彼此詰問，以發現適當的方法來阻止兒虐行為的產生。成員分享控制生氣及虐待意欲情緒的建設性方法，也幫助彼此發展處理可能產生兒虐情境的特定計畫，成員也學習辨別虐兒前兆，以採取行動避免兒虐行為出現。

團體中的領導員是由成員選舉產生，稱為主持人（chairperson），通常由專業的贊助者提供資源、後援。扮演贊助者角色的社會工作者必須發揮各種功能，包括擔任教師訓練員、社區服務的中介者、提倡者、顧問及諮商輔導者。

---

[a] 改編自 *Introduction to Social Work and Social Welfare*, 8th ed., by Zastrow. © 2004. Reprinted with permission of Brooks/Cole, a division of Thomson Learning, Inc.

[b] Cassie L. Starkweather and S. Michael Turner, "Parents Anonymous: Reflections on the Development of a Self-Help Group," in *Child Abuse: Intervention and Treatment*, eds. Nancy C. Ebeling and Deborah A. Hill (Acton, MA: Publishing Sciences Group, 1975), p. 151.

書上提供兩個焦點團體的例子。一個是名義團體（nominal group），將於第四章介紹。另一個是腦力激盪，於第六章說明。

代表團體是焦點團體的另一種形式。它的特色是團體成員從社區中被選出以代表不同的觀點及意見。在最佳的狀態下，代表團體可以反映社會歧見，把不同觀點攤在桌面上；不過有時候，這種團體也會成為一種社區的煙霧彈，讓社區的各種代表**覺得**他們已經被納入。

自助與互助團體

自助團體逐漸受到歡迎，在協助個人解決社會的與個人問題上頗為成功。Katz 和 Bender 提供了一個周全的定義：

> 自助團體是自發的小團體，通常是由具有類似需求而期待自我改變的同儕所組成。此類團體的發起人和成員覺察到他們的需求無法藉由現有的社會機構來達到……團體也提供輔助材料及情緒的支持，它通常是原因取向的（cause-oriented），也會傳達一種意識型態或是價值觀來促進成員對個人的認同感。

由兩個勒戒中的酗酒者所發展的 AA（Alcoholics Anonymous）是第一個成功的自助團體。在《自助組織與專業實踐》（*Self-Help Organizations and Professional Practice*）中，Powell 描述了一些現在仍很活躍的自助團體。

與自助團體密切相關的是互助團體，有時候兩個詞是通用的。互助團體是由那些遇到類似問題的人所組成的非正式或正式的協會，有固定的聚會時間及專業領導者所提供的情緒支持、資訊及問題解決的協助或者是其他的支援。

許多自助團體運用個人告白（confession）及見證（testimony）的技巧。每一個成員解釋自己的問題並且講述自己的相關經驗及問題的處理計畫。當成員遇到立即性的危機時（例如一個兒虐父母有虐兒衝動時），被鼓勵打電話給其他成員請求協助。經歷過困難和問題所導致的結果後，成員們都很願意幫助自己及其他有同樣困難的人。參與協助的成員本身也因為助人而獲得心理上的肯定，因為助人使人覺得有價值，能夠面對問題。

大多數的自助團體提供「直接服務」（direct service），幫助成員解決個別問題。但有些自助團體則是以社區性議題為主，且更趨社會行動導向。有一些直接服務的自助團體試著去改變法令及政策。另有一些（如智能障礙兒童家長）也募款推動社區方案。總之，有些遇到個人問題的人運用自助團體的方式和他人應用社會機構一樣。自助團體的另一個優點是其經營通常只需少量的經費（詳細的討論請見第七章）。

社會化團體

大部分社會化團體的基本目標，在於協助團體成員發展社會能夠接納的態度與行為。其他焦點則包括發展社會技巧、提升自信心、為未來做規劃。社會化團體中經常有社會工作人員來領導，協助虞犯行為者控制其行為；協助來自於不同族群背景的青少年減低族群的對立，及協助未婚懷孕的少女規劃她們的未來。養老院的老人也經常透過社會化團體的激勵而參與各種活動。在矯正學校的青少年也接受協助，為回到原屬社區生活進行規劃。此處所提及的所有社會化團體的領導者，需要具備重要的技巧與知識，來幫助團體促進個人的成長與改變。

治療團體

治療團體的組成成員通常都有嚴重的情緒、行為或個人問題。治療團體的領導者必須具有優異的諮商及團體帶領技巧，包括正確覺察成員反應行為的意義，也要具備發展與維持團體建構性氛圍的能力。在一對一的諮商情境中，治療團體的目標是要激勵成員深入探究本身的問題，並且發展解決問題的策略。三種治療的途徑（現實治療、行為治療及理情治療）可用來改變成員的非功能性行為及不悅的情緒。

總之，要成為一個稱職的團體治療者，必須具備優異的訪談及諮商技巧，團體動力原則的知識（在本書第一至六章），及當代治療途徑的知識。

團體治療比一對一的治療有更多的優點。助人者治療原則可以發揮功能。團體成員互換角色成為其他人的助人者，接收到心理上的支持，把本身的問題

呈現到團體歷程中。團體治療也允許有人際互動問題的成員測試問題解決的新途徑。此外，研究結果也發現，在團體中改變一個人的態度比一對一的型態更容易。團體治療允許社會工作者同時間處理更多的個案，也能節省更多的時間（進一步的說明在第十一章）。

敏感度及交心訓練

交心心理治療團體（encounter group）、敏感度訓練團體及 T（training）團體的成員，是具有親近人際互動及自我揭露的團體。主要的目標在於改善人際覺察。Barker 把敏感度團體界定為：

> 訓練與意識提升的團體不只是要解決社會心理與心智失能的問題。這一類團體由十至二十名的成員及一個帶領人（稱為訓練者或催化者）組成。成員參與討論與體驗活動來顯示團體功能的運作，顯示團體成員彼此間如何相互影響，及協助成員更能夠覺察到他們自己及他人的感受與行為。

交心團體可能維持數小時或數天的聚會。一旦人際覺察有所提升，態度及行為也將隨之改變。成員的行為及態度的改變歷經三階段：**解凍**、**改變**和**再定型**。

解凍透過互動慎思的歷程產生。個人的態度及行為模組是經過多年的社會經驗發展而成，這類的行為模組經過多年的驗證及修正，已幾乎成為自動化。此種經過長年嘗試錯誤所發展的人際組型，通常是日常生活中可行的。進一步而言，我們可能意識到一些需要改進的需求但卻較難有成果，部分原因是因我們目前的型態是具有功能性的，另一部分是我們害怕把自己的事情揭露出來。當我們覺察及決定要改變目前的行為且心理上已經準備好探究改變的方式時，解凍即開始。

Tubbs 和 Baird 描述敏感度團體中的解凍歷程：

> 當我們的期待被否定時，解凍即發生。當我們的行事方式沒有被採納時，我們變得對自己不太確信。在交心團體中，領導者通常不會表現得像

一個社會化團體：中途之家的團體

新界（New Horizons），坐落於美國中西部的一個大城的舊房舍，是一所私立暫時性的逃學青少年的避難所，他們可以在那裡住兩個星期。那裡的設備得到許可，可容納八個年輕人居住。不過州法律規定新界提供年輕人過夜之前，要先知會家長且獲得家長的許可。所提供的服務包括臨時的庇護、個人及家庭的諮商及二十四小時的危機處理熱線。平均在新界住的天數為九天，但是對象持續改變中。在他們停留的期間，年輕人（包括父母親）接受密集的諮商，焦點在於降低親子間的衝突及協助個案規劃他們的未來生活計畫。兩週的限住時間強調年輕人及他們的家人解決衝突的重要性。

每天下午七點會有小組聚會的時間，讓這些居住者表達他們對新界的設備、方案滿意與否的意見。所有的居住者及值班的新界工作人員（二至三人）都要參加這個聚會。聚會由工作人員召集與帶領，大部分是社會工作人員。有時候這個團體聚會變成「牢騷」大會，帶領人會盡力改善或改變此種情境（如加入建設性的批評意見）。例如，有人反應幾天來覺得「很無趣」，帶領的工作人員就會和住民一起規劃未來幾天的活動。

在團體聚會中也處理住民之間及住民與工作人員之間互動的問題。例如，可能有人打擾到其他人的睡眠，有些人可能拒絕分擔宿舍事務，有些人可能因為看哪一個電視節目而爭吵，有些人可能侵略性太強。由於大部分年輕人面臨許多逃學的危機，所以他們大都變得焦慮及感到壓力。在此種情緒性的氣氛中，難免引發人際互動的問題。新界裡的工作人員有時候會被住民質問有關行為、決定及政策的問題。例如，有住民會質疑為什麼新界要規定住在此地的每一個人都不能喝酒也不能吸食毒品。如果違反規定會被隔離。偶爾如果有人使用毒品被抓到會被隔離。禁止違規者使用相關的設備對其他人有極大的影響，所以工作人員必須在接著的團體聚會中對此決定加以澄清與說明。

在團體聚會中，工作人員也會依照住民的要求呈現相關的議題內容。主題包括性議題、藥物、同性戀、身體及性的不當對待（有一些個案曾經被家庭成員施暴）、避免強暴、控制怒氣、失落感及其他不悅的情緒、中輟生應有的合法權利、如何自我肯定、投靠親戚或朋友的解釋，及社區中提供給青少年的服務。在此報告過程中，成員是被鼓勵提問與討論的。

團體的最後目標是傳達有關新界整體方案所排定的每日活動及改變的訊息。

帶領者一樣。帶領人通常先有簡報，鼓勵團體成員參與，保持開放及誠實的心及期待新事物的來臨。團體成員可能先脫鞋，圍坐成一圈，雙手互握，閉上眼睛，然後帶領者會鼓勵大家感受他們正在體驗的、所握的手的大小及紋路等。

其他結構化的活動或經驗也可能事先計畫來協助團體關注「當下的」經驗（here-and-now）。兩人小組可能進行「信任行走」活動，一個人帶領閉著眼睛的夥伴走路。面對面坐下及進行手勢對話，或是安靜地進行臉部鏡射活動（facial mirroring），也有助於打破最初改變的藩籬。其他技巧包括「繞圈活動」（pass around）。在這個活動中有一個人在緊密的圓圈中放鬆地走來走去。那些有融入團體問題的人被鼓勵進出由團體成員以手圍成的圓圈。有了這些經驗，大部分的參與者會覺得更願意分享他們所體驗的。這種經驗分享或當下的自我揭露提供給團體更多的討論題材。

第二階段的歷程包括態度及行為的改變，此通常藉由如何走向他人的自發回饋而促進。在每天的互動中，自發的回饋較少發生，所以無效的互動模式不斷重複。在敏感度訓練團體中，回饋是被積極鼓勵的，如同下面的對話：

Carl：好啦！（**尖銳的語氣**）讓我們趕快把信任遊戲完成，不要只是閒晃。我會引導第一個人做這個活動——誰要第一個當蒙眼睛的人啊？

Judy：對於你剛剛說話的方式我覺得不太舒服。我覺得你好像在說這個團體在浪費你的時間。而且這好像是今天下午第三次你想指揮我們。

Jim：我也覺得你好像要告訴我們說我們是你的部下，要聽命於你，而且你的語氣是蠻橫的，像是表達對這個團體的不滿。

Carl：對不起！我並不是故意要那樣的，我也在想，在團體以外的其他地方，我是否也像那樣？

這樣的回饋讓我們了解到我們是如何影響他人的。一旦互動的問題確認之後，成員將在安全的團體情境中被鼓勵尋找新的行為反應模式。

第三也是最後一個階段是「再定型」。這個詞並不是最適切的描述，因為

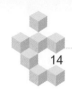

它意味著一組新的反應型態的嚴肅性。事實上，藉由新的行為組型的經驗，小組成員成為一個持續成長改變的個體，且漸漸地可以有效地與他人互動。在敏感性訓練的團體結束時，帶領者會特別注意參與者的行為，以防舊的行為再回復。

敏感度團體像治療團體一樣會有許多情緒的傾瀉情形產生，不過敏感度團體與治療性團體有些不同。在治療性團體中，每一個成員會深入的探究自己的個人及情緒問題，並且發展解決的策略，但是敏感度團體並沒有直接試著去確認問題及改變特定的情緒或個人問題，像飲酒及消沈的感覺或性功能異常問題。敏感度團體背後的哲學只是想提升個人與人際的覺察力，成員們可能因此訓練而更能避免、處理及掌控個人引起的特定問題。

除了優點以外，敏感度團體也有其爭議之處。有一些案例中，不適當的訓練及能力不足的人卻會自稱為帶領人，透過誇大的廣告來誘使人參加團體；如果沒有處理得很好，在團體的聚會期間可能使個人的問題變得更為嚴重。例如：個人的防衛機轉可能在還沒有發展出可採行的模式之前被除去。有些敏感度團體的權威人士覺得不適合把交心團體當成是一種心理治療的方式，也不鼓勵有嚴重個人問題的人參加此類團體。Carl Rogers 在回顧他自己擔任帶領人及參與者經驗時，回應了一些關注點：

改變的行為經常無法持久。此外，人可能變得深度沈陷在揭露自我但卻陷入自己無法解決的問題中。值得注意的是，有些有精神疾患的人需要考慮到場合。我們必須了解並非所有的人都適合參與在團體之中。

在一些案例中，一些良好的敏感度團體卻也被導入一個不重視道德倫理規準、且領導者缺乏能力的危險團體中。Shostrom 提出一些方法可以讓那些對交心團體有興趣的人避免受到誘惑：(1) 不要參與少於六個人的團體，因為一個有效能的團體所能產生的必要及具價值性的公平正義，是無法在太小的團體中分享與檢視的，而且代罪羔羊或是不良的結夥幫派也會發展成形；(2) 不要因為一時的衝動而參加交心團體；(3) 不要與有行為問題的團體為伍；(4) 不要參與缺乏專業證照者聯絡的團體。

治療團體和敏感度團體的不同目標

治療團體	敏感度團體
步驟 1：深入檢視問題。	步驟 1：幫助每個成員更能覺察他自己及他在人際互動中如何影響他人。
步驟 2：從各種解決方案中選擇一個解決問題的策略。	步驟 2：幫助個人發展更有效的互動模式。

　　Lieberman、Yalom 與 Miles 在檢視敏感團體的研究成果之後，提供一個建議給那些對密集的團體經驗有興趣的人：

　　交心團體如果急於透過激進的方式來產生「新的人」，就會有顯著的風險。此風險比帶領者及參與者分享了迷思概念更大。只要我們不再期望團體產生神奇的永久改變，只要我們不再視此團體為萬靈丹，我們可以把此團體當成一個有用的、社會認可的人類探索及表達他們自己的機會。然後我們可以幫助他們改善自己，使他們可以在解決人類問題上提供有意義的貢獻。

團體的初始發展

　　團體的組織與執行的歷程變化非常大，視團體的性質及預定達到的目標而有不同。不過，如果要使團體發揮最大的功能，有一些基本的要素是建立團體時需要考慮的。這些因素在這個段落中加以說明，包括決定團體目標、大小、開放或封閉的狀態及團體的時程。此外，因為一些特定的團體可能出現兩難情境，所以要先計畫來避免或處理可能的問題。

決定目標

團體形成的目標必須仔細考慮與評估以選擇適切的成員。例如,問題解決團體通常需要其他專業人員,這些專業人員的技能與知識直接影響到團體目標的達成。一些專業人員可能有他們不同於社工的背景、訓練及知覺。當這種途徑所產生的團體擁有許多專家時,也會對帶領者有更多的要求。當成員來自於不同的背景及興趣時,設定目標、選擇目標及決定展演的工作需要予以處理。相對地,教育團體通常由一群在特定領域且有共通興趣的人所組成,例如育兒技能。類似需求的人參與教育團體,通常為了獲得相關的資訊而非提供資訊,這使得領導變得容易些。潛在的治療團體成員(不像那些問題解決或教育團體)經常有各種問題,有時也會有互動的困難,因此更周密地督導成員是必要的。所以,在團體建立初期,擬定目標與目的是非常重要的,因為他們對成員的選擇歷程與其他功能面向有顯著的影響。

大小

團體的大小會影響到成員的滿意度、互動及每個成員產出成果的量。雖然小團體比較受到偏愛,但是大團體在解決複雜問題時比較成功。當成員在大團體中經驗到更多的壓力及溝通的困難時,通常也把可觀的問題解決技能及資源帶進整個團體。在大團體中,每一個人與他人互動的機會較少,所以有些人覺得不好意思或是不願意交談。當團體變大時,討論常會集中在一些經常發言的主要成員身上。因此,團體中的主要發言者與其他參與者之間的距離變得更大。

Slater 在團體大小的研究中發現,五個人的小團體被成員認為是最為滿意的,且

> 更能有效地處理認知任務,包括情境資訊的交換及蒐集、資訊的協調、分析與評鑑,及有採行的適切行政策略的團體決定。

在一個五人團體中,許多不同的親近關係將會形成。一些人可能扮演折衝者的角色,處理緊張及高壓的情境,如果必須以投票解決爭論,也可以避免雙

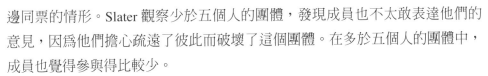

邊同票的情形。Slater 觀察少於五個人的團體，發現成員也不太敢表達他們的意見，因為他們擔心疏遠了彼此而破壞了這個團體。在多於五個人的團體中，成員也覺得參與得比較少。

　　成員為偶數的團體比奇數的團體有更高比例的不一致及敵對，比較明顯的是當要把團體分為兩個相等的次群體時。每一個任務的完成可能有其最理想的團體人數。團體任務愈複雜，需要的團體可能更大，如此成員的知識、能力及技能才足以完成任務。一個團體應該大到可以讓成員自由交談，且小到允許適度親密性的發展與參與。

開放與封閉性團體

　　團體是否為開放性團體，允許新舊成員的進出，或是全體成員維持不變直到團體結束（封閉性團體），必須在團體開始就要決定。**開放性團體**透過新成員的加入提供了聯合的策略。當新成員加入時，會提供新的觀點，即使他們要逐漸地社會化，融入舊成員的團體規範與實務。不過這樣的改變產生的影響也非全然有利的。成員的改變可以影響成員的開放度及信任感。此外，開放性團體的成員「對於團體歷程及成員的投入，可能有不同的程度及不同的發展階段」。

　　封閉性團體具有相對穩定的群體及固定的團體時間，所以較能有效地運作。雖然成員的過早流失可能嚴重影響此種團體的效能，但是帶領者必須處理開放性團體及封閉性團體成員的進出問題，並且為這種可能性做好計畫。

期間

　　團體持續的時間有兩個要素：團體的次數及每一次團體的長度。許多團體一到兩週聚會一到兩小時，持續幾週的時間。聚會一到兩小時的目的，是想讓創造性的活動及行為達到最有效。聚會的時間長度少於一小時，通常無法有足夠的時間周全地討論所提出的問題；聚會時間超過三小時，成員會變得無精打彩，挫折及無法專注。雖然一到兩個小時的聚會長度是團體有效運作的準則，但有時候遇到急切的議題，就不得不延長時間處理團體的事物。很明顯的，如果在團體結束前五分鐘出現危機議題，團體帶領者就不應該結束此次團體聚

會。同樣地，一些討論可能變得很急促而模糊，且只完成一點點。在一套時間架構裡結束每次團體或多次團體是務實的做法，有助於團體對領導者的尊重及促進團體的發展。

在既定的聚會之間會有三或四天的間距，以允許成員們投注時間，完成有關個人的目標和團體目標的指定功課。例如在教育團體中，成員可以在兩次聚會之間完成指定的家庭功課。在治療團體中，成員可以完成指定可降低或解決個人問題的家庭作業。

 ## 團體的階段

教育團體、治療團體與社會化團體的計畫與執行步驟，與社工處理個案的程序類似：

團體	個人
成員招募	成員招募
成員的選擇	評估與計畫
評估與計畫	介入
團體的發展與介入	評鑑與結束
評鑑與結束	

缺乏經驗的帶領人常期待不同的階段轉換過程很平順，如果不是就會覺得很失望。因此有些帶領人不會讓團體自然的發展，而會刻意地使團體歷程進入不同的階段。經驗顯示這些努力是徒勞無功的，因為每個團體都會以它自己的速度發展而逐漸地達到它的終點。如果團體省略掉某個階段或其發展被阻撓，通常都會再回到前一個階段去完成未解決的任務。有時候團體會困在某一階段中，但畢竟較少發生。建立社會化團體、教育及治療團體的程序簡單摘要如下，但在本書內文中會有所擴展。

成員招募

在成員招募階段，成員的關注及需求會先確認。哪些成員將能在此種團體中受惠，會事先做判斷。團體成員及帶領人之間會有一份對於團體目標的同意書（見第四章）。這個階段也可以視為合約階段，因為帶領人和成員都許下承諾，願意繼續下一個階段的活動。

成員的選擇

最能在團體中受益的人應被選為成員。選取團體成員必須同時注意背景和行為因素，也要決定是要同質或異質團體，當中有一些判斷同質或異質何者較有效率及效能的原則。年齡、性別、教育程度等**背景因素**對團體的屬性有影響。在青少年及兒童的團體中，年齡的差距不能太大，因為成熟度與興趣的變化很大。同樣的，同性團體可能有助於青少年團體目標的達成，但是對於年紀稍長的青少年而言，異性團體可能有特定的優點。

團體成員的**行為態度**對團體目標的達成也有重要的影響。例如：團體中安置過動或具侵略性的青少年，可能是團體失敗的前兆。被選為成員的人，往往是因為他們具有團體期待的行為模式，或是他們具有被團體認為有助於團體進行的個人特質。一般來說，要判斷一個成員是否能對團體有所貢獻，是根據他過去的行為歸因。

評估與計畫

這個階段包括更深入的評估、目標的陳述及行動計畫。實際上，這個階段要一直到團體結束時才算結束，因為大部分團體的動態本質需要持續的調整目標及介入計畫。目標必須是有時限的，且具有合理的目標達成的機會，帶領者也應該確認所有的目標都陳述清楚，才有助於之後的評鑑。目標的澄清也可減低一些潛在的誤差。

團體的發展與介入

很多團體發展的模式已經逐漸形成。本章的另一個段落會介紹其中的三個

模式，標題爲「團體發展的模式」。

評鑑與結束

如果把評鑑當成是團體生活中的一個特定的點，是不太切實的，因爲評鑑是一持續的歷程。結束一個團體的原因很多，可能是個別目標已達成，或是之前設定的時間已經結束、團體無法達成預期的目標、更換帶領者，或是維持團體的資金短缺。

一個團體的結束通常也會產生重要關係結束的反應，包括被拒絕的感覺。團體領導者必須對這些潛在的感覺有所覺察，且協助成員在最少困難的情況下結束此團體。有關團體如何做結束的教材在第十二章討論。

團體發展的模式

團體經常改變。許多架構模式被發展且用來描述這些改變。此處所描述的團體發展模式是 (1) Garland、Jones 和 Kolodny 模式，(2) Tuckman 模式，(3) Northen 和 Kurland 模式，及 (4) Bales 模式。

Garland、Jones 和 Kolodny 的模式

Garland、Jones 和 Kolodny 發展了一個五階段的模式。藉由描述及了解團體中的各種發展問題，帶領者能夠更有效地針對團體成員的反應預先思考及反應。Garland 等人的概念化顯示特別能應用在社會化、治療及交心團體，其次可以應用在自助、任務、問題解決、做決定及教育的，與休閒／技能的團體。

成員之間的情緒緊密性是此模式的重要焦點，且反應在五個團體成長階段中的反省：入會前期（preaffiliation）、權力與控制、親密（intimacy）、區別（differentiation）與分離（separation）。

入會前期　在第一個**入會前期**階段，成員對於參加團體與否有些不確定的感覺，而且互動顯得較爲謹慎。成員常常透過接近及避免等行爲，來試探他們是否眞正想要加入此團體。因爲新情境對成員來說總是有些威脅性，成員會試著

保護自己不要受到傷害，或是能從團體中有所收穫；成員會保持一定的距離，及試著在沒有太多風險的情況下，從團體中得到他們想得到的。雖然成員知道加入團體可能有一些要求，有時會讓自己覺得挫折，但他們仍然被團體所吸引，因為他們從其他團體得到肯定及滿足的經驗。這些先前的正向經驗遷移到「新的」團體。在第一階段，帶領者試著藉由各種策略，來使團體盡可能地變得吸引人，「包括允許及支持距離的存在，很溫和地營造互信，鼓勵對物理與心理環境的探索，提供活動及建立團體的結構」。當成員開始覺得在團體中安全、自在，且視團體的回饋值得讓自己投入時，這個階段即逐漸結束。

權力與控制　在第二階段的**權力與控制**，團體的特質逐漸形成。溝通的型態、結盟及次級團體開始發展。成員自己承擔角色及責任，建立管理團體任務的規範及方法，會開始問問題。雖然這些歷程對於進行會議是需要的，但是它也會導向權力的爭執。其間每個成員都希望能獲得最大的權力來獲取團體的獎勵及滿足。此時，成員覺得團體對他們來說變得愈來愈重要。第二個階段是轉變的，包括一些需要解決的基本議題：團體或帶領者是否有控制權？團體與領導者的權力的限制為何？在什麼範圍內，帶領者可以運用他的權威？

這種不確定導致焦慮，也會造成成員測試團體的限度、與團體及帶領者建立權威所制訂的規範。反抗並非特例，且此階段的中途退出率通常是最高的。面臨這些衝突時，帶領者應該 (1) 幫助成員了解權力鬥爭的本質；(2) 給予成員情緒上的支持，以助其平安度過此不確定的不愉快；(3) 協助建立處理不確定性的規範。團體成員必須相信帶領者可以維持權力與控制分享的平衡狀態。當信任達到時，團體成員就會決定投入而變得願意參與團體。

親密　第三階段的**親密期**，親密關係的喜好被表達出來。團體像一個家庭，像兄弟間的競爭關係會顯現出來，有時帶領者就像父母親一樣。感情的表達及討論更開放，團體則被視為是成長與改變發生的地方。成員可以自由地檢視及努力改變自己的態度、關注與問題，也會有一種協調「統一」的感覺。成員努力探索與改變個人生活，也檢視「團體的內涵」。

區別　在第四個**區別**的階段，成員可以試驗新的或變通的行為模式，因為他們了解自己的權利與需求，而且可以更有效溝通。領導是分享的，角色更具功能

性，組織本身更有效能。權力問題變得比較小，決定的確認比較少情緒化且更客觀。Garland 和 Frey 提到：

> 這種個別化的治療結合已經達到，因為團體經驗富有價值且促進個人的統整……
>
> 此階段的工作人員藉由幫助團體本身的運作，及鼓勵它扮演其他團體或是廣大社區的一個單位。期間，社工開創評鑑團體的活動、感受及行為的機會。

這個區分的階段可類比為健全的家庭。家庭中的成員已經長大成人，且成功地找到他們想要的生活。彼此的關係經常可以維持平等，成員相互支持，也可以以更理性及客觀的態度來對待彼此。

分離　最後一個階段是**分離**。團體的目標已經達成，成員也學到新的行為模式可以使他們推進其他的社會經驗。終止通常不容易做到，因為團體成員可能不願意繼續前進或是呈現倒退的行為，以至於延長團體的期間。成員可能在團體試圖終止時，表達出他們的不悅及心理的否定。Garland 和 Frey 描述帶領者（或社會工作者）的角色：

> 為了有助於分離，社工必須能放下。專注於團體及個人的流動，經驗的評鑑，協助成員表達他們對團體結束的不安，及已有進步的確認。接受團體結束的事實可以藉由成員的主動，引導到其他持續的支持與協助的資源。

1.1 練習 Garland、Jones 和 Kolodny 的模式

目標：此練習目的在幫助你以 Garland、Jones 和 Kolodny 的模式來分析團體。

找一個你曾經參與過的團體，以 Garland、Jones 和 Kolodny 的模式所提出的團體發展階段來描述團體的發展。確認你的團體發展與這個模式相符及不一致的地方。

Tuckman 模式

Tuckman 歸納五十個有限期間的治療與敏感度團體的研究，發現這些團體都經過以下五個可預測的發展階段：形成期（forming）、風暴期（storming）規範期（norming）、展現期（performing）與終止期（adjourning）。每一個階段簡述如下：

形成期　成員變得以彼此為目標，在團體中工作且從團體中學習。此階段是一個不確定性的階段，成員試著找到自己在團體中的定位，及學習團體的規則與程序。

風暴期　此階段許多衝突開始出現，因為成員拒絕接受團體的影響，而且抗拒本身任務的完成。成員面對各種差異，其衝突管理成為注意的焦點。

規範期　團體建立起一致性及努力方向。在此歷程中，成員發現新的方式來一起工作。適當行為規範也建立起來。

展現期　團體作為達成團體目標的單位。成員發展達成目標的潛能也變得更有彈性。

終止期　團體解散。成員的經驗及感受像 Garland、Jones 和 Kolodny 的模式的「分離階段」。

1.2 練習 Tuckman 模式

目標：此練習目的在幫助你以 Tuckman 模式來分析團體。

找一個你曾經參與過的團體，以 Tuckman 的模式所提出的團體發展階段來描述團體的發展。確認你的團體發展與這個模式相符及不一致的地方。

Northen 和 Kurland 的模式 *

Northen 和 Kurland 的模式關注團體發展的階段，並指出每一個階段都有它

---

* 此模式的描述是 Michael Wallace 所寫，社會工作碩士，Wisconsin-Whitewater 大學社會工作系講師。

自己的發展議題必須面對及解決，才會再進到另一個階段。此模式提出一個強調社會情緒主題的四階段模式。

包含─定向　這個階段的社會情緒主題如標題所提示的，是成員覺得自己是否被團體接納。這個階段是焦慮和不確定的時期，尤其成員與領導者與成員彼此間變得熟悉，「成員的主要任務是轉化成認同團體，決定參與團體成為團體的一分子」。

不確定─探索　這個階段的重要主題是成員對權力與控制問題的不確定性。社會情緒的主要問題是衝突，特別是與帶領者的關係。此階段成員探索及試驗他們與帶領者與成員彼此的關係，以確認角色與發展信任、接納。

相互性─目標的達成　此階段團體能互相幫助與解決問題。團體成員間的社會情緒組型會呈現比較多的自我坦露、同理與互相接納。衝突與差異會加以處理，作為達成個人與團體目標的手段。

分離─結束　最後一個階段聚焦在分離與結束的社會情緒議題上。成員在此時期不願離開帶領者與團體。此階段的任務在於協助成員為結束做準備，處理尚未完成的事情，更重要的是，要幫助團體成員將他們在團體中所學的遷移到團體外的生活中。

1.3 練習 Northen 和 Kurland 的模式

目標：此練習目的在幫助你以 Northen 和 Kurland 的模式來分析團體。

找一個你曾經參與過的團體，以 Northen 和 Kurland 的模式所提出的團體發展階段來描述團體的發展。確認你的團體發展與這個模式相符及不一致的地方。

連續階段的團體發展模式

　　前面介紹的三種團體發展模式是連續階段的模式（這些模式是 Garland、Jones 和 Kolodny 模式、Tuckman 模式、Northen 和 Kurland 模式）。除了此三種

模式所描述的團體發展階段的變異本質外，這些模式具有類似的階段。如**表 1.1**各種團體發展的階段可以分成三個階段：開始、中期及結束。

在連續模式中，團體的開始階段關心計畫、組織、召集與定位。團體的開始時期以團體感的出現來界定。團體感的出現總是免不了有一些衝突。成員之間的衝突及權力議題經常出現。帶領者可以鼓勵成員討論與解決權力與衝突的問題，來協助解決（解決衝突與權力議題的策略將在第六章介紹）。

雖然一些工作在團體發展的所有階段裡完成，但是主要還是在中期階段。在中期階段的一開始，有許多角色及規範所引起的衝突，而在初期階段末期的權力議題，讓成員有機會學習有效的合作模式。較佳的團體統整出現，此時成員開始關心他們自己在團體中同意之任務的完成（及達成目標）。

團體的結束階段的主要特徵，是團體目標的完成與評鑑，及成員結束他們在特定團體中的彼此接觸。此階段中，任務團體會做決定，完成他們的工作，呈現他們努力的成果慶祝他們的成就。另一方面，治療團體的成員（因為他們聚焦於情緒及行為的議題）常會覺得團體的結束是一種失落。他們會因為在解決自己的議題上有所進展而感到欣慰，但對失去來自團體的支持而有些不情願。結束此議題會在第六章的任務團體及第十一章的治療團體中更進一步描述。

Bales 模式

前面討論的團體發展的模式是屬於連續發展模式，因為它們有特定的發展階段。但是 Robert F. Bales 發展一種重複階段的模式。Bales 認為團體持續在任

表 1.1 團體發展的連續模式

發展階段	Garland, Jones, and Kolodny	Tuckman	Northen and Kurland
初期	入會前期 權力與控制	形成期	包含—定向 不確定—探索
中期	親密 區別	風暴期 規範期 展現期	相互性—目標的達成
結束	分離	終止	分離—結束

務導向工作與情緒表達間尋求一個平衡，以便建立成員間的良好關係（團體成員所表現的任務與情緒角色在第三章有進一步的說明）。Bales 認為團體傾向於在此二種關注間擺盪。有時候，聚焦於確認與執行任務會導向目標的達成。但在其他時候，團體會聚焦於團體的道德部分及社會情緒氣氛的改善。

　　此序列觀點及重複階段的觀點並非互相排斥。兩者都有助於團體發展的了解。序列階段的觀點假定團體在處理對團體重要的工作時是經過各種階段的。而重複階段的觀點則認為那些議題背後的問題是不可能完全解決而會在後續再出現的。

 ## 團體凝聚力

　　團體凝聚力是所有影響團體成員留在團體中的變因的總和。當一個團體的正向吸引力比負向的部分還要重要時，團體凝聚力就會產生。**凝聚力**這個字是從拉丁文而來，可以被翻譯成「結合在一起的行動」。一個團體的凝聚力程度是持續改變的，因為事件會改變每一個成員對團體的態度和感覺。

　　一個成員對團體的投入與參與，可以透過成員對收穫與付出的知覺來測量得知。不過它的變化很大，因個人而不同，但以下所列是可能指標：

收穫	付出
友誼	跟不喜歡的人在一起
達成目標	浪費時間和精力
聲望	批評
樂趣	不喜歡的工作
情緒支持	無趣的聚會

吸引力愈高（收穫），凝聚力愈大。

　　個人對於危機的挑戰意願及對團體的投入，有一大部分是依其需求符合程度而定。通常成員加入團體使需求符合。團體成員的關係或個人分享的意願常是團體經驗接受程度的關鍵。團體氣氛也是決定成員感受歸屬感的重要影響

因素之一。歸屬的需求對一個成員的加入及留在團體中，是非常有影響力的因素。

顯而易見的，如果團體的聚會裡產生友善的、愉悅的互動，團體成員是最被團體所吸引的。除了覺得放鬆以外，成員最願意分享自己的想法及與其他成員產生交流。一開始，解凍暖身活動可以讓成員覺得較為舒適，而目標的設定也更能符合成員的需求（參見第四章）。成員覺得自己參與決定的程度愈高，就愈覺得他們的想法受到尊重。

高凝聚力的團體缺席率及成員更換率比較低。此外，成員會被鼓勵完成指定的功課，比較願意遵守團體的規範。他們會比較願意傾聽、接納建議，及幫助團體面對外在的批評。因為團體提供了安全的環境，通常會變成一個可以降低焦慮、提升自尊、增進生活意義的支持系統，並且幫助成員解決問題。因此，一個具有凝聚力團體的成員關係，可經由價值感、接納及被喜歡的感覺而促進成員的心理健康。

成員應該因為工作表現良好而獲得回饋，而非被強迫及操控，應該建構合作的氣氛而非競爭。再者，愉悅的互動比持續的口語爭論以達凝聚力更重要。如果出現困難情境，應該採行問題解決策略。採行輸贏的途徑通常會降低凝聚力（參見第六章）。

團體成員間的信任是有效溝通、合作及凝聚的重要條件。當不信任的關係出現時，成員可能不願意表露敏感的個人資訊或貢獻他們的資源來達成團體目

1.4 練習　影響團體凝聚力的因素

目標：此練習目的在幫助你了解有助於團體凝聚力的因素。

1. 描述一個你曾經參與具高度凝聚力的團體（也許是一個運動團體、學校中的團體，或是一個教會團體）。檢視促成此團體具凝聚力的因素。

2. 描述一個你曾經參與而具低度凝聚力的團體。檢視造成此團體低凝聚力的原因。

標。甚至有些已經具有一定聲望的團體也有可能危害成員的名譽（例如托兒所指導成員可能因醜聞被圍攻）。

如果團體中長期對問題的解決及界定有不一致，團體凝聚力會降低。不合理的要求如強迫害羞的成員演講，會降低團體的吸引力。強勢的成員或表現出令人厭惡行為的人並非受歡迎的人。那些被抱怨的代罪羔羊可能以暴力回擊或中途退出團體。最後，如果因為這個團體而使成員的戶外活動減少，其凝聚力也會減低。例如一個學生團體每週聚會二到三個晚上，可能會干擾讀書、運動及社交生活的時間。

會員與參照團體

會員團體是一個人屬於或不屬於的團體。有些成員是團體的邊際成員。例如，任何一個人參與校園的活動就是學生團體的一個成員。但是有些學生因為他們並沒有參與所有的校園活動，所以只能算是邊際成員。Carol 雖然幾乎在傍晚全時工作，但沒有住在校園，可是她也有上課。她認同一起工作的夥伴，而其他同學對她的影響很小，她在學生團體中只有有限的心理上的會員認同。團體全面心理上的會員認同，只有當一個人被團體吸引且接納成為一個會員才產生。一個人愈全然成為會員，愈能夠投入團體，為團體目標而努力。

一些期望成為團體成員的人就會表現得像是團體成員一樣。例如學生希望成為男生或女生團體的成員，就會表現得像成員一樣以增加被接納的機會。有意願的成員雖然他們不是正式成員，但在心理上與成員打成一片。

志願會員是自由選擇的，而**非自願會員**是必需的。社會工作者通常與監獄場所、精神醫院及學校中的非自願團體一起工作，而成員通常都是沒有意願的、敵意的及分裂的。

實際上我們都屬於許多不同的團體。例如 Jim 是家庭的成員，是一個羅馬教徒，是家長會的成員，是籃球隊的前鋒，是社工協會的成員，是地方家庭計畫的成員。偶爾這些團體會有一些衝突，因為開會的時間可能一樣，或者有不同的規範與價值。例如家庭計畫團體對於出生率及墮胎的看法，可能與天主教

教會的人有所不同。要解決這種困境，Jim 可以把他的價值分開，接受家庭計畫團體的成員對於出生率及墮胎的看法，及接納大部分天主教除了有關出生率及墮胎觀點以外的教義。這種因為多元的會員關係而導致的衝突解決，通常帶來許多的焦慮及個人的付出。

參照團體是我們接受它的影響及認同的團體。在早先的例子中，Carol 是學生團體的成員，也是一個工作團體的成員。因為她主要認同她的工作團體，所以工作團體就是她的參照團體，但學生團體則不是。參照團體有兩個重要的功能：一個是規範的，可以提供成員符合他們職位的行為規範；另一個是做決定，提供成員作為做決定及評鑑決定的基礎、規範與團體規準。

有一些團體成員也是參照人員，他們影響他人也被他人影響。在一個大團體中，只有一些次級團體的成員是參照者。這些參照者被其他成員接納，因為他們被視為專家或權威人士，或是擁有大部分的權力。偶爾人們依議題來選擇參照團體。例如，Jim 選擇家庭計畫團體作為參照團體，來表示他對於生育控制及墮胎的看法，但是以天主教會作為他對自殺、安樂死、復生及道德觀點的參照團體。

1.5 練習 了解會員與參照團體

目標：此練習目的在幫助你了解會員與參照團體的概念。

1. 檢視一個你曾經是團體成員但對你而言不是參照團體的團體，想想為什麼它不是你的參照團體。

2. 檢視一個你曾經是團體成員但對你而言是參照團體的團體，說明為什麼它是你的參照團體。

破冰

在大部分新形成的團體中，帶領者有責任建構一種讓成員覺得舒適的氣氛。新團體的成員傾向於有一些關注：我會受到尊重與接納嗎？這個團體值得我花時間和投入嗎？我能夠建立新的友誼嗎？其他成員是我喜歡的那一型嗎？我的責任與角色為何？我喜歡它嗎？我會有領導者的角色嗎？其他人對我的期待會不會太高？我個人的目標與期待會被了解嗎？如果我發現這個團體我不喜歡，有沒有哪種方式可以離開？

為了幫助成員使其覺得舒適，帶領者必須應用「破冰」的活動（一些此類的活動將在本章末尾介紹）。這一類的活動是用來使成員彼此間更熟悉，彼此自我介紹，減低焦慮，促進溝通。每一個團體都有其獨特點。在大部分社會工作團體中，帶領者會努力建構一種互信及願意分享想法的氣氛，而破冰則是建構此種氣氛的重要步驟。

以學生的身分，你可能觀察到每個班級都有其獨特處。班級規範（例如要不要在課堂分享或討論他們的觀點與信念）會在前幾堂課建立。如果沈默的規範形成，教師通常會結束所有的討論。像這樣的班級會變成教師與學生的例行事項。這些形成討論或沈默的規範的決定因素仍未知。很明顯的，討論的規範應是由破冰者所激勵的。

破冰活動亦可達到特定的目標，如了解成員對團體的期待。此類的破冰者在本章末尾將予以介紹。在我們思考破冰活動之前，有關教室活動進行的困難、倫理及原則將先做一些摘述。

體驗學習

社會工作學生需要接受體驗的訓練，預備未來社會工作實踐的能力。社會工作者會遇到許多敏感的情境：離婚、自殺、兒虐與疏忽、亂倫及死亡。在教室裡，一個合格的教師觀察參與者的心理壓力的程度，提供如何處理敏感情境的回饋，在必要的時候介入。學生畢業開始接觸個案時，這樣的輔導就比較不

可能。因此，在學生實際進到團體諮商情境前，協助學生透過教室實際應用的經驗來發展他們的技能是非常重要的。

　　教室的活動提供了許多優點，可以顯示重要的理論概念、澄清價值，或幫助學生發展評估與介入的技能。這些活動通常比較有趣且比其他機制來得有效果。活動也使得學生變得更熟悉，形成團體凝聚力，增進團體的道德感。

活動進行的倫理與原則

1. 帶領者要能解釋目標、說明步驟、開始進行活動、讓成員專注在工作上並且守時，示範良好的價值與技能，活動之後要帶成員一起討論與評估此活動，處理成員對此活動的情緒反應。

2. 一般來說，如果教師在教室活動中展現熱忱，學生對活動也會比較熱情參與。

3. 學習以不同的方式學習。有一些學生可能比其他學生更有反應且學得較多。

4. 活動的選擇要考慮學生的學習需求。帶領者可以修改本文中的活動，以符合學生的特殊學習需求。在設計或修正活動時，帶領者必須思考以下問題：這是達成目標的最佳活動嗎？這個活動需要修正以符合團體的特質嗎？這個活動要如何進行才能有效完成？是否有足夠的時間來進行這個活動？這個活動適合大團體還是小團體？是否有合適的教材？可能會有什麼問題？是否有足夠的時間去討論問題？

5. 為了分配足夠的時間，帶領者應估計活動的每一個步驟所需的時間。

6. 介紹活動時，團體成員必須被告知目標，介紹整個活動的概要，鼓勵問問題。成員有權利在活動開始前獲得清楚的資訊。為了建立互信，帶領者不能給成員錯誤或不正確的資訊。如果有一個正確答案會顯示出活動所要傳達的訊息，帶領者可以說：「這個問題可以等一下再回答，因為這個活動是設計來顯示這個答案的。」

7. 活動進行中，教學者必須在場。

8. 帶領者應該為每次的活動設定目標且清楚地表達這些目標。學生有權利

知道目標是什麼（如果在一開始陳述目標會洩漏活動要隱藏的重點，就考慮在結束時謹慎地解釋此目標）。

9. 帶領者應謹慎地計畫每個活動而且用心執行。本文中的活動做了詳盡的說明。帶領者應該為每一個活動做好準備，了解步驟，思考此特定班級可能有的反應。

10. 有一些活動可能引起強烈的情緒反應，因為它可能碰觸到學生心理的掙扎點。教師應仔細觀察學生的反應，在課後與學生談，對於心理壓力較為嚴重的學生可以提供適合的諮商資源。

11. 教學者應該在學生間建立支持的、照顧的及尊重的氣氛。

12. 教室中對於敏感性的個人資訊要能保密。

13. 一旦目標與活動解釋清楚後，學生的參與必須是自願的。對於不想參加活動的學生要能被原諒，但也可以讓學生了解，每一個學生都希望能夠盡量參與大部分活動。

14. 活動不適合是隱秘的或敏感的，以至於其他同事不能進現場觀察。

15. 用一或兩個活動來呈現一個重點比用許多活動好。

16. 如果一學期有許多活動，教師應該讓每個學生有機會在當中扮演主動的角色。對於那些內向而安靜的學生應該盡力邀請他們參與。

17. 教師應對學生的技巧與行為做正向的批評，不要讓學生有次等、無能或不適當的感覺。當指出學生的缺點時，同時也要增強他的優點。回饋必須針對行為而非個人，針對觀察發現而非價值判斷。問題解決的策略可以確認缺點，提供改善的變通方法，可以運作得很好。回饋應以分享想法與資訊而不是提供忠告。教師不能在學生團體面前使單一學生覺得不舒服，敏感的主題要在私下的聚會中處理。

18. 教師應該透過正向態度及讚美來鼓勵學生。包括學生對團體有積極的貢獻、持續努力、呈現進步、展現獨特的技能或對他人體貼尊重。

19. 活動完成後，每一個活動都應該在一個開放輕鬆的氣氛下加以討論與評估。學生可以自由地提出問題，表達想法與其關注，討論活動的優缺點。這種評估也是一種結束，是重要的，也能幫助帶領者改善活動

以為進一步應用。

20. 有時候計畫詳盡的活動也可能失敗。有時候重要的說明被遺漏了，學生有可能因為被其他事物分心而沒有專注在活動上，也有可能是活動設計不佳。當一個活動失敗時，最好能接受理想與實踐之間存有差距的事實，如果只是想去掩飾活動的失敗，反而會讓學生質疑教師的誠實與效能。幽默能夠使這種情形減少，而帶領者可以用另一種非常類似的活動來達成目標。有時候一個活動可能完成得不多，教師的反應將會影響到學生對教師的信任。此外，一個適切的反應能幫助學生學習如何對團體帶領的錯誤予以反應。因為人類是有犯錯的本質，有些活動無法達成預期的目標，教師應該從錯誤中學習。

進行教室活動應避免的缺失

1. 班級活動並非設計來解決情緒性問題。帶領者不應該透過活動來滿足他自己的情緒需求。

2. 班級活動不應該只是用來填充時間，必須有其適切的目標與價值。

3. 如果沒有足夠的討論與進行時間，就不要進行活動。

4. 活動不能用來替代其他形式的教學。

5. 雖然一些學生參與社會工作及心理學課程以解決他們自己的問題，但經驗的活動不應該鼓勵學生揭露他們之後可能後悔洩漏的材料。如果極端私人的資訊被揭露，班級氣氛必須是支持的，之後的討論必須是一般化而且客觀的。

Note

2 社會團體工作與社會工作實務

本章展現社會工作實務的概念。我們視團體之社
會工作為社會工作實務的一個統整要素。本章也把社
會工作教育委員會的教育政策條例中,對於社工學士
及碩士學位方案的社工實務概念加以歸納。

社工人員做什麼？社會工作和心理學及精神病學、輔導與諮商及其他助人專業有何不同？社會工作和社會福利之間有何關係？社會工作者要具有哪些知識、技能和價值？本章也討論上述問題，其實已經有許多人努力探討同樣的議題。本章主要花比較多的心思在統整重要的概念，目的是以專業的角度來描述社會工作，並且幫助社會工作者或其他有興趣者了解及清楚社會工作是什麼，及社會工作專業獨特之處。

社會工作的定義

　　社會工作被美國社會工作者協會（NASW）界定如下：

　　社會工作是幫助個人、團體或社會以增進或恢復社會功能的潛力及創造他們目標的社會條件的專業工作。

　　社會工作實務包含社會工作價值、原則與技術的專業應用：幫助人們獲得實質的服務，提供個人、家庭、團體諮商及心理治療，幫助社區或團體，提供或改善社會與健康服務，與參與重要的立法歷程。

　　社會工作實務需要人類發展與社會、經濟與文化直覺的行為，及所有因素之間的交互作用。

　　社會工作者通常是指社會工作教育方案畢業生在社會工作領域工作的人。社會工作者是一個**改變的機制**，一個被聘用以有計畫改變的助人者。作為一個改變的機制，社會工作者被期待是具有與個人、團體、家庭、組織工作技巧及促進社區改變者。

社會工作與社會福利之間的關係

　　社會福利的目標是要實現社會的、金融的、健康的及社會中所有人的需

本章的資料來源：*The Practice of Social Work,* 7th ed., by Zastrow. © 2003. Reprinted with permission of Brooks/Cole, a divison of Thomson Learning, Inc.

求。社會福利期待增進所有年齡層的人之社會功能，包括富者與貧者。當其他社會機構（如市場經濟與家庭）無法滿足個人和團體的基本需求時，社會服務就有其需求性。

Barker 把社會福利做如下界定：

> 一個全國方案、福利及服務系統，有助於社會維持基本的社會、經濟、教育及健康的需求。

社會福利方案與服務的例子如養護、收養、日間照護、早期介入、緩刑與假釋、公共協助方案（如食物券）、大眾健保、性治療、自殺諮商、休閒服務（男童軍及基督教女青年會）、處於危機情境者的服務（如老年人）、學校的社會服務、對貧窮者的醫療及合法的服務、家庭計畫服務、送餐服務、打架夫妻的避難服務、愛滋病患者的服務、兒童虐待及疏忽兒童保護、自信心訓練、交心（encounter）團體與敏感訓練、國民住宅方案、家庭諮商、酒精中毒的、中輟者的服務，及發展障礙者與更新服務。

幾乎所有的社會工作者被雇用到社會福利領域工作。不過還有很多其他專業領域及職業領域的人在社會福利單位工作。如圖 2.1。

社會工作專業是什麼？

美國社會工作者協會把社工專業界定如下：

> 社會工作專業的存在，是為了提供人道及有效的社會服務給個人、家庭、團體、社區及社會，以促使社會功能提升並改善生活的品質……
>
> 社會工作專業的傳統及實務的定義是提供正式的知識基礎、理論的概念、特定功能的技巧，及用以執行社會委託以提供安全、有效及建構性社會服務的重要社會價值。

所以社會工作與其他專業有明顯的差異（如心理學與精神醫學），因為它是有責任及委託來提供社會服務。

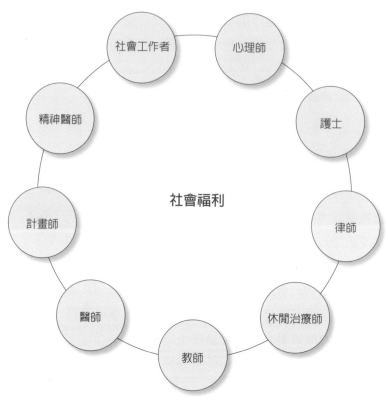

圖 2.1　社會福利領域的專業團體列舉

在社會福利服務中從業的專業人員，包括為窮人提供法令服務的律師、社會計畫機構中的都市計畫者、公共健康機構的醫生、為情緒困擾的住院個案服務的教師、心理師、護士及精神醫院裡的休閒治療師及心理健康診所的精神醫師。

　　一個社會工作者需要一個較大範圍的訓練與專業，以有效地處理個人、團體、家庭、組織及大社區所面臨的問題。當許多專業變得愈來愈專門時（如大部分醫生只專攻一兩個領域），社會工作卻持續強調一般化（廣博基礎）的途徑。社會工作類似以往的一般家醫。家醫科被訓練成可以處理大範圍的人們所面對的醫學問題，而社會工作者也是被訓練來處理許多一般社會與個人面對的問題。

2.1 練習 你在社會工作中的興趣領域

目標：此練習目的在幫助你確認你有興趣想從事的社會工作領域。

1. 將下列的個案系統依你喜歡與其工作的順序從 1 開始排序。

　　_____ 個人

　　_____ 家庭

　　_____ 團體

　　_____ 組織

　　_____ 大社區

2. 說明你排序的理由。

3. 說明社會工作中你比較喜歡的領域及理由（例如為吵架夫妻提供服務）。

社會工作實務的通才

　　以往有一個錯誤的觀念認為，社會工作者不是個案工作者、團體工作者，就是一個社區的組織者。社會工作者知道這是錯誤的概念，因為每一個社會工作者都扮演一個改變的機制，與個人、團體、家庭、組織及大社區一起工作。花在每一個層級的時間因不同的社會工作者而有異，但是社會工作者偶爾都有可能被指派或被期待在這五個層級中工作。因此需要所有層級的相關訓練。一個具有多種能力的社會工作者有這種技能，且運用這些技能來與個人、團體、家庭、組織及大社區系統工作。

　　一個通才的社會工作者被訓練成可以運用問題解決歷程，來協助及介入遇到問題的個人、家庭、團體、組織及社區。Anderson 指出三種通才社會工作者的特徵：(1) 他們通常是個案進入社會福利系統首先接觸的專業人員；(2) 社會工作人員因此必須具備一定的能力評估個案的需求，及確定他們的問題與壓力點；(3) 社會工作者必須運用各種技能和方法來提供案主相關服務。

　　Brieland、Costin 和 Atherton 對於通才實務界定與描述如下：

通才社會工作者，與家醫一樣，其特點是有廣泛的處理基本條件的技能，也受到專家參照者的支持。這個角色符合新進的社會工作者的情況。

通才的模式包括對社會工作介入行為適切性的確認與分析。工作者必須執行大範圍與直接服務管理與提供、社會政策的發展及社會改革的促進有關的工作。通才的社會工作者必須依據強調互動與獨立的系統理論。主要應用到的系統是地區性的服務網絡……

在小的縣市工作的大眾福利工作者是通才的典型例子。他們了解縣市的資源，熟悉地區的關鍵人物，對於服務目標的達成有很大的影響力，包括工作的獲取、租屋或緊急的衣物、食物的提供。都會區的通才工作就比較複雜，也要花比較多的心思在資源的分配上。

Hull 把通才的實務定義如下：

通才實務的基本原則是學士學位的社會工作者能利用問題解決的歷程，介入各種不同大小的系統，包括個人、家庭、團體、組織及社區。通才社會工作者在系統及個人與環境的架構（有時候也指生態的模式）下運作。通才預期許多問題將需要介入不只一個系統（例如：處理青少年犯罪的問題加上處理學校或家庭的問題），且單一的問題情境的解釋通常是沒有幫助的。通才可能同時扮演許多角色，或是依個案的不同需求扮演不同的角色（例如：催化者、提倡者、教育者、經紀人、增能者、個案管理者或中介者）。他們可能在任務團體、社會化團體、資訊團體和自助團體中扮演領導者、催化者。他們能夠執行需求評估及評鑑他們本身相關的實務及方案。當個案的問題較複雜時，他們會向參照人員諮詢，且知道什麼時候運用有經驗的同儕的督導。通才依據全國社會工作者協會的倫理規條來運作，且必須能夠與個案、同事及來自不同種族、文化及專業的人一起工作。通才的知識與技能是能夠從一個情境遷移到另一個情境，從一個問題遷移到另一個問題。

通才實務的關鍵包括個人環境概念的觀點（將在本章接著的段落描述），

與在許多不同層級介入的能力及意願。在方塊中所呈現的案例——「包括變通計畫的通才實務」，呈現這種反應不同層次不同角色的途徑。

　　文章內容應該介紹各種評估與介入的策略，以促進讀者學習社會工作中的通才實務途徑。透過這些策略的學習，讀者可以選擇最能促進個案正向改變的途徑（對象可能是個人、家庭、團體、組織及社區）。

改變的歷程

　　社會工作者運用**改變的歷程**與案主一起工作（案主包括個人、家庭、團體、組織及社區）。教育政策與認證標準的社會工作教育委員會鑑定出十種社會工作實務需要的技能：

1. 以適切的工作關係讓個案參與。
2. 確認議題、問題、需求、資源及有利條件。
3. 蒐集與評估資訊。
4. 進行提供服務的計畫。
5. 運用溝通技巧、督導及諮商。
6. 檢視、分析及執行實際本位的介入以達個案的目標。
7. 運用經驗的知識和先進的技術。
8. 評鑑方案的成果及實際的效能。
9. 發展、分析、提倡及提供領導的政策及服務。
10. 提升社會及經濟的公平性。

前八種技能提供了社會工作改變歷程概念化的重要架構。

第一階段：邀請個案進入適切的工作關係

　　讓我們檢視案例——「包括變通計畫的通才實務」的改變歷程。回想四個青少年因為在學校上課時間喝啤酒而被開除。改變歷程的第一步是確認所有可能的個案。第二步是邀請他們進到適切的關係中。

包括變通計畫的通才實務

Jack Dawson 是美國中西部一所高中的社會工作者。四個青少年因為在學校上課時間喝酒而被開除（符合教育委員會的政策）。Dawson 先生評估情境且確認以下行動的潛在程序。他可以充當青少年的倡議者，力勸教育委員會及行政單位讓學生復學。Dawson 先生知道學生被開除，不只對青少年本身及家長來説很失望，對警察單位及社區亦是如此（因為被開除的青少年可能白天時間在街上遊蕩）。他可以與這四位青少年一對一的諮商，探討他們的退學問題與喝酒的習慣，他可以邀請這四位青少年參加學校的團體諮商（與其他有同樣喝酒問題的人）。他可以扮演中間人，提供學校系統以外的諮商中心的個別或團體的諮商。他可以查明家長的意願然後引入家族治療，或是可提供家族治療的諮商中心。他可以提出把飲酒的學生開除此議題（給家長、社區、警察單位、學校單位、教育委員會）是否是合適的規定（或是一個較佳的學校系統政策應該是讓學生留校察看，他們必須在研究室待上幾天）。開除的做法可能太過嚴厲而影響青少年的未來。Dawson 先生也可以扮演一個組織者及催化者，來鼓勵家長及學校人員用這個案例編入酒精與藥物教材到課程中（此選擇性的行動課程將視許多因素決定，包括每一個課程的效益分析）。

　　在這個案例中，有許多潛在的個案。這些個案包括那些支持或要求社會工作者服務的人、那些預期能從此服務中獲得協助的人，及那些與社會工作者有工作約定或契約的人。採取此種定義，這四個被開除的青少年（包括家長）就是潛在的個案，因為他們被預期可以從服務中獲得協助。此高中也是一個個案，因為它與社會工作者 Dawson 先生之間有契約關係（此高中也是一個個案，因為它要求 Dawson 先生協助處理此問題）。學校裡其他的學生（及他們的父母親）也是潛在的個案，因為他們被認為是可以從服務中獲利的人。

　　為了達到效能，社會工作者與所有潛在的個案建構一個適切的、專業的關係是很重要的。當社會工作者顯示出同理、溫暖及真誠，是有助於工作關係的提升。

第二階段：確認議題、問題、需求、資源及有利條件

　　第二階段的第一步是確認議題、問題與需求，只有如此做才能決定哪些資源是可行的、有哪些有利條件。

　　學校社會工作者 Jack Dawson 確認了許多議題（問題／關注／困難），包括：這些青少年有喝酒的問題嗎？這些青少年可能了解學校系統，但因不滿而以違反學校規定來表示他們的不滿嗎？開除對學生來說有哪些短期或長期的負面效果？開除對學生來說是否有標籤化的負面效果而導致他們未來違法的行為？這些青少年的家長對他們飲酒及被開除的事件會如何反應？開除的事件對學校的其他學生會有何影響？（一個可能的正向效果是，開除對學生想違反校規有遏阻作用；一個可能的負向結果是，開除可能對其他想要逃避上學的學生具有鼓勵作用而破壞校規。）這些被開除者如果他們白天在街上遊蕩，會不會為社區中的店家帶來麻煩？因為喝酒而開除學生的學校政策是建設性的還是破壞性的？學校系統是否有責任增加藥物教育的課程？學校系統中有沒有特定的鼓勵學生違反規定？如果有的話是否應該調整？

　　基於議題、問題及需求的初始確認，社會工作者必須決定哪些資源及條件有利於此情境。這個完整的清單將成為下一個階段（蒐集與評估資訊）的指引。

　　Dawson 先生覺察到高中有許多資源和有利的條件有助於這些議題的處理。有一些專業人員（教師、心理師、其他社會工作人員、護士及輔導諮商者）可以提供服務，包括協助發展與執行新的解決問題、需求及議題的方案。如果需要，學校可以聘請一到兩位對於飲酒及藥物問題的諮商專家。學校有已建立的科層體制（包括教育委員會），有一定的建立新方案的程序與政策。州及聯邦政府的補助金可以用來設立藥物預防的方案。

第三階段：蒐集與評估資訊

　　在此階段，執行深入的資料蒐集與分析，以提供社會工作者解答第一階段所確認的議題與問題。在某些議題上，有一些有用的資料可以直接由個案取得

（包括案例中的青少年）。因此，像這些青少年是否有飲酒的問題，可以藉由直接個別與他們談，形成信任關係，然後探知他們飲酒的頻率、花費及所遇到的困難。對於第一階段提出的其他問題，資訊必須從其他來源獲得。例如，退學對於青少年短期與長期的負向影響，可能要透過主題文獻的研究來發現。

評估是分析資料的歷程，使資料顯示出意義來。

第四階段：服務提供的計畫

資訊蒐集與評估之後，Dawson 先生及其他學校系統中的做決定者需要決定學校系統是否提供服務（通常此種決定包含這些預期的個案是否符合機構的需求的評估）。提供此個案服務的決定是比較容易，因為學校系統有義務提供給所有在學生服務。下一個決定是要提供哪些服務——將在第五、六、七階段處理。

第五階段：運用溝通技巧、督導與諮商

社會工作人員的效能大部分依賴工作者的溝通技能，包括口語的及書寫的技能（許多機構的負責人認為書寫技能與訪談及諮商技能一樣重要，因為工作者需要記錄評估與處理計畫，及撰寫法院的報告及其他機構所需的報告）。工作者展示報告，擔任法院的見證人，有效地與個案、同事及其他機構的專業人員溝通的能力也很重要。

每一個機構的行政人員希望社會工作人員是團體的成員，且對督導能以正向的態度反應——也就是當別人有比較嚴厲的批評與建議時，不要變得過於自我防衛（在這個案例中，Dawson 先生經常與他的督導，Maria Garcia 醫生——高中兒童服務中心的主任——見面，討論他應該採取的行動）。

社會工作者必須知道諮商可能是有效的而且願意運用此種技巧。因此，在與州立大眾教學部門聯絡後，Dawson 先生發現這個部門的諮商員 Raul Alvarez 醫生，在全國的酒精與藥物的預防及處理方案上有很豐富的經驗。Alvarez 醫生可以免費為學校提供服務。兩人安排見面且討論 Dawson 先生社區的議題，Alvarez 醫生也覺得方案可以符合所需的情境。

第六階段：確認、分析及執行經驗本位有助於達到個案目標的介入方案

　　這個案例歸納了許多符合一般目的、價值，及社會工作專業倫理的介入方案。有許多重要的介入方案提供給這個案例。Dawson 先生可以與這四位青少年一對一的諮商，探討他們的退學問題與喝酒習慣，他可以邀請這四位青少年參加學校的團體諮商（與其他有同樣喝酒問題的人）。他可以扮演中間人，提供學校系統以外的諮商中心的個別或團體的諮商。他可以查明家長的意願然後引入家族治療，或是中介者引入可提供家族治療的諮商中心的家庭聯結。他可以提出把飲酒的學生開除此議題（給家長、社區、警察單位、學校單位、教育委員會）是否是合適的規定（或是一個較佳的學校系統政策應該是讓學生留校察看，他們必須在研究室待上幾天）。開除的做法可能太過嚴厲而影響青少年的未來。Dawson 先生也可以扮演一個組織者及催化者，來鼓勵家長及學校人員將這個案例編入酒精與藥物教材的課程中。

　　Dawson 先生與 Alvarez 醫生討論這些策略也獲得見解（基於在其他社區介入的結果），知道哪種策略可能較有經濟效益（經濟效益分析是可用資源與潛在利益之間的比較）。因為時間與資源的限制，很少有社會工作者能夠實現**所有**有價值的介入方案。

　　Dawson 先生選擇預防途徑作為一種介入的策略，就是他會著力於擴展健康課程，把飲酒與其他藥物的教材納入課程。因為這個介入方案，Dawson 先生必須面對許多相關的問題。例如：哪些教材應納入藥物教育方案中？哪一種藥物應該介紹？〔Dawson 先生知道如果介紹特定的藥物，如麥角酸二乙胺（LSD），有可能引起家長的疑慮，擔心這種少用藥品介紹，可能反而鼓勵學生去嘗試。〕藥物教育的元素應該在課程的**哪個部分**加入？在學生集會時要求學生參加？或是在健康課堂上？或是社會課？學校行政、教師、校務委員會、學生及家長將會支持這種融入課程的方案嗎？什麼策略最能說服各種團體的支持？

　　這個階段的第一步，Dawson 先生與他的督導 Garcia 醫生直接討論這些議

題，列出一些可能的變通策略。有三個策略被討論：

1. 可以在學校中進行匿名的問卷調查，來了解學生飲酒與使用藥物的程度，此調查結果可以作爲藥物教育的需求參考。

2. 學生服務部門的專業成員團體可以發展一個藥物教育的方案。

3. 學生服務部門可以要求學校行政及學校委員會，指定一個可以代表學校委員會、學校行政、教師、學生、家長及學生服務部門的委員會。這個委員會可以探索藥物教育方案的需求與可行性。

Dawson 先生和 Garcia 醫生最後決定，最能獲得委員會對藥物教育方案支持的方法是採用第三種選擇。Garcia 醫生與高中的校長 Mary Powell 見面。校長傾向於同意探索此一方案的需求。Powell 女士要求學校委員會支持委員會的形成。學校委員會同意，所以一個委員會成立且開始舉辦各種會議。而 Dawson 先生被 Garcia 醫生指派爲學生服務部門的人員代表。

Dawson 先生也決定要運用其他的介入方案：(1) 邀請這四位青少年進行一對一的諮商，了解他們飲酒型態及退學的情形，但是只有一個個案規律地找他談，其他三個人則常提出不能來的理由；(2) 試圖改變學校因在學校飲酒而退學的政策成爲留校察看的政策。爲了簡潔起見，本文將聚焦於預防措施，也就是加入酒精及藥物教育的教材到課程中。

第七階段：應用實澂知識與技巧

有一個委員會愼思時經常產生的問題是：如果發展藥物教育方案，哪一種藥物應該介紹？有一些委員會的成員會擔心，認爲提供某種藥物的資訊可能反而鼓勵這些學生使用。所以，學生服務部門被要求進行問卷調查，來確認目前被使用的藥物及其使用的程度。

第二個相關的議題是藥物教育方案是否具有預防的效果，或是反而刺激更多人去使用。Dawson 先生建議 Alvarez 醫生與委員會成員討論此議題，而 Alvarez 醫生則分享了國內其他類似方案的預防價值。

經過了十四個月的計畫與愼思，委員會把藥物教育方案的計畫展示給學校委員會。它們的方案是設計成學區中學及高中健康課程的一個部分。

藥物教育方案包括最新的基礎研究，有關一般社區青少年最常使用的藥物的知識及改變心智的效果、生理及心理依賴性的特徵，及停止吸毒與長期的健康效果。此課程也包括基礎研究最有效的治療途徑資訊，家庭處理成員為毒品所困的方式、如何面對吸毒的朋友或親戚，被毒品影響可能造成的危險，藥物使用與傳染性疾病（如愛滋病）之間的關係，提供給關心本身毒品應用的人建議，及對毒品說「不」的實際方式。

此方案中的有效技巧包括：建立其他學校有效藥物教育方案的電腦資料庫、學區中可以調查學生藥物使用及態度的分析軟體，及適合各種年齡的藥物教育教材錄影帶或電影。

第八階段：評鑑方案的結果與實際的效態

為了評估介入方案的效果，學生服務部門決定進行年度的問卷調查，採隨機抽樣的方式，以評估學生藥物使用的情形，並且了解學生對於藥物教育方案優缺點的看法。學生服務部門也決定調查家長，以了解他們對於藥物教育方案優缺點的看法及改善的意見。此種做法提供評鑑及監督方案結果的途徑。

任何介入方案的最後一個階段就是方案的結束。發展藥物教育方案的委員會在學校委員會批准此計畫之後，召開了最後一次會議。在結束的會議中，每個成員都經驗到複雜的情緒。他們為成功地完成任務感到高興，可是也覺得有一點難過，因為這個團體已經成為他們重要與有意義的生活的一部分，而現在卻要結束了（對於任何一個委員會，如果成員間已經發展出親近良好的關係，團體的結束通常都會是很難過的。當議題討論時有一些依賴感已經產生，如果團體結束，成員可能會有一種失落感）（第十二章會再描述團體結束與評鑑的一般細節）。

各種角色

在與個人、團體、家庭、組織及社區工作的時候，社會工作者被期待是知識豐富且有技巧的扮演各種角色。角色的選擇必須視所給的情境而決定，以下

的教材提出了一些已經確認的社會工作人員的角色。

使能者

在這個角色中，社會工作者**協助**個人去了解他們的需求，澄清及確認問題，探索解決的策略，選擇及應用策略，發展有效處理問題的能力。這個角色在個別、團體、家庭諮商及社區實踐，特別是目標在於幫助個案組織以協助他們自己。

（必須注意的是，enabler 這個詞的意思與常用的化學定義是非常不一樣的。此處這個詞意指家庭成員或朋友幫助那些持續使用毒品及有毒癮的人。）

中介者

一個中介者是聯結個人與需要社區幫助的團體（或不知道到哪裡尋求協助）。例如，一個被先生家暴的妻子可能被轉介到家暴婦女的庇護所。今日即使是一個中型的社區，至少也有二百至三百個服務機構與組織。有時候，連人事服務專業人員也只有部分人員察覺到社區中有這麼多的服務網絡。

倡導者

倡導者的角色是從法律專業中借用而來。它意指社會工作者代表案主或市民團體的主動與指導性的角色。當個案或市民團體需要幫助但現有的機構沒有興趣時（或是負面與敵意），倡導者的角色則是適切的。倡導者在蒐集資料中提供指引，質問個案的需求與要求的效度，及挑戰不提供服務的機構。此目的並非要嘲笑或責備特定的機構，而是要去修正或改變一個或更多的服務政策。此倡導者角色是專門維護個案或市民團體的利益。

增能者

社會工作實務的一個重要目標是**增能**，也就是在幫助個人、家庭、團體、組織及社區的歷程中，增進他們個人的、人際的、社經的，及政治的勢力與影響。社會工作者在以增能為主的實踐中，要能發展個案的能力，以了解他們的

環境、做選擇、為選擇負責，及透過組織與倡導來改善他們的生活環境。以增能為焦點的社會工作者也要能對於社會中的不同團體，給予較公平的資源與權力分配。以公平及社會正義為焦點的社會工作專業，從 Jane Addams 及其他早期的睦鄰之家工作者就已經開始。

行動者

　　行動者追求的是機構的改變，通常目標包含將權力與資源轉移到弱勢團體。行動者關心社會的不公正、不公平及剝奪。策略包括衝突、對抗及協商。社會行動關心改變社會環境，以符合組織的及個人的需求。所使用的方法是比較獨斷的與行動取向的（例如，組織福利需求者來改善服務及酬勞的增加）。社會行動的活動包括事實的發現、社區需求的分析、研究、資訊的傳播與詮釋、組織活動及其他努力，以促進大眾的了解，及對一些負責的既存的或計畫的支持。社會行動活動也可以是因為地方的、州的或全國的問題而發起。

調停者

　　調停者的角色包括不同團體間爭議的介入，以協助他們找到折衷方案、調解差異，或是達到相互滿意的契約。社會工作者已經運用他們的價值取向與獨特的技能，在許多不同類型的調停上（例如，離婚夫妻、衝突的鄰居、房東與房客、勞方與資方、孩子監護權的爭奪）。調停者保持中立，不偏袒爭論的任一方。調停者確認他們了解雙方團體的情況。他們可以幫助澄清處境、確認無法溝通之處及協助雙向清楚地呈現他們的案例。

協調者

　　協調者把有衝突的雙方邀請在一起，然後討論與折衷以達雙方皆可接受的一致意見，有時候很像是調停者，協調包括找到一個雙方可以接受的中間地帶。不像調停者（維持中立）的是，協調者通常是站在其中一方。

教育者

教育者提供訊息給案主及教他們採用的技能。成為一個有效的教育者，社會工作人員首先必須具有豐富的知識。此外，社會工作者必須是一個好的溝通者，才能把訊息傳達得很清楚，讓接收訊息者了解。一個教育者可以教授年輕的父母親親職技巧，教年輕人找工作的策略，及教那些有攻擊傾向的個人控制脾氣的技能。

發起者

發起人會將大家的注意力引到問題或潛在問題上。重要的是，要了解潛在問題也很重要。例如，如果藉由重建中價位的房子來更新低價的社區房舍，發起人可能會關心到那些低收入的人因為付不起中價位的房子而流落街頭。由於把注意力引到問題上通常沒有解決問題，發起人的角色必須經常接著處理其他工作。

組織者

組織者把元素組織在一起。例如，一個有多重問題的家庭可能需要許多機構的服務，以符合它複雜的資金的、情緒的、法令的、社會的、教育的及互動的需求。通常在機構裡的人員要把自己假定為是個案的管理者角色，去協調不同機構的服務，且避免各種服務之間的重複或衝突。

研究者

每一個工作者都是一個研究者。社會工作實務的研究可以是有趣主題的文獻閱讀、評鑑某個人工作的成果、評估方案的優缺點及研究社區的需求。

團體催化者

一個團體的催化者扮演一個治療團體、教育團體、自助團體、敏感團體、家族治療，或其他有特定焦點團體的討論領導者。

大眾發言者

社會工作者偶爾與多樣的團體交談（如高中的班級、大眾服務組織如 Kiwanis、警察人員及其他機構的成員），以告知他們可能的服務或質疑新服務的需求。最近幾年，許多新的服務已經被辨識出來（如家庭保護方案和愛滋病個案的服務）。社會工作者如果具有公共表達的技能，將有利於為潛在個案團體說明服務的內容及資金的來源，也會比較受到雇主的支持。

2.2 練習 你對各種社會工作角色的興趣

目標：此練習目的是為了幫助你了解你可能喜歡的社會工作者的角色。

1. 根據所列的每一個角色加以勾選

	我期待扮演此種角色	不確定	我不想涉入此角色
使能者			
中介者			
倡導者			
增能者			
行動者			
調停者			
協調者			
教育者			
發起者			
組織者			
研究者			
團體催化者			
大眾發言者			

2. 說明你選擇你所期待扮演特定角色的原因。

3. 說明你所選擇你不想涉入特定角色的原因。

系統觀點

社會工作者被訓練以系統的觀點來協助個人、團體、家庭、組織與社區。系統觀點強調看個案現有問題之外，以評估他們的問題的複雜性及其相互關係。系統觀點是基於系統理論。一般系統理論的重要概念是**整體**、**關係**及**平衡**。

整體的概念是指系統內的物件或元素形成一個整體，比個別部分所形成的總合還大。系統理論是反對原子理論的，認為當一個系統被分割成許多元素部分時，是難以適切的被了解或整體解釋的（例如中樞神經系統如果只觀察部分，是無法了解思考的歷程的）。

關係的概念認為系統中的元素結構及形式與元素本身一樣重要。例如，Masters 和 Johnson 已經發現，性功能障礙基本上是因為夫妻間的關係多於婚姻系統中伴侶間的心理特質。

系統理論反對簡化的因果關係解釋。例如，兒童在家是否受到家暴，是因為許多變項與這些變項的型態所決定，如父母控制怒氣的能力、親子關係、心理壓力的程度、孩子的特質及父母親發洩怒氣的社會可接受的方式。

平衡的概念建議動態系統求得平衡以維持及保護此系統。例如，Jackson 注意到家庭傾向於建立一個行為的平衡或穩定，且抗拒從既定的穩定加以改變。不平衡狀態的逐漸出現（導因於婚姻內或外）會再恢復家庭的平衡。如果一個小孩在家裡被虐待而被帶離，通常第二個小孩也可能被虐待。或者，如果一個家庭成員尋求諮商來改善，此改善通常會打亂家庭內的平衡，家中的其他成員也必須有所改變（此改變可能是適應的，也可能是適應不良的），來適應新的改善的家庭成員的行為。

生態的理論是系統理論的一個次類別，且已成為社會工作實務中重要的理論，將於隨後介紹。

醫學模式與生態模式

從 1920 到 1960 年代，大部分的社會工作者運用醫學模式的途徑來評估及

改變人類的行為。此種途徑最早是 Sigmund Freud 所倡導，把當事人看成**病人**。服務提供者的任務首先是要診斷病人問題的原因，然後提供治療。此病人的問題被視為是在病人的心理。

醫學模式

關於人的情緒與行為問題，醫學模式把這些問題視為是**心理疾病**。具有情緒及行為問題的人會被標籤為精神分裂症、妄想症、精神病、精神失常。醫學模式的支持者相信，受到干擾的人心是被一內在的不明條件所致，如基因遺傳、新陳代謝系統失調、傳染疾病、內在衝突、防衛機轉的潛意識使用、早期的創傷經驗導致情緒的固著而妨礙未來心理的成長。

醫學模式有一個冗長的分類，美國精神疾病學會分別加以界定。主要的心理失常者的類別列在**表** 2.1。

醫學模式途徑的興起主要是認為情緒失常是被惡魔纏身。這些人常被打、鎖起來或被殺。醫學模式引導大家視此干擾為求助的信號，刺激對情緒問題本質的研究及治療途徑的提升與發展。

醫學模式有效的證據主要來自於那些心理失常者，如精神分裂者被基因影響。這些證據有許多來自於雙胞胎遺傳的研究。例如在一個研究中，雙胞胎被發現在精神分裂症有一致的比率（也就是如果有一個人有，通常兩者都有），約 50%。

要注意的是，在一般人的精神分裂症的比例約 1%。當雙胞胎之一有精神分裂症時，另外一個比平均數約有五十倍的可能成為精神分裂症。這指出是基因的影響而不是基因決定的，所以雙胞胎同時發生的機率只有 50% 而非 100%。

生態模式

1960 年代，社會工作開始質疑醫學模式的效果。造成個案問題的環境因素與內在因素一樣重要。研究也顯示，這種精神分析的方式在處理個案問題時缺乏效果。

表2.1　美國精神疾病學會主要心理失常的分類

異常通常在嬰幼兒、兒童及青少年時期被首先診斷出來——包括心智遲緩、學習障礙、溝通障礙（如口吃）、自閉症、注意力缺陷／過動及分離焦慮問題。

精神錯亂、癡呆、混亂及其他認知異常——包括因為酒精及藥物中毒所引起的精神錯亂，或因為阿滋海默症及帕金森症引起的癡呆，或因頭部外傷引起的癡呆及混亂的失序。

物質相關的異常——包括因為酒精、咖啡因、安非他命、古柯鹼、迷幻藥、尼古丁，及其他影響心智物質的濫用而造成的心智異常。

精神分裂症及其他精神異常——包括妄想症與所有型態的精神分裂（如偏執、失序的及緊張型精神分裂）。

情緒異常——指情緒異常者如憂鬱及躁鬱。

焦慮症——包括恐懼、創傷後壓力異常及焦慮異常。

身體型疾患——是因心理問題而出現身體的疾病，如臆想症。

解離症——是人格部分與其他部分分離（例如認同解離症，又叫多重人格症）。

性與性別認同異常——包括性官能障礙（如低性慾、早洩、男性勃起問題、性器官疾病、陰道痙攣）、裸露狂、戀物狂、戀童狂（兒童性騷擾）、性被虐待狂、性虐待狂、偷窺狂，及性別認同異常（如雙性戀）。

飲食異常——包括厭食症及暴食症。

睡眠異常——包括失眠症及其他與睡眠有關的問題（如噩夢與夢遊）。

衝動控制異常——是在一些不期望的衝動的控制上缺乏能力（例如竊盜、縱火及病態賭博）。

調適異常——是指對一般壓力調適的困難，如失業或離婚。

人格異常——是一種內在經驗與行為長期脫離個人文化期待的常軌，通常是普遍而固著的，開始於青少年或成人前期，長期造成苦惱及傷害，如偏執的人格、反社會人格、強迫妄想人格。

其他條件——包括許多的異常情形，如親子關係問題、伴侶關係問題、手足關係問題、兒童疏忽、性虐待、身體虐待的受害者、躲債問題、喪親問題、學業問題、職業問題、認同問題及宗教或精神問題。

資料來源：*Diagnostic and Statistical Manual of Mental Disorders-IV*, Text: Revision, by the American Psychiatric Association, 2000, Washington, DC: American Psychiatric Association.

2.3 練習　了解主要的心理疾患

目標：此練習目的在幫助你了解主要的心理疾患。

簡單地描述你認識的人中有如**表2.1**的心理疾患的人。為了保密請不要使用真實的姓名（以下是一例子。Fred，六十七歲，五年前被診斷為阿滋海默症，他現在住在一個照護的場所，他的太太幾乎每天都去看他）。

　　之後，社會工作轉移一些焦點到**改革的途徑**，關注系統的改變加惠個案。像反對貧窮方案的法令，如早期療育（Head Start）就是一個成功的改革例子。

　　過去幾年，社會工作已經聚焦於運用**生態的模式**。這個模式統整了處遇與概念的改革，強調人與物理與社會環境間失常的互動。人類以透過與環境中所有要素的互動而發展與適應著名。生態模式把注意力同時放在內在與外在因素。它並非把人視為對環境的被動反應者，而是在相互與動態的互動中扮演主動的參與者。

　　此模式試著模擬人類在環境中的型態來改善此模式，以了解個人需求他個人環境的適配性。生態模式強調的是環境中的人，如**圖** 2.2 的概念圖。

　　圖 2.2 指出人與許多系統互動。藉此概念圖，社會工作可以聚焦於三個分別的領域。首先，它可以聚焦於個人，尋求發展問題解決、處理與發展性的能力。第二，可以聚焦於個人與系統間的關係，或是他與所需的資源、服務與機會間的聯結。第三，可以聚焦於系統的改變使其更符合個人的需求。

　　生態模式視個人、家庭及小團體當他們從生活的某個舞台到另一個舞台時，有轉換的問題與需求。個人逐漸年長時面對許多轉換的改變，如學習走路、讀一年級、青春期、畢業、找工作、結婚、生小孩、小孩離家、退休。

　　家庭也有事件的生活循環需要調適，如訂婚、結婚、生小孩、親職、小孩上學、小孩離家、失去父母親（可能死亡或離婚）。

　　小團體也有發展轉換的階段。小團體的成員花時間認識彼此變得熟悉，逐漸學著信任彼此，開始揭露自己多一點，學習共同完成任務，發展解決人際衝突的策略，及面對團體的即將結束與成員的離開。

　　生態模式的主要關注是去呈現個人、家庭、小團體的需求及轉換的問題。一旦這些問題與需求被確認，就會選擇介入的途徑，並應用來幫助個人、家庭及小團體，解決他們轉換的問題及符合他們的需求。

　　生態模式也關心適應不良的人際問題與家庭及小團體的需求。它可以指出適應不良的溝通歷程與失功能的家庭與小團體的關係型態。這些困難包括人際的衝突、權力爭奪、兩難情境、溝通中的誤解、替罪羔羊及歧視。這些問題常造成一些成員適應不良。生態模式尋求確認此類人際間的障礙，然後應用適

當的介入策略。例如，父母也許把誠實的標準訂得太高，在此家庭中，小孩逐漸學會把特定的行為、想法隱藏起來，甚至學會說謊。如果父母親發現孩子說謊，通常會發生爭吵。對於此類家庭的介入策略是與父母親溝通，幫助父母親了解如果他們真的要孩子誠實，就必須學習更能接納孩子的想法與行為。

　　兩個世紀以前，人基本上是在家庭系統中互動。家庭幾乎是自給自足的。在那個時代，**家庭中的個人**是個人互動系統的主要概念方式。但是現在的社會已經變得非常複雜。今天一個人的生活與生活品質與許多系統交織在一起，而且互相依賴，如圖 2.2 所示。

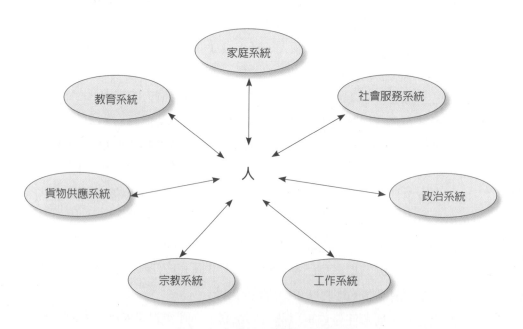

圖 2.2　環境中的個人概念圖

社會中的人持續地與許多系統互動，其中一些呈現在圖中。

2.4 練習 了解醫學模式與生態模式

目標：此練習目的在幫助你了解醫學模式與生態模式。

在了解爲什麼人會出現功能異常的行爲時（如厭食、犯罪、虐待），哪一種模式（醫學模式與生態模式）你覺得是比較有用的？說明你選擇的理由。

 社會工作實踐的目標

美國社會工作者協會把社會工作實踐的主要目標分爲四個。

目標 1：增進個案問題解決、處理及發展性的能力

運用環境中個人的概念，社會工作實踐在這個層次上是聚焦於個人。依此焦點，社會工作者扮演一個**使能者**的角色。在此角色中，工作者可能從事諮商者、教師、照顧者的角色（例如對那些無法完全解決問題符合他們需求的人，提供支持性的服務），與行爲的改變者（例如改變個案的部分特定行爲）。

目標 2：聯結個案與提供資源、服務與機會的系統

運用環境中個人的概念，此層次的社會工作實務是關注個人與他們互動的系統的關係上。在這個焦點上，工作者扮演的主要是**中介者**的角色。

目標 3：提升提供資源與服務系統的運作效能

運用環境中個人的概念，此層次的社會工作實務是關注個人互動的系統上。工作者的角色可能是一個**倡導者**，其他的角色包括：

方案發展者，提升或設計方案或技術來符合社會需求。

監督者，透過其他同事的督導來提升服務的效能與效率。

協調者，透過人類服務資源的溝通與協調來改善運作的系統。

諮詢者，透過增進有效服務的建議提供機構與組織指引。

目標 4：發展與改善社會政策

目標 4 的焦點是在有效資源基礎下的法定與廣泛社會政策上。社會工作者的主要角色是**計畫者**與**政策發展者**。在這些角色中，工作者對於新的法令及政策尋求改善，且對於缺乏效能或不適切的法令與政策加以淘汰。在計畫與政策發展歷程中，社會工作者可能扮演倡導的角色及行動者的角色。

社會工作教育委員會（CSWE）是美國全國性社會工作教育的認證單位，它對社會工作的目的界定如下：

> 社會工作專業接受公私立單位的贊助，是社會服務的發展、提供與評鑑的重要專業。專業的社會工作者是全球脈絡下各種組織情境及服務提供系統的領導者。

> 社會工作的專業是基於服務的價值、社會及經濟的公平正義、個人的尊嚴與價值、人類關係的重要性及統整與實踐的能力。依這些價值作為定義的原則，社會工作的目的是：

- 促進人類的福祉及減少貧窮與壓迫及其他形式的社會不公平。
- 藉由邀請他們共同完成目標、發展資源，及預防與減輕苦難，來增進個人、家庭、團體、組織、社區的社會功能與互動。
- 制定與執行符合人類基本需求與支持人類能力發展的社會政策、服務與資源。
- 透過提升社會與經濟的公平性的倡導與社會或政治行動，來從事政策制定與服務與資源的應用。
- 發展與應用可提升社會工作實踐的研究、知識及技能。
- 發展與提供多元文化脈絡的應用實務。

社會工作的目的之界定與之前提及的四個社會工作目標一致。事實上它是加入其他四個社會工作的目標如下。

目標 5：促進人類的福祉及減少貧窮與壓迫及其他形式的社會不公平

　　社會工作專業致力於增進所有人類的福祉，特別是減低貧窮、壓迫及其他形式的社會不公。在美國人口中大約有 15% 的人收入是在貧窮基準線以下。社會工作經常倡導發展減低貧窮的方法，而許多實務工作者也為窮人提供服務。

　　貧窮是全球的問題，每個國家都有人是貧窮的。在一些社會中，有 95% 的人是窮人。社會工作者致力於減低貧窮，不是只有在美國，而是整個世界。減低貧窮是複雜且困難的。社會工作專業人員與許多系統合作在減低貧窮上努力，包括教育系統、健康照顧系統、政治系統、企業與工作系統、宗教系統及人類服務系統。

　　壓迫是權力或權威的不公平運作。在我們的社會中，許多團體被壓迫，包括非裔美國人、拉丁人、華裔美人、美國原住民、女人、身心障礙者、同性戀與女同性戀、各種宗教團體及住在貧窮地區的人（這些只是列出來舉例，但沒有窮盡）。當社會上的一些人缺乏保護、比較少基本權利與機會，或比其他人獲得較少的利益時，就會有社會不公正的情形發生。社會工作是一個不只致力於減低貧窮的專業，也要對抗壓迫與其他型態的社會不公。

目標 6：透過提升社會與經濟的公平性的倡導與社會或政治行動，來從事政策制定、服務與資源的應用

　　社會正義是一個理想的情境，所有的社會成員有相同的基本權利、保護、機會、義務及社會利益。經濟的公平也是一個理想的情境，所有的社會成員有相同的機會來得到物質財貨、收入與健康。社會工作者有義務協助危機中的團體，增進他們個人的、人際的、社會經濟的及政治的力量及影響來改善他們的處境。增能的社會工作者尋求資源與權利在各種社會團體中的合理分配。各種可能處在危機中的團體，包括那些因年齡、階級、膚色、障礙、種族、家庭結構、性別、婚姻狀態、祖籍、人種、宗教、性別及性別傾向的團體。

目標 7：發展與應用可提升社會工作實踐的研究、知識及技能

社會工作者被期待在社會工作實務上貢獻知識與技能，包括客觀地評估自己的實務及評估所提供的方案及服務。

目標 8：發展與提供多元文化脈絡的應用實務

我們的社會快速的變化，到二十一世紀中期，大約有一半的美國人口是其他膚色的人種。由於人口統計學的改變及其他社會趨勢，人類服務的實務工作者及組織將會處理更多元的、對政治更積極的、警覺的及對他們的權利更敏覺的人。這些趨勢將會要求人類服務組織在本質、結構與品質上有更明顯的改

2.5 練習 你在達成社會工作目標上的興趣

目標：此練習目的是要協助你確認在社會工作八個目標相關活動的興趣。

1. 在下列八個社會工作目標的表格中標示出你感興趣的部分。

	很感興趣	有一點興趣	不確定	不太感興趣	沒有興趣
目標 1					
目標 2					
目標 3					
目標 4					
目標 5					
目標 6					
目標 7					
目標 8					

2. 在你標示為很感興趣的部分說明你選擇的理由。

3. 在你標示為不太感興趣或不感興趣的部分說明你選擇的理由。

變，包括社會服務提供者本身的敏感度、知識與技能的改變。因此有必要持續的努力培養具有多元文化能力的社會工作者。爲了具備多元文化的能力，社會工作者需要 (1) 覺察到文化及其普遍的影響；(2) 學習他自己的文化；(3) 了解他的民族的優越感；(4) 學習其他人的文化；(5) 了解個案本身的文化知識；(6) 採用社會工作技能與介入策略適合個案文化需求與型態的途徑。

 ## 問題解決的途徑

在與個人、家庭、團體、組織與社區工作時，社會工作者使用問題解決途徑。問題解決歷程的步驟可以各種不同的方式說明。以下是這個歷程的簡易描述：

1. 盡可能精確地確認問題。
2. 產生可能的變通解決方案。
3. 評鑑各種變通方案。
4. 選擇方案並設立目標。
5. 執行方案。
6. 評鑑方案的效果。

（注意另外一個問題解決途徑的概念是社會工作實務改變歷程的觀點，它在本章前面曾提及。）

2.6 練習 應用問題解決途徑

目標：此練習目的是要協助你應用問題解決途徑。

描述你應用問題解決途徑六個階段面對兩難問題的情形。在你的描述中，說明你在每個階段所做的。

微觀、中度與鉅觀的實務

社會工作者在三個不同的層次工作：(1) **微觀的**，一對一的方式針對個人，(2) **中度的**，與家庭及其他小團體一起工作，(3) **鉅觀的**，與組織及社區工作，尋求法律及社會政策的改變。

社會工作者特定的活動列舉如下：

社會個案工作

目標在於以一對一的基礎協助個人面對個人與社會的問題。個案工作可能在於協助個案適應環境，或改變影響個人的特定社會與經濟壓力。社會個案工作服務幾乎每個提供直接服務的社會福利機構都有提供。社會個案工作包括許多廣泛的活動，如與逃學的青少年諮商；幫助失業者接受訓練或找工作；與自殺傾向的人諮商；把孤兒安置在寄養家庭；對於受虐兒童及其家人提供保護；為那些不用在醫院養護的人找照顧之家；與性功能障礙的個人諮商；幫助飲酒者認知到他們的問題；與那些疾病晚期的人諮商；一個緩刑或假釋者的警官；為單親父母提供服務；在醫療的或心理的醫院工作，成為康復團體的一個成員。

個案管理

最近有許多社會服務機構都把他們的社會工作人員視為是**個案管理員**。個案管理員所執行的工作類似於那些個案工作者。個案管理工作的內涵因不同的服務範圍而變化。例如，少年緩刑情境的個案管理員高度地涉入個案的督導，提供諮商，監督個案確實遵守緩刑的規定，聯結個案與他的家庭必要的服務，準備法庭的報告及在法庭作證。另一方面，在認知障礙個案的復原中心之個案管理者傾向於提供工作訓練機會，與個案諮商，安排交通，約束個案的不合理行為，扮演個案的辯護者，扮演在非工作時間個案督導的聯絡人（在一個團體的家、收養家庭、住宿型的治療場所，或他們父母的住所）。Hepworth 和 Larsen 描述個案管理者的角色如下：

　　個案管理者把個案與所需的複雜服務網絡的資源加以聯結，且指揮服務的提供。個案管理者扮演中介者、催化者、聯結者、調停者及倡導者的功能。個案管理者必須有廣泛的社區資源、個案權利及各種機構的政策與程序的知識，也必須在調停與倡導方面具有熟練的技巧。

　　Barker 對個案管理界定如下：

　　個案管理是一個代表個案計畫、追求及監控各種機構與成員服務的程序。通常一個機構會負起個案的責任，指派一個個案管理員負責協調為個案提供的服務與倡導，有時候會為個案控制資源及尋求服務。這個程序使得機構中的社會工作者得以組合各種可能的努力，透過專業團隊的力量來服務特定的個案，因此而擴展所需服務提供的範圍。個案管理包括監控需要許多不同專業者、機構、健康照顧場所及人類服務方案的個案進展情形。

團體工作

　　個人智能的、情緒的及社會的發展可以透過團體活動而更進一步。相對於個案工作或團體治療，團體工作並非治療性的。不同的團體有不同的目標，像社會化、資訊交換、少年犯罪預防、休閒、改變社會上不能接受的價值，使不同的文化及種族團體間的關係改善。例如，一個在鄰里中心的團體工作者可能透過團體活動，來預防少年犯罪與改變社會上不能接受的價值；或者是在領養機構中的工作者可能與一群申請者開會，解釋領養的程序及幫助申請者成為收養父母。團體的活動與焦點變化很大，如藝術與工藝、舞蹈、遊戲、戲劇、音樂、攝影、運動、自然研究、木工、急救、家庭管理、資訊交換、政治、性、婚姻、宗教及生涯議題的討論。

團體治療

　　團體治療的目的，在於透過團體歷程來提升個人社會的、行為的及情緒的調適能力。團體治療的參與者通常有情緒的、互動或行為的困難。團體治療比

一對一的個別諮商有更多的優點，如**助人者治療**原則的運作，它維持助人者的治療效果（可能是團體中的任一個成員），讓他覺得他對其他人是有幫助的。相對於一對一的諮商，團體壓力在改變個人適應不良的行為上更為有效，而且也可節省時間，因為治療者可同時處理許多人的問題。有一些團體治療的例子可以提供給具有嚴重沮喪、有飲酒問題、被強暴者、毒癮者、有親人嚴重生病者、單親及懷孕、最近離婚或有飲食失常者。

家族治療

是團體治療的一種，目標在於幫助家庭互動、行為及情緒問題，家族治療也可以用在處理親子互動、夫妻衝突及祖父母間的衝突。有許多問題都是在家族治療及家庭諮商中處理，如父母與孩子間在朋友的選擇與約會、飲酒及其他藥物的使用、家事分工、回家時間的看法不一致、溝通的問題、性價值與行為、讀書習慣及成績。

社區組織

社區組織的目的，在於刺激及協助附近的社區來評鑑、計畫及整合各種努力，來為社會的健康、福利及休閒提供服務。或許很難去精確地界定社區組織者的活動，但這些活動可以歸類於鼓勵與提升居民的參與，整合機構間或組織間的成果、大眾關係與大眾教育、研究、計畫，及資源管理。社區組織者扮演一個催化劑的功能，刺激與鼓勵社區行動。機構情境中這類的專家傾向於被社區福利委員會、社會計畫機構、健康計畫委員會及社區行動機構聘用。**社會組織**這個詞在一些情境中已經被相關名詞取代，如**計畫**、**社會計畫**、**方案發展**、**政策發展**及**鉅觀實務**。

Barker 把社區組織界定為：

是社會工作人員或其他專業人員用來幫助個人、團體及有共通興趣的集體或是來自於同一個地區的人的一種介入歷程，透過集體行動以處理社會問題及增進社會福利。採用的方法包括問題領域的確認、原因分析、形

成的計畫、發展策略、促進重要資源的流動，找出及邀請社區領導者，鼓勵他們之間的相互關係，提升他們的成果。

政策分析

政策分析包括政策及其形成歷程的系統評鑑。執行此類分析的人會考慮這個歷程及結果是否清楚、公平、合法、合理、與其他社會價值相容、是所有變通方案中較優質的、經濟效益的與明顯的。這一類的分析經常可以確認政策中的特定缺點，及執行政策後修正缺點的建議。

行政

行政是整個社會服務機構整體方案的指導活動。行政的功能包括設定機構與方案目標、分析社區中的社會條件、對於相關服務提供的決定、雇用與督導員工、設立組織結構、金融事務行政及機構運作的資金管理。行政也包括設定組織的目標，協調各種選擇性目標達成的活動，針對歷程與結構提供必要的改變的決定與監督來改善效率與效能。在社會工作領域，**行政**這個詞同時也是管理的同義詞。在小機構中，行政的功能可以由一個人來進行，但在大機構，將會有許多人從事行政工作。

其他社會工作的專業活動領域包括研究、諮商、督導、計畫、方案發展與教學（特別是在大學層級）。研究與評鑑自己的工作實務及方案，也是社會工作者一個重要的能力。社會工作實務的重要技能將在下一段介紹。通才社會工作者被期望有廣博的知識基礎，擁有大量的技巧及遵守專業社會工作的價值。

2.7 練習 確認你在各種社會工作活動的興趣

1. 針對下列活動，確認你參與的興趣程度。

	很感興趣	有一點興趣	不確定	不太感興趣	沒有興趣
1. 社會個案工作					
2. 個案管理					
3. 團體工作					
4. 團體治療					
5. 家族治療					
6. 社區組織					
7. 政策分析					
8. 行政					

2. 在你標示為很感興趣的部分說明你選擇的理由。

3. 在你標示為不太感興趣或不感興趣的部分說明你選擇的理由。

 社會工作實務所需的知識、技能與價值

知識

在教育政策與認證標準（EPAS）中，社會工作教育委員會把以下的重要知識界定為應該教授給大學及碩士學位的社會工作學生。

價值與倫理 社會工作教育方案統整有關價值與倫理決定原則，如全國社會工作者倫理規條。教育的經驗提供學生覺察個人價值的機會、發展、展現及提升專業的價值、分析倫理的兩難及它影響實務、服務與個案的情形。

多樣性　社會工作方案統整可以提升了解、證實及對多元背景的人的尊重。內容強調文化與個人認同及複雜文化本質的內在聯結。它確定社會服務要能符合團體的需求且是有文化意義的。方案教育學生認識團體間及團體內的多樣性是會影響評估、計畫、介入及研究的。學生學習如何定義、設計及與來自不同背景的人的有效實務的執行策略。

危機中群體及社會與經濟的正義　社會工作教育方案把危機中群體的內容統整進來，檢視那些形成危機群體的因素與構成。方案教育學生分辨團體關係如何影響資源的接觸，呈現危機因素互動的內容，反應與補償的創造性策略。

　　方案把社會與經濟的正義內容統整，基於對分配正義的了解、人類與市民的權利及壓迫的全球性聯結。方案提供有關對抗歧視、壓迫及經濟剝削的執行策略，以提升社會與經濟的公平。方案帶給學生倡導無歧視的社會與經濟系統的能力。

人類行為與社會環境　社會工作教育方案提供人類行為與社會環境之間相互關係的內容。內容包括聚焦於個人、團體社會及經濟系統間互動的實徵理論與知識。它包括理論與生物學的、社會學的、文化的、心理學的及橫跨人生各階段的精神發展；人所生存的社會系統的範圍（個人、家庭、團體、組織與社區）；社會系統提升或決定或達到健康與福利的方法。

社會福利政策與服務　方案提供有關社會工作的歷史，過去與現在的社會福利服務的結構，服務運作、社會工作實務、個人與社會福利成就的政策角色。課程內容提供學生知識與技能，以了解形成社會福利基礎的主要政策；分析組織的、地方的、州的、全國的及國際的社會福利政策與社會服務運作政策的議題；分析與應用與社會服務運作相關的政策研究結果；了解及展現與經濟、政治、組織的系統有關的政策實務技能；運用它們去影響、形成及倡導政策與社會工作價值相符；確認金融的、組織的、行政的及提供社會服務需要的計畫歷程。

社會工作實務　社會工作實務內容是定位在社會工作專業的目的，及聚焦於優點、能力與廣大環境相關的個案系統的資源。學生學習實際的內容包含與個人、家庭、團體、組織與社區工作的知識與技能。目前的內容包括與個案建立

適切的工作關係；確認議題、問題、需求、資源與有利條件；蒐集與評估資訊；為服務的提供進行計畫。它包括使用溝通技巧、督導及諮商。實務的內容包括確認、分析與執行達成個案目標的介入方案；應用實徵知識與先進的技術；評鑑方案的成果與實踐的效能；發展、分析、倡導及為政策與服務提供領導；提升社會與經濟的公平性。

研究 質與量的研究內容提供科學的、分析的及倫理途徑的了解，以建立實踐知識。內容培養學生發展、使用及有效地實際溝通的基本知識，包括證據本位的介入。研究知識被學生用來提供高品質的服務，驅動改變，改善實務、政策及社會服務的提供，及評鑑他們本身的實務工作。

實習教育 實習教育是社會工作教育一個統整的元素，目的在於方案的願景、目標與教育的層級。它發生在加強學生對目的、價值，及專業倫理的認同，提升實徵實務為主的知識統整及專業能力的發展。實習教育是經過系統設計、督導、協調及依規準評鑑的，藉此學生可以展現他們在方案目標達成的程度。

如前述，學士與碩士學位方案授權提供重要的課程內容。此外，碩士學程提供進階的課程內容，教育政策與認證標準社會工作教育委員會描述課程內容如下：

> 碩士課程預備給學士畢業生某一專攻領域的進階社會工作實務。運用一個理念架構來確認進階知識與技能，方案從基礎的內容建立一個進階課程。在此進階課程，基礎內容領域……被討論得比較深、廣以及個殊化，並且為進階實際方案的概念所支持。

碩士方案提供專門的領域，所以學生可以選擇他們的特殊專長。一個專注的元素是必須建立進階實務的知識、價值及技能。領域通常由碩士學程提供，包括實踐的場所、問題範圍、危機中的群體及介入的方法與角色。

重要的實踐技能

已經有許多人努力提出初階社會工作實踐職務的重要技能。這些概念指出當代對重要實踐技能的思考。必須注意的是，這些概念間有一些相似性，但並

非所有人都同意這些重要技能。

Baer 已經確認出十種重要的能力，是初階社會工作者成功承擔他們責任的重要技能：

1. 確認與評估人與社會機構之間需要創立、增強、修復、保護與終止的關係情境。
2. 發展與執行改善人類福祉的計畫，基於問題評估及可行目標與選項的探究。
3. 增進人的問題解決、處理與發展的能力。
4. 聯結人與提供資源、服務及機會的系統。
5. 有效地代表那些容易受傷被歧視的群體來介入相關的政策。
6. 提升提供服務、資源及機會的系統之有效運作。
7. 主動地參與建立新的、修正的或改善的服務、資源及機會的系統，使其更公平公正且符合消費者的服務，與他人工作來減少不公平的系統。
8. 評鑑介入方案目標達成的程度。
9. 透過實踐行為與技能的評估，持續的評鑑自己的專業成長與發展。
10. 增進專業的知識來改善服務的提供及支持與維持專業倫理標準。

美國社會工作者協會已經確認以下社會工作實務所需的重要能力：

能清楚地說與寫。

教他人。

對於情緒困擾或危機情境支持性的反應。

在專業關係中扮演模範角色。

詮釋複雜的社會心理現象。

組織一個符合自己責任的工作量。

確認與獲得可以幫助其他人的資源。

評估自己的表現與感覺。

參與及領導團體活動。

在壓力下行使功能。

處理衝突情境或易於發生爭論的人格特質。

　　將社會及心理學的理論應用到實務。

　　確認可以解決問題的有效資訊。

　　在服務機構或自己的實務中執行研究。

　　在教育政策與認證標準中，社會工作教育委員會敘明大學及碩士社會工作學程必須提供以下十種技能，在本章稍早前我們已討論過細節：

　　1. 以適切的工作關係讓個案參與。

　　2. 確認議題、問題、需求、資源及有利條件。

　　3. 蒐集與評估資訊。

　　4. 進行提供服務的計畫。

　　5. 運用溝通技巧、督導及諮商。

　　6. 檢視、分析及執行實際本位的介入以達個案的目標。

　　7. 運用經驗的知識和先進的技術。

　　8. 評鑑方案的成果及實際的效能。

　　9. 發展、分析、提倡及提供領導的政策及服務。

　　10. 提升社會及經濟的公平性。

　　社會工作技能的習得有一部分是天生的，有一部分則是學習經驗。社會工作教育方案藉由呈現理論的教材（例如如何進行訪談）給學生，藉由學生練習及應用這些技能（例如在學生模擬諮商情境時給予錄影）時，給予批評及監控，及實習課程的督導來提升技能的學習。

價值

　　關押的基本目標是要使犯罪者改過向善還是一種處罰？如果一個父親亂倫，是否應予以告發而可能導致家庭破碎，或是應該致力於透過諮商來制止這個亂倫的行為以維護完整的家庭？一個偶爾受到丈夫家暴的妻子是否要鼓勵她繼續留在丈夫身邊？對於單身而又懷孕的女人，是否可以把墮胎當成是一個解決問題的變通方案之一？當父母親對青少年無法掌控時，是否能把他安置在矯治的場所？如果一個社會工作人員的個案嚴重地威脅到第三者，社會工作人員應該如何做？如果一個個案說他是愛滋病陽性，而且持續讓他的伴侶處於受到

感染的危險情境，但拒絕告知他的伴侶這個危險時，社會工作人員該怎麼辦？
這些問題的決定大部分看你的價值觀。許多的社會工作實際都是在做這些決
定。

美國社會工作者協會提出一些社會工作實務的價值基礎：

- 致力於社會中的最重要事物。
- 尊重工作者與個案間保密的關係。
- 致力於社會改革以符合社會認同的需求。
- 把自己個人的感覺及需求與專業的關係分開。
- 願意把知識與技能傳授給別人。
- 尊重與接納團體與個人的差異。
- 致力於發展個案的能力以協助他們自己解決問題。
- 致力於扮演好個案代表人的角色，即使受挫。
- 致力於社會公平及經濟的、身體的、心智的與所有人的福祉。
- 致力於個人與專業執行的高標準。

美國社會工作者協會的倫理規條提出許多社會工作人員應該遵守的價值
（可以在網站取得：www.naswdc.org）。

由於價值在社會工作實務中扮演關鍵角色，所以社會工作教育方案應該要
能 (1) 協助學生澄清他們的價值；(2) 提升學生與專業社會工作一致的價值的發
展；(3) 幫助學生分析價值如何影響專業實踐。

社會工作教育的目標

教育政策與認證標準社會工作教育委員會提出社會工作教育的目的與目標
如下：

社會工作教育的目的是要培養有能力與有效能的專業工作者，發展社
會工作知識，在服務履行系統中提供領導功能。社會工作教育基於專業的
歷史、目的、哲學及知識、價值與技能體系。社會工作教育使學生能夠統
整社會工作專業的知識、價值與技能，成為有能力的實踐者。

在它的方案裡，雖然每個方案的設計、結構與目標有所變化，但社會工作教育要達到的目的如下：

- 提供最新的及改變中的社會工作知識基礎與相關學科的課程與教學實踐。
- 提供建基在人文學科基礎的課程，以提升知識的廣度、批判思考與溝通技能。
- 發展知識。
- 發展與應用教學與實務相關的技能。
- 與社會工作者、團體、組織與社區保持相互關係。
- 促進學生、同事與社會工作者的持續專業發展。
- 促進專業間及跨學科的合作。
- 讓社會工作者參與提升福利的介入活動。
- 讓社會工作者可以練習與個人、家庭、團體、組織與社區一起工作。
- 讓社會工作者評鑑實踐的效能與歷程。
- 讓社會工作者練習以無歧視、尊重、與個案的年齡、階級、膚色、障礙、種族、家庭結構、性別、婚姻狀態、祖籍、人種、宗教、性別及性別傾向相關的知識與技能來與個案工作。
- 讓社會工作者能減低貧窮、壓迫，及其他形式的社會不公。
- 讓社會工作者認知到社會工作的全球脈絡。
- 讓社會工作者發起與影響各種政治脈絡中的社會政策與社會工作服務。

社會工作教育的具體目標

教育政策與認證標準社會工作教育委員會提出社會工作教育的學士與碩士學位方案的重要目標。這些目標強調社會工作實務所需要的知識、價值與技能（符號 B6 代表應用於學士課程；M6 則是碩士課程）。美國大學與碩士學位方案的畢業生要能展現出下列的能力：

1. 在專業的社會工作實務脈絡中應用批判思考技巧。

2. 了解專業的價值基礎及倫理標準與原則，並據以在實務中實踐。

3. 練習以無歧視、尊重、與個案的年齡、階級、膚色、障礙、種族、家庭結構、性別、婚姻狀態、祖籍、人種、宗教、性別及性別傾向相關的知識與技能來與個案工作。

4. 了解壓迫與歧視的形式與機轉，並應用倡導及社會改變的策略促進社會與經濟的公平性。

5. 了解並能解釋社會工作專業的歷史與它當代的結構與議題。

B 6. 把通才社會工作實務的知識與技能應用到所有不同大小的對象。

M6. 把通才社會工作觀點的知識與技能應用到所有不同大小的對象。

7. 用實徵研究證據支持的理論架構來了解生命中的個人發展與行為，及個人間、個人與家庭、團體、組織與社區間的互動。

8. 分析、形成與影響社會政策。

9. 評鑑研究、應用研究結果到實務上，及評鑑自己實際的介入情形。

10. 運用溝通技巧來處理不同的個案、同事與社區的問題。

11. 運用適合社會工作實務的督導與諮商技巧。

12. 在服務提供系統與組織的結構中發揮功能，並尋求必要的組織變革。

在陳述這些目標時，社會工作教育委員會特別提醒，「一個方案可能發展其他的目標來符合它特別的使命、目的與教育的層級」。

碩士學程的畢業生也必須符合社會工作教育委員會所提的專精領域的目標：

社會工作方案的碩士畢業生是進階的實踐者，能進一步應用一個專注領域高階的社會工作實務的知識與技能。他們分析、介入及高度區分與自我批判的評鑑。畢業生綜合與應用廣泛的知識及高度自主與技巧的實踐。他們修正及精進他們的實踐品質與較大的社會工作專業。

重視成果

社會工作教育委員會是一個專業的認證團體。有許多專業的認證團體如美國律師工會（American Bar Association），它是認證全美的法律課程方案的。另外有相當多的美國高等教育認證團體是向高等教育認證委員會（Council for Higher Education Accreditation, CHEA）負責的。它是所有美國高等教育的認證團體（高等教育認證委員會的成員組成，大部分是美國大學及學院的校長）。

最近幾年，高等教育認證委員會指示高等教育的認證必須強調成果的部分。因此，社會工作教育委員會現在認可社會工作學士及碩士時，也要學生能展示他們實際上所達到的方案目標。因此現在系所非常強調學生是否達成這些目標，也測量學生達到目標的程度。

社會團體工作是社會工作實務的一個元素

社會工作實務包括提供人道及有效的社會服務給個人、家庭、團體、組織與社區。社會團體工作與提供服務給個人、家庭、團體、組織與社區有很大部分的重疊。這些有效的社會團體工作實務所需的技能、知識與價值，與社會工作實務提供服務給個人、家庭、團體、組織與社區所需的技能、知識與價值類似。

本文中所提供的教材，包括口語溝通、非口語溝通、問題解決、訪談、諮商、訂契約等，都可適用於個人與團體的社會工作實務。一個家庭，如同第八章所描述的，也是團體的一種。團體與組織的密切關係則在第九章介紹。最後，團體與社區的關係也會在第九章介紹。習得這些團體工作實務的技能、價值與知識，也同樣可增進社會工作者與個人、家庭、團體、組織與社區有效工作的能力。

3 團體動力：領導

　　「天生是領導人才」的說法是正確無誤的，或領導是後天學來的特徵，不是與生俱來的天賦？本章旨在呈現領導的四種研究取向，界定有效的團體領導功能、角色、技術。本章主張權力的運用是團體功能的重要元素。說明權力的五種基礎，利用這些基礎造成的不同結果，和討論團體中不平等權力的影響，說明如何開始領導團體。

領導發生在一個人影響團體其他成員協助團體達成目標之時，因所有團體成員在同時間彼此相互影響，每一個人都有領導他人的能力，不同的是任命領導者——主席——表現領導行為。**任命領導者**富有責任，如會議和引導討論，**領導**意指一般的影響行為。

領導途徑

　　重要的四種領導理論（特質、職位、領導型態、功能），擇要說明如下：

特質途徑

　　Aristotle 說：「有人出生為人征服，而其他人是發號施令」，特質領導存在已久，假設領導者天生富有領導他人的特質，與追隨者不同。此途徑認為領導者是天生的個人特質與被領導者不同，此途徑堅信領導是天生賦予不是後天訓練而來。它稱之為：「偉人」領導理論，依據 Krech、Crutchfield 和 Ballachey 檢視領導特質的研究發現：領導者需要 (1) 他有領導團體成員的企圖心；(2) 融入團體核心的規範與價值；(3) 最富資格完成團體任務；(4) 符合成員期許他所應該表現的。

　　人格特質研究指出：領導者比被領導者有較佳的適應，能掌握他人的能力，外向，雄心壯志，敏於覺察人際關係。其他特質包括智慧、熱心、主控性、自信、利他主義，才能成為一個有個性的領導者。雖然有潛力的領導者比他人更富有積極正面特質，他人不能成功，所以成員感受他是與眾不同。例如 Davis 和 Hare 發現 B 學生是衝動的領導者，聰明的 A 學生能發揮廢物利用的經濟效益，此成員最易贏得多數人認為他是領導者，除非他光說不練，引起別人的反感。

　　為人注意的兩種領導特質是魅力型的領導和馬基維利式主義，茲分別說明如下：

魅力型的領導　　魅力型的領導界定為「超人的權力，有神奇的效果」，Johnson 和 Johnson 界定魅力型的領導者：

魅力型的領導者有使命感，社會變革的信念，相信自己身為領導者可以達成目標。領導者應有高度自信，激勵他人相信他所領導的運動必能成功。

　　有的魅力型的領導者能激勵被領導者熱愛並完全投入，其他魅力型的領導者提供被領導者希望與免於失敗的遠景。

　　魅力型的領導難以完全清楚的定義，其組成元素尚未界定明白，每一位魅力型的領導的特質多少有些差異，下列領導者已被認定為魅力型的領導，但其本質彼此不同：John F. Kennedy、Martin Luther King Jr.、Julius Caesar、George Patton 將軍、孔子、Gandhi、Winston Churchill。

　　一股研究魅力型的領導的熱潮，富有魅力型領導的特質表現在各方面，而另一股浪潮許多人不被視為魅力型領導者，例如許多團體治療者在團體領導相當有效力，但並不被視為魅力型領導。

3.1 練習 魅力型的領導

目標：此練習在協助你認清魅力型的領導，了解朝向魅力型的領導的各種特徵。

1. 寫下三位你認為是魅力型的領導的名字，可能是總裁、政治領導者、宗教領導者、教師、你認識的人等。寫下他們成為魅力型的領導的特徵。

2. 為你討論過的三位，釐清他們三項相同的特徵。

3. 三位中其中具有獨特的魅力型領導特徵（一位具有其他兩位沒有的特徵），如果有，請描述他／她獨有的特質。

馬基維利主義　Niccolò Machiavelli（1469-1527）是義大利政治家，他主張狡猾奸詐、欺騙、口是心非是領導者用以增加權力與控制的政治方法。Machiavelli 不是此途徑的開山祖，早期理論家是以提升自我掌控力作為領導概念，然而**馬基維利主義**一語已經與政治是不道德有關，任何手段都是為了獲得

政治權力，馬基維利主義領導是建立在下列三項觀點上：(1) 人基本上是容易犯錯，易受騙的，不眞誠的和脆弱的；(2) 沒有人性的；(3) 人是可以操控的，以達成領導者的目的。

　　Christie 和 Geis 認爲馬基維利主義領導者具有下列特徵：

1. 他們在人際之間沒有投入感情，如果追隨者被視爲非個人，是容易操弄他人的。
2. 他們不關心傳統道德，他們以功利主義而不是道德觀點與人互動。
3. 他們對追隨者的需求有精確的覺知，以利對他們的操控。
4. 他們沒有意識型態上的投入，他們專注在操弄個人利益，而不是達成長期意識型態的目標。

　　然而有些是馬基維利主義領導者，多數並不是，今日已經沒有團體是有效能或效率的馬基維利主義領導者。最近特質領導理論已走下坡，因爲研究結果有效度問題，例如，不同領導地位需要不同的領導特質，優秀的軍隊領導者不同於優秀的治療領導者。下列是指特質領導者，雖然在領導上，高智慧和適應良好的人格特質彼此相關，許多高智慧者卻未曾擔任高階領導者，有些高智慧領導者（例如 Adolf Hitler）情緒不穩定，選擇最好領導者的規則是個體具備必要的技巧，協助團體完成目標的動機。

3.2 練習 馬基維利主義領導者

目標：本練習旨在協助你了解馬基維利主義領導者的特徵。

有些權威人士認爲 Joseph Stalin、Adolf Hitler、Saddam Hussein 是馬基維利主義領導者，提出你認識的三位馬基維利主義領導者（這些人可以包括前面提過的人），寫下每一位所具有的馬基維利主義領導者特徵。

地位途逕

　　在多數大型組織，有許多層次領導，如總經理、副總經理、經理、督導、

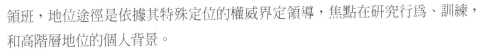

領班，地位途徑是依據其特殊定位的權威界定領導，焦點在研究行為、訓練，和高階層地位的個人背景。

地位途徑的研究沒有一致性的結果說明人如何承擔領導地位，顯然，個人欲成為沒有相關訓練的領導者（如家族企業），而其他人花上若干年發展技巧，不同領導地位的人也展示其各種適當的行為。例如，軍中基本訓練不是期待有同理心，但敏感團體領導者卻必須要如此，此途徑很難匯集一系列領導特質，地位途徑已經顯示領導行為的建構係依據特殊地位的需要而定。

地位途徑的另一個問題是很難界定哪一種行為是選定領導者的行為，哪一種不是，確實不是所有選定權威圖像是領導行為，例如，有權威地位卻無經驗的人可能以權威態度卻是能力不足來掩飾。因為地位途徑重視選定領導者，因此很難解釋沒有選定地位團體成員的領導行為。

領導型態途徑

因為就特質與地位途徑的研究結果是矛盾的，Lewin、Lippitt 和 White 重視檢驗領導型態，他們研究提出權威、民主、放任三種型態。

權威領導者　此種型態領導者比民主領導者掌有絕對的權威，建立目標和政策，命令成員行動和發展重要計畫，領導者單獨提供獎懲，了解團體活動的未來系列步驟。權威領導者通常有效能有決定性，其中的危險是團體成員可能出狀況，因為他們並沒有投入團體目標。期待部屬支持的領導者可能發現背後誹謗、爭吵在團體是很普遍的。失敗的領導者亦激起黨派之爭，成員之間地位的秘密操作，和士氣的低落。

民主領導者　相對的，民主領導者在所有影響團體的決定尋求最大的投入與參與，企圖分權，而不是集權。民主領導者傾向緩慢決定和困擾，但因為團體合作的參與較有效率，成員之間的鬥爭、對領導者的不滿、個人升遷的關注成為討論的議題。權威途徑背後的私人抱怨在民主領導通常是公開的，此情勢一旦發生，衝突是公開的，迎面對抗處理。一旦在民主團體解決衝突後，個人更能發展一股強烈使命感，激勵成員執行團體決定而不是推翻它們。在權威團體有高度的破壞潛力，潛藏在民主型態的重要利益中，民主領導者了解錯誤是無法

避免的，團體必會遭遇到，但他必須退出允許民主的建構而不干預。

權威或民主的領導的效率如何，是依據他們是否可以配合情境表現成員期待的適當行為，當團體期待民主型態，如他們在教育情境或討論團體，民主型態是有其功效的，當團體期待上級長官表現強有力如企業或軍隊，個人較接受權威領導。

放任領導者 此領導幾乎不參與，團體成員沒有功能也沒有投入，團體成員在放任下不具功能，唯一有效的是成員投入活動的過程，有資源可以執行，需要達到目標最低程度的領導。例如，放任領導可在教授成員能力勝任、有良知有責任、資源符合其需求的學院行得通。

3.3 練習 權威、民主、放任領導

目標：此練習旨在協助你了解三種領導型態。

1. 確認運用權威領導型態者，敘述領導者領導你所做的權威型態，一併敘述其他成員的反應。

2. 確認運用民主領導型態者，敘述領導者領導你所做的民主型態，一併敘述其他成員的反應。

3. 確認運用放任領導型態者，敘述領導者領導你所做的放任型態，一併敘述其他成員的反應。

分散式－功能途徑

因為不同情境需要不同的領導型態（甚至在相同的團體），最近研究重視領導功能如何分配，分散式－功能途徑不同意「偉人論」或領導特質理論，而主張團體每一成員有時可以採取作為服務團體功能。界定領導是協助團體維持自己達成目標的作為表現。領導功能包括設定目標，選擇並執行任務，當團體為維持凝聚力，滿足成員需求時，必須提供資源完成團體目標。功能途徑包括決定任務或功能，是達成團體目標和不同團體如何參與。

以此途徑，領導的需求是依不同的特殊情境不同的特殊團體而定，例如，說笑話可能在某情境解除緊張是有用的領導策略，但是當其他成員在治療中顯示其個人壓力訊息，幽默可能產生不良後果，變成不適當的領導行為。

許多人害怕在領導功能方面領導角色的不確定，覺得他們缺乏適當的領導特質，令人訝異的，甚至許多害怕、焦慮的已經學會領導角色的學生和幾乎每一位在學青少年都具有領導責任。功能性領導涉及每個人都能學得最低限度的能力的一套學習技巧，有責任的成員同時是有責任的領導，因為有責任的成員與有責任的領導是維持團體凝聚力和達成目標的兩股力量。既然人是可以教導領導技能與行為，理論上的運用是幾乎每一個人都可以教導成有效的領導者。

3.4 練習 分散式－功能途徑的運用

目標：此練習旨在顯示你已經在團體中發揮領導功能。

分散式－功能途徑主張團體成員有時將成為領導者，採取作為服務團體功能。確認你目前身置其中或過去經驗的團體。敘述你採取有助於團體的作為（當你對團體有貢獻時，你已負起領導責任）。

 ## 領導角色

任務與維持的角色

雖然有相當的解決問題團體研究，Bales 提出兩種特殊的領導功能：任務專家和社會／情感，或團體維持的專家。所有團體，不管是為了治療理由、解決問題或其他目的而統整，視團體成員完成任務的角色和團體維持角色的滿足而定。**任務角色**是需要團體完成特定的任務，Johnson 和 Johnson 總結如下：

資訊與觀點的提供者：提供事實、概念、建議和協助團體決定的相關資訊。

資訊與觀點的尋求者：尋求來自他人有助於團體決定的事實、資訊、觀點、概念和感受。

啓動者：提出目標任務啓動團體內的作為。

方向提供者：發展繼續的計畫，注意已完成的。

總結者：統整相關的概念、建議，再陳述、總結已討論的。

協調者：統整不同的觀點凝聚其彼此的關係，協調各種次團體和成員的活動。

診斷者：指出團體有效運作過程困難的來源，和完成團體目標的障礙。

充電者：刺激團體高品質的運作。

實體檢驗者：檢驗概念的特殊性與運作能力，評估解決的變通方案，將之運用於實際情境，了解他們如何運作。

評鑑者：比較團體決定與團體標準與目標的完成。

Johnson 和 Johnson 也確認**團體維持角色**在團體中強調社會／情緒的連結：

參與激勵者：溫馨的鼓勵每一位參加者，認定每個人的貢獻，接納、開放其他人看法，友善回應團體成員。

協調者和妥協者：遊說成員結構性的分析其觀點之差異，異中之求同，調解分歧點。

緊張解除者：以說笑話、建議休息、提議尋求團體工作樂趣，舒緩緊張，增加團體成員的樂趣。

溝通助人者：展示良好的溝通技巧，確認每一位團體成員了解其他成員所說的。

情緒氣氛評估者：詢問成員他們對團體運作和其他人的感受如何，並彼此分享感受。

過程觀察者：觀察團體運作的過程，利用觀察協助檢驗團體效能。

標準制訂者：表示團體標準和目標，以利成員覺察到運作方向，朝向目標進步情形，廣為接納團體規範程序。

　　積極聆聽者：傾聽和服務對其他有興趣的聽眾，接納他人的想法，觀念
　　　　不一致時陪伴著他們。

　　建立信賴者：廣為接納、支持其他團體成員，增強瀕臨危機和鼓勵個人。

　　個人為問題解決者：促進開放討論團體成員之間的衝突，以解決衝突和
　　　　增進彼此的團結。

　　在定期團體內可能獲得下列持續任務和功能的維持，有效的團體成員和領
導者敏於覺察到他們的需求。

　　任務領導者融入團體內，因為有最好的概念引導多數決定，既然他專注任
務，通常扮演積極主動角色，引導團體朝向目標，容易激起敵意是任務領導者
所不樂意見到的。同時第二位領導者加入：社會／情緒專家重視團體和諧，解
除團體的緊張與衝突，在團體內有一位正式領導者，人們期待一位領導者兼具
任務專家與社會／情緒專家。在團體內若沒有一位正式領導者，此兩種功能係
由不同緊急領導者，當社會／情緒團體維持其需求滿足時，團體持續有效改善
其任務，但是，當忽視維持其需求時，團體任務的效率下降。

　　Hersey 和 Blanchard 發展情境領導論，指出領導者應該重視任務行為，維
持行為或兩者兼有。本質上，理論主張當成員低成熟的完成特殊任務，領導者
應該處予高任務行為和低維持行為，Hersey 和 Blanchard 認為情境正在**說話**
──當領導者界定成員行為時，領導者的行為，和告訴如何、何時、何處完成
任務是最有效率的。成員的任務成熟隨著經驗和對任務的了解而增加，中度成
熟成員，領導者應處以任務行為和高維持行為，行為組合正在**說服**他人。領導
者不只提供角色與任務責任的清楚方向，利用維持行為支持成員接受所做的決
定。

　　Hersey 和 Blanchard 主張當團體成員愈投入任務，表示他們愈成熟。當成
員投入完成任務和具有完成任務能力與知識，領導者應該處以低任務行為和高
維持行為，即表示**參與**。最後，團體成員有意願和負責任的注意力朝向任務行
為，領導者應該處以低任務行為和低維持行為，此即為**授權**，授權是允許成員
有相當自主性完成其任務。

3.5 練習 你對團體的任務與維持的貢獻

目標：本練習旨在協助你了解你對團體的任務與維持貢獻。

1. 確認你目前參與或同時已參與的團體，簡述此團體及其目標。

2. 回顧一系列的任務角色，敘述你對此團體的任務貢獻。

3. 回顧一系列的維持角色，敘述你對此團體的維持貢獻。

其他角色

指派的團體領導者有特殊要承擔的責任或協助其他人承擔，及時、適當的任務和維持角色，選派團體領導者是特殊的責任，每一位領導者負責各種功能，從開始制訂政策計畫目標，配合需求和團體的特殊發展階段，領導者需要具有下列角色：

執行者：協調團體活動。

政策制訂者：建立團體目標和政策。

計畫者：決定團體應該達到目標的方法。

專家：提供必備資訊與技巧。

對外團體代表：充當正式發言人。

控制內在關係：控制團體結構與內團體的關係。

提供獎懲：升遷、降職、指派愉快與不愉快的任務。

仲裁者和協調者：充當裁判和調解人，有權力增加或減少團體內的黨派之爭。

模範者：充當其他成員的行為典範。

意識型態主義者：充當團體信念與價值的來源。

代罪羔羊：充當成員挫折與失望的靶子。

在團體內的權力與影響

　　雖然人際互動的權力運用通常被視為是負面的，事實上，它是正常的人際關係的一部分，因為人通常影響他人或受他人的影響。**權力（power）**與**影響（influence）**在本章交互使用，兩個詞彙係指個人有能力激發他人執行某作為或以特殊方式表現其作為。本章前述，領導者界定為團體成員影響其他成員達成團體目標和促進團體維持。有效的團體內，每一位成員有時扮演領導角色，執行任務和維持功能，改善團體的社會／情緒氣氛。

　　做決定時，團體成員應表示其觀點與見解努力影響成員，例如有些成員試圖將他們的目標融入團體目標，促進他們所需要的執行策略成員彼此影響，投入他們時間和資源到團體中，相反的，當成員尋求可接受折衷辦法或解決，經由彼此影響沈澱下來。權力的利用的確是有效團體功能的必要元素，對每一位成員影響其他成員尋求個人與團體目標，它是自然而可欲。

　　每一位團體成員需要控制團體所發生的，因為他們加入團體達成他們自己無法達成的個人目標，假如成員沒有發揮權力，他們達成個人的目標機會是很小的，他們變得無情、擺脫團體。

　　當團體成員是合作，在相同方向權力是可以確立的，成員彼此激勵一起努力往前邁進，如同他們是運動團隊，當成員彼此競爭目標不相容，他們的權力堅持發生矛盾，例如，共和黨與民主黨國會代表永遠彼此競爭，他們的努力影響往往是相互牴觸的。

　　團體的衝突有時是訴諸操弄的，亦即，他們為目的利益彼此影響，通常，操縱是不老實或不公平的。因為他涉及為其利益犧牲別人，利用權力。當人說他們不要超過他人，通常是不願操弄他人，當團體成員覺得被他人威脅逼迫時，他們發現被他人以其他方法操縱時，他們通常表現出生氣、不相信、憤怒、報復。操縱是權力的破壞性方法，因為減少合作就增加問題的嚴重性，「統整影響」相對於操縱，在團體內統整影響包括尋求影響團體最大利益的方向。

　　有效團體成員擅長以正面方式影響他人，許多權力成員是依賴其價值、資源為何而定，假如成員有極其重要資源而別人易於接近，成員的權力顯得變

小，有趣的是它**不是**決定權力的個人**實際**資源，相反的，其他團體成員**知覺**如同個人資源的價值。假如資源被忽略或未被了解，它可能是重要資源但沒有權力，假如成員誇張資源的重要性，它可能有很大權力，但不是重要資源。

 ## 建立在團體的權力基礎

French 和 Raven 已經發展了解團體成員影響他人的五種權力：獎勵權、強制權、法制權、參照權、專家權，此架構允許團體成員分析權力來源，和提供建議何時可以、何時不可以利用他們的權力影響別人。

獎勵權

獎勵權包括升遷、加薪、休假、表揚，獎勵權建立 B（一個人）知覺到 A（其他人或團體）在回應 B 行為時，有能力分配獎勵或撤除負面結果。假如團體成員珍惜獎勵價值，相信是無法從他人獲得，此權力將更大。團體成員為了有高獎勵權和與他有效溝通的人努力工作，假如成員覺得被指揮操縱，賄賂獎勵權可能事與願違，假如獎勵利用在 A 情境與 B 是矛盾時，B 感受到被賄賂或操縱時，可以拒絕合作。

強制權

工人工作不力而被開除，是強制權普通的例子，此權力建立在 B 感受到 A可以撤除懲罰或正面的結果，強制權來自 B 未能遵照 A 所訂定標準將受懲罰的期待，獎勵權與強制權不同是很重要的，French 和 Raven 指出獎勵權將增加 B對 A 的吸引力，強制權將減少此吸引力。假如 A 運用強制權解決衝突，通常增加 B 的敵意、憤怒與生氣，威脅通常導致攻擊與相對的威脅，例如，軍隊威脅通常導致競爭國家的衝突。強制權可能令雙方彼此不信任和報復惡化衝突，因此，盡可能少用強制權解決衝突。

法制權

　　法制權直接與內在價值、規範有關，是五種權力中最複雜的，法制權建立在 B 對 A 對其行為建構法制權利的知覺和願意接受其影響的義務。文化是建立法制權的基礎，包括智慧、年齡、社會地位、生理特徵，和決定權力的因素。例如，有的文化，年長者極受尊重，有權利規定別人的行為。法制權是正式組織所具有的，是依其地位關係而不是人際關係決定的。正式組織的督導有權利指派工作。法制權的第三個基礎是法制代理是選舉，選舉過程法令規定一個人隨法制範圍有關權力的地位權利。

　　法制權的限制通常與權力是指派的（例如工作性質），試圖利用外在權力，將減少權威者的法制權力、魅力與影響力。

參照權

　　參照權通常發生在因為個人認同的結果，A 影響 B，認同是與一體感 A 或希望認同如 A 的脈絡方法。B 對 A 的認同愈強，對 A 的吸引力愈強，A 參照權就愈強。參照權在語言上係指：「我像 A，所以我相信、作為如 A」或「我希望如 A，如果我相信、作為更如 A，我就更像 A」，在模糊的情境（如情境沒有客觀的對錯信念、觀點時），B 將依據 A 所思考、相信和價值，尋求評估他的思想、信念和價值。在模糊的情境，B 易於採用他所認同的個人或團體的思想、信念和價值。French 和 Raven 指出 B 通常並沒有意識到他是認同 A 表現的參照權。

專家權

　　在醫療事件上接受醫生的建議，是專家影響最普通的例子，此影響力是建立在權力影響的專家知識上，例如，接受諮商師的建議。專家能影響 B（回應者），唯有在 B 認為 A（專家）有正確的答案，B 才相信 A，專家權比起參照權範圍更受限制，因為專家只有在特定的領域有較優異的知識或能力，French 和 Raven 指出因為相信專家逐漸薄弱，試圖發揮專家權的影響範圍將減少。

French 和 Raven 建構五種權力的理論，權力基礎愈強，權力就愈強，參照權範圍最廣，任何試圖利用外在權力，權力就愈少。

3.6 練習 班級的權力基礎

目標：本練習旨在協助你了解與運用 French 和 Raven 發展的權力。

班級就如同一個團體，請針對每一種權力基礎，回答下列問題，誰在班上具有權力基礎？這些人已經採取行動運作其權力了嗎？如果是，寫下其作為：

獎勵權：

強制權：

法制權：

參照權：

專家權：

權力不平等的影響

權力建立在專家權與能力上才能展現團體效能，才能彰顯成員的公平，當成員覺得做決定是公平時，他們才會投入執行。假如團體被少數有權人士掌控，沒有權力者覺得他們受制於人時，對執行決定較冷淡，權力平衡時，成員才能彼此互助合作。

權力不平等時導致不同權力之間猜疑不信，沒有權力者害怕被操控，因為他們如果表達與有權者不同的觀點時會被打壓，因此不願意與有權者分享他們的想法。有權者害怕無權者看出他們的無能為力，被他們取而代之，避免顯示其弱點。當成員感受權力均等時，或團體有彈性足以改變權力型態，使團體成員之間公平影響，才會增加團體問題解決能力。

當任務需要專業知識與能力，權力建立在權威或聲望上，問題解決能力大

爲減弱。有權者了解自己是厚道，所以相信沒有權力者的確喜歡他們，他們相信無權者誠實溝通，不會隱藏有價值的資訊，當無權者表達不滿時，有權者對他們並不友善，相反的，他們認爲無權者在「興風作浪」，「並不賞識爲他們所做的」。此情境，有權者不但不給獎勵反而給予威脅與逼迫，此反應強化衝突造成雙方的兩極化。

當受威脅時，有權者可能以法制權建立其規則與規範維持其權力，認爲改變現狀是不法的，當南方在內戰失敗後，南方白人權力結構以學校、旅館、公共廁所種族隔離，尋求維持其權力。建立避免黑人投票的過程，不雇用他們任職高位，許多州與地方對種族隔離以法律合法化。

有權者對試圖改變現狀者給予嚴厲處罰，維持其地位，南方黑人在白人旅館對反對者施以私刑處死。此外，有權者獎勵支持現狀者，以嚇阻無權者的反抗。

Halle 觀察有個人權力者較無效能，因爲要求公開宣稱的快速度超過完成任務的能力。例如，過去五十年雖然美國強有力，民主的要求與其他國家軍隊的協助，超越能完成任務的速度，美國的權力就顯得沒有效能。

無權者與有權者的關係如何？有各種策略，其一是強調誇張有權者喜歡他們的程度，高估他們的善意。無權者利用策略注意與有權者的溝通，尋求維持他們的善意。

其次是無權者的策略是冷漠、服從的，權威式領導孕育此反應，第三是生氣與叛亂導致破壞性的暴力。

無權者利用各種策略改變權力的分配，其一是通常恭維、同意有權者，讓有權者喜愛他們，有權者的希望寄託在他們身上，更有權力獎勵他們。其次是發展個人資源和組織，較不易被剝削、較不依賴有權者，策略在各自不同的權力結構上。第三個策略建立與其黨派結盟，例如，生存權利（Right-to-life）團體與天主教教會結盟，試圖將墮胎視爲非法。第四個策略利用既有程序帶來變革壓力，公民權（Civic Right）運動，用在法院迫使改變壓力結構。第五個策略是有關無權者利用抗爭技術迫使改變壓力結構。

或許利用權力抗爭技術最有名的權威是 Saul Alinsky，Alinsky 與其同事組

織許多公民團對抗已建立的權力結構，例如 1960 年代，Alinsky 與芝加哥城內知名的林地（Woodlawn）組織一起工作，城內權威投入組織，改善鄰近地區不少情況。當情況明朗後投入不再是榮譽，然而林地組織尋求施壓的方法以配合他們的投入，提出關閉 O'Hare 的所有廁所的解決方法困擾著地方官員，因為該地方是世界最忙碌的機場之一，Alinsky 提出他們的努力如下：

一項智慧研究發動學習：包括男女如何坐在廁所或站在小便池，在整個 O'Hare 機場是複雜的，許多男女為他的國家坐下。

此行為結果在許多方面是很淒慘，人們不顧一切在一個地方自行解決，你可以看到一個小孩大叫：「媽咪我必須解決。」不顧母親的周遭環境，「好吧！就地解決吧」，結果 O'Hare 變成場面混亂，整個情景難以置信，變成國際笑話。倫敦《泰晤士報》將此作為封面故事，成為城市行政長官改變和困擾的來源。當乘客必須回國利用飛機廁所設施，飛機必須延遲班機成為緊急事件。

此策略的威脅與行政人員疏漏有關（可能是一種佛洛伊德學派的疏漏），林地組織四十八小時內與權威者會議協商，他們確實已配合承諾，但不了解芝加哥市政府已做的承諾。

團體方案的社區改變所做的努力通常是值得欣慰！

3.7 練習 團體權力的均等與不均等

目標：本練習旨在協助你了解團體成員中權力的均等與不均等。

1. 說明你參與權力大概相等的團體成員。
2. 說明你參與的團體是部分人有絕大的權力，其他人是沒有權力的。
3. 最吸引你的是哪些團體，吸引你的理由是什麼？
4. 檢視權力不均等的影響，說明研究與你在團體權力的均等與不均等經驗的一致或不一致。

形成與領導團體的指南

　　本章強調的領導理論是分散式－功能途徑，主張每一個團體在各種時代的領導責任。每一個成員有效的作為是自動有效的作為，選派領導者不同於領導角色，此部分總結建議如何形成與領導團體。

作業

　　成功領導團體的關鍵在充分的準備，甚至有經驗的領導者謹慎做好準備每個團體和每一個團體階段。

　　計畫新團體必須回答下列問題：一般團體的目標是什麼？如何達成此目標？成員的特徵是什麼？成員有獨特個別的目標或需求嗎？完成團體目標需要什麼資源？第一次開會的議程是什麼？建議和決定特定團體目標對成員最好的方法是什麼？應該利用破冰方法練習嗎？哪一種？應該提供茶點？椅子應該如何安排？何種團體氣氛最有利於協助團體完成任務？什麼地方是好的會議場所？為何選出領導者？成員對領導者有何期待？

　　計畫第一次會議，領導者應視團體為新成員，新成員可能會問一些問題：團體的目標是什麼？為何我參加此團體？我個人目標將會滿足嗎？我覺得舒適嗎？我會被接納嗎？其他成員在背景和興趣有根本上的差異嗎？如果我不喜歡團體我能逐步的離開嗎？其他成員會接納我所說的嗎？他們會嘲笑或戲弄我嗎？各種考慮，領導者計畫第一次會議協助其他成員感受到舒適，認清團體目標與活動。

　　在第一次會議之前，領導者盡可能精確的認同團體需求與期待是絕對重要的，團體領導者和成員目標不同是無法成功的。

　　有各種方法認同團體成員的需求，領導者在第一次會議之前有機會詢問他們，如果可以，領導者至少與會議組織聯繫者討論團體的期待，第一次最好澄清團體目標的時間，領導者需要回答下列問題：

　　1.期待多少成員？

　　2.他們的特徵是什麼：年齡、社經地位、種族、民族背景、性別、教育／

專業背景？

3. 成員對團體即將處理的主題有何看法？

4. 各種成員的個人目標是什麼？

5. 如何激勵成員完成團體即將形成的目標？志工成員通常有較強的動機，而被法院規定參與酗酒復健方案者則是缺乏動機甚至心懷憤恨。

6. 成員的價值可能是什麼？謹慎避免先入為主的刻板印象，例如，領導者必須了解，緩刑的青少年是大不同於退休的神父。

計畫會議有助於領導看得見會議將如何進行，例如領導者可能看見下列的第一次會議：

成員將在不同的時間到達，我必須早到歡迎他們，自我介紹，協助他們覺得舒適自在，有片段談話，對新成員可能有趣的主題是＿＿＿＿＿＿＿。

會議開始我將自我介紹和說明團體的整體目標，我將利用系列破冰練習要求成員自我介紹彼此認識，我將要求團體提出他們認識其他成員四至五個項目，然後成員自我介紹回應項目，或針對項目回應，鼓勵成員提出問題。

在破冰練習後，我簡短說明團體整體目的，並提出問題。

可能的問題是＿＿＿＿＿＿＿，我的答案是＿＿＿＿＿＿＿。

我們將依事先以電子郵件傳送的議程進行會議，討論議程觀點時，下列問題可能是＿＿＿＿＿＿＿，答案可能是＿＿＿＿＿＿＿。

我尋求創造的團體氣氛是民主與利他的，此氣氛最能鼓勵成員願意投入團體目標和貢獻他們的時間與資源。安排椅子成圓形，成員安靜提出問題，利用幽默，不主導對話以創造氣氛。

結束前，我將總結所包含的內容，做好決定，提出下次開會時間，經由會議我將尋求建立積極正面的氣氛，並讚賞成員的貢獻。

假如團體已見面二、三次，領導者必須重複下列問題：整體目標已決定和澄清妥善？假如沒有，澄清過程需要做什麼？團體已做好完成目標的進度？假

如沒有，必須克服什麼障礙？團體已採取有效作為達成目標？下一次的會議議程是什麼？應該計畫什麼活動？成功完成活動達成整體目標？假如沒有，將有其他活動嗎？有效激勵每一位成員協助團體達成目標？如果沒有，為什麼？為激勵他們的興趣，可以做什麼？

計畫會議

　　在計畫會議和整個會議，領導者心理上必須抓緊整體目標（如何建立團體目標的材料，見第四章），為了效率，領導者必須確實了解在每一會議所應該完成的，所有議程項目有助目標的達成。在此，有檢核表協助領導者計畫成功的團體會議，有效的領導者必須做到下列幾點：

1. 選擇相關內容：材料不僅包括會議特定目標，還有有關參與者的背景與興趣，對大學生與工商業經理的時間管理的建議可能不同，對大學節省時間的告誡可能重視改善讀書習慣，對工商業經理是辦公室情境的時間管理。評估材料有效方法是精確界定如何對團體成員有價值，領導者應該詢問：「假如團體成員希望了解能給予有效的理由？」假如問題不能精確回答，應該放棄另選其他相關材料。

2. 利用實例：實例協助成員說明重要觀點刺激參與，人較記得實例而不易記得統計與概念，有效的個案歷史說明配偶家暴的激烈影響，將比家暴統計讓人記憶更久。

3. 以邏輯次序呈現實例：剛開始以讓人喜愛的方式摘要說明會議議程項目，明確主題應該依次呈現，團體練習應該與有關的理論材料連結。

4. 計畫時間：一旦會議內容選定組織妥當，應該評估每一部分細節所需要的時間，精確的評估有助於決定計畫材料與活動與分配的時間是否恰當，優秀領導者也了解時間縮短如何裁減材料，假如會議過程比原先計畫快速要增加什麼，主講者若無法顯示影片，有什麼實質活動可以取而代之。

5. 彈性：開會時各種預期的事件發生改變議程，成員人際的衝突可要花上相當的時間，或很清楚的與整體目標有關的主題是偏重對人民有價值而

不是準備好的議程。

6. 改變進度：假如進度改變，必須多加注意，冗長的演講或討論令人覺得乏味。團體練習、影片、貴賓、休息、辯論，和其他有助於改變會議速度的活動，在團體治療，改變速度的方法是從一個成員的問題到其他問題，如果主講者依下列情形可使演講更生動：

■ 即席的演講取代已準備好的材料。

■ 偶爾走到聽眾裡而不是只站在或坐在一個地方。

■ 向參與者提出問題。

（學習如何提供生動的講述的理想方法，是觀察動態主講者非語言與語言溝通型態。）

會議前你要放輕鬆

在會議前，領導者可能對會議如何進行感到緊張，事實上，些微的緊張有助於增加靈敏性，領導者較專注，進行較理想的會議，過度緊張，會降低會議的效率，放鬆技術可以舒緩過度的緊張如第十章所述，他們大力推薦散步、慢跑、聽音樂、冥想、靜坐。有效能的團體領導者經由放鬆技術減低焦慮，在領導團體時練習建立信心與減低焦慮。

進入會議室的提示

利用早到有時對領導者很重要，因為領導可以了解材料，安排座位、茶點，和其他會場計畫的需求，領導者有機會觀察在團體開始之前的成員，他可以從參與者的年齡、性別、衣著、個人外表、對話、彼此互動了解他們的興趣。有效領導者以此觀察建立與參與者的關係，例如本書作者被問及在高中舉辦預防自殺的工作坊，我一到會場被老師問及最近已經自殺的一位學生，而替代原先計畫的演講，我要求每一位學生不具名寫下對於自殺的關懷或問題，然後對他們的關懷或問題熱烈的討論，此討論是重視他們特殊的關懷或問題，可能比正式的演講有價值。

座位安排

座位安排很重要有幾個理由，它可以影響誰與誰說話，影響領導者的角色，結果將影響團體的凝聚力與士氣，多數團體成員可以眼神交會，領導者可以眼神接觸每一位，獲得成員思考感受的非語言回饋。

環形是理想的討論安排，鼓勵大家地位平等，促進團體的開放與凝聚力。另一方面，傳統教室的安排，領導者置身在權威的地位，限制溝通，因為成員的眼神只接觸到他們附近的成員。

桌子有好處亦有其缺點，可以提供寫字放置東西，有的成員因為桌子有的靠感覺舒適，但桌子限制行動和人之間的障礙。

領導者應該考慮桌子的利用，例如，在商業會議或其他「工作」會議，桌子是必要的，在治療團體難得使用，當需要運用外表和書寫溝通，小圓桌是有效的安排。

桌子的形式足以影響小團體成員接觸的方式，假如桌子是長方形的，領導者傳統是坐在一個尾端，領導者成為桌子的首長或「權威」，說話最多，在討論中比其他成員影響力更大。

在新團體，甚至已建立的團體，成員可能坐在朋友旁邊，假如團體每一個人互動很重要，領導者必須要求成員坐在不認識的人旁邊，人較容易與坐在右邊和隔壁鄰座的人說話。直接坐在前面反而少溝通，坐在其他位置者較少被注意到。

彼此介紹

領導者的個人履歷在第一次會議應該簡要介紹，提供團體信賴感，認為領導者可以實現他們的期待。假如簡要介紹領導者的個人履歷資料對**角色期待**是必要的，假如領導者自我介紹，其個人履歷資料應該扼要，係以教育性的溫和方式。摘要介紹應該有助於創造要求的氣氛，是正式或非正式，是有趣或嚴肅，有效掌握團體的介紹在第一章破冰訓練中有描述。

受人歡迎的是領導者盡快記得所有團體成員的姓名，這需要特別注意，

名單標籤可以讓每個人舒適自在，成員喜歡別人叫他的姓名，如此肯定他的重要。

假如是小團體，成員個別自我介紹，或許可以利用破冰訓練。除了利用個人資訊，在自我介紹時有助於陳述他們對團體的期望，且有助於顯露隱藏的議程與團體目標的矛盾，假如陳述的期許超越團體範圍，領導者應該指出，避免之後的挫折與不滿。

澄清目標

團體領導者應該清楚自己的角色與責任，假如不清楚，應該與團體討論，其中方法是為團體選擇目標，決定團體中**每位**成員朝向目標所應負起的責任，多數情境的錯誤是領導者做了大多數工作。假如所有成員付出重大貢獻，團體是有生產力的，成員對團體貢獻愈大，愈覺得是團體的一部分，此積極感受將有利於每一個人。

即使領導者確知其角色，其他人對許多期待感到困擾，有任何懷疑，領導應該清楚解釋角色，如果團體指出期待不同，團體應該決定誰該做什麼。

在解釋角色時，領導者適度的表達個人技能和資源，試圖呈現為能回答所有問題有知識的人而不是權威形象。領導者也要準備好解釋練習和其他作為活動的周邊問題，不同的團體與不同的情境需要不同的領導角色。

議程

假如領導者在會議前幾天提出議程，許多會議會較有效率。的確團體的成員應該有機會提出會議議程項目，在開會之前議程應該簡要檢視，提供成員有機會建立條件撤除或其他改變。有的會議可能適合團體討論，或許是投票、議程改變的建議。

團體領導的例外指南

本節簡要提出有效領導團體的例外建議，下一章再繼續討論延伸下列指南：

1. 了解領導是責任分享：每個成員有時須扮演領導角色，指派領導者不應該掌控團體，或相信他們在所有的任務和維持功能上有責任指引團體，事實上，當每一個人對團體都有貢獻時，才有生產力和團體凝聚力的發生。

2. 利用最有利於特殊團體面對議題做決定的程序（見第六章討論各種決定程序與其結果）。

3. 利用問題解決途徑掌握團體面對的議題和問題（見第六章總結如何利用問題解決途徑）。

4. 創造合作氣氛而不是競爭氣氛（見第四章）。

5. 在解決議題與朝向做好決定，矛盾、衝突是自然與需要的，在解決衝突時，尋找一個無缺點的問題解決途徑，而非贏－輸途徑（見第六章）。

6. 尋找有敵意與破壞性的對抗成員（見第四章）。

7. 利用適當的自我揭露（見第五章）。

8. 尋求創造開放誠懇溝通的氣氛（見第五章改善語言溝通的方法，成為主動的傾聽者，和改善非語言溝通的方法）。

9. 提供刺激相關內容和練習說明概念，幫助成員試驗建議性的新行為，例如在自我肯定團體，如何更能自我肯定的理論材料應該練習得更為自信。

10. 注意如何結束會議，會議程序前幾分鐘做結論，當團體對某議題已耗盡心力，總結強調該記住的重點，留給團體成就感和結束會議的信號，結束會議的附加方法在第十二章。

　領導者不是天生具有的，他們是經由訓練、練習和經驗得來的，學習如何有效領導團體，個人須敏於察覺自己，成為一個人，自信、自覺優秀，發展高度技能學習人際關係，幫助自己與他人完成重要任務。閱讀本書每一個人有潛能成為有效的團體領導者，本章旨在除去領導的神秘因素，說明有效領導者所作所為，現在是你發展領導者能力了，你可以做得到！

社會團體工作標準

如名字所示，社會團體工作促進學會（the Association for the Advancement for Social Work with Groups, Inc., AASWG）是國際專業組織，旨在促進社會團體工作，辦公室在紐約，此組織在建立下列社會團體工作，標準以此序文開始：

這些標準反映團體工作鮮明的特徵和社會工作帶到團體工作獨特的觀點，團體社會工作的核心是相互輔助的概念，團體工作體認到團體與其多重的助人關係，是改變的基本來源，團體工作者基本是協助成員一起達成為他們自己建立的目標。

設計的這些標準是一般性而不是特殊性的，他們可以運用在社會工作者面臨他們工作的所有情境範圍的團體型態，進一步，標準允許在一般相互輔助架構內，運用各種相關團體工作模式。

第一部分是認定構成社會工作基礎的重要知識、價值，第二部分到第五部分是工作者在團體之前、開始、中間和結束認定的團體任務時，工作者在每一階段所需要的特定知識。

I. 核心知識與價值

A. 成員認同、互動型態和關懷的家庭、政治、文化脈絡

成員是公民

成員可以改變，能夠彼此協助

B. 注意整個人

利用評量與介入的系統觀點

個人與環境

生理心理社會觀點

團體內成員

社區內團體

C. 能力本位評量

　　強調成員的優勢與缺點

D. 相互輔助功能

　　團體包含多重助人關係

　　工作者的基本角色是助人成員彼此相互協助

E. 團體民主過程的特徵

　　協助成員擁有團體

　　成員與工作者擁有相同的價值

　　工作者不是強勢的「專家」

　　工作者對團體與工作者對成員

　　彼此的關係特徵是利他與互惠

F. 強調賦能

　　團體目標強調個人成長與社會變革

　　團體工作者促進個人和團體自主

G. 工作者評量和介入特徵是彈性與折衷

H. 小團體行為

　　團體與個別成員是獨立的實體、彼此是不同的

　　團體發展階段促進團體生命的改變

　　認識團體過程如何形塑影響個別成員的行為

I. 團體形成不同的目的目標

　　團體型態（例如教育、問題解決、社會行動）影響工作者所做的和團
　　體如何完成目標

J. 經由觀察和結果或過程評量監控團體成功的完成目標

II. **團體之前階段的團體工作**

　　任務：

　　A. 認清潛在團體成員一般需求

　　B. 計畫引導外展服務與成員的招募

　　C. 假如需要，保證組織的支持與認可

　　D. 假如需要，說明組織對團體的阻力

E. 一旦適合時，篩選與準備團體成員

F. 當需要時，保證允許成員參與

G. 假如適合，發展組成的平衡

H. 選擇適當的團體型態、結構和大小

I. 建立會議場所、時間等促進成員的舒適感與凝聚力

J. 文字說明清楚寫下團體目標反映成員需求，適當代理人任務

K. 發展並清楚說明反映團體目的的工作者角色

L. 運用準備同理心轉移成員感受和對團體開始的反應

必要的知識：

A. 組織功能與任務和如何影響團體服務的本質

B. 可能影響團體工作服務發展的社會和機構障礙

C. 與團體組成有關的議題

D. 人類生活圈及其與潛在成員需求的關係

E. 文化因素，對潛在成員生活、處理團體與他人關係的影響

F. 團體型態及其與成員需求之關係

G. 導致團體需求的特殊個人、社會問題型態

III. 開始階段的團體工作

任務：

A. 清楚陳述團體的目的和工作者角色

B. 引起成員對需求、興趣、問題感受的回饋

C. 鼓勵成員分享與他人的關懷與優點

D. 增進成員之間與成員與工作者之間的聯繫

E. 鼓勵成員之間共同性的覺察與表達

F. 監控團體對權威主題的表現，當需要時直接回應

G. 評估成員之間、成員與工作者之間文化差異的衝擊，當需要時直接說明

H. 利用自我發展成員之間的凝聚力與工作者的舒適感

I. 協助團體建立規則與規範促進變革與成長

J. 澄清個人與團體目標的關聯

K. 協助成員建立開始的聯繫，清楚提供他們一起共事的方向

L. 促進個人自主和成員的賦能

M. 創造、維持社會文化安全的環境

必要的知識：

A. 團體開始的團體動力

B. 改變成員之間和外在環境的抗拒力的原因和說明

IV. 中間階段的團體工作

任務：

A. 指出成員之間的共同性

B. 增強個人需求問題與團體目標的關聯

C. 鼓勵與形塑成員之間、成員與工作者之間支持性誠實的回饋

D. 隨機利用過程闡述進一步的團體工作

E. 協助成員利用角色扮演、行為演練、其他語言非語言活動，完成個人與團體的目標

F. 監控影響團體工作的規範

G. 評估團體達成目標的進展

H. 假如需要，與成員再訂契約，協助他們達成個人與團體的目標

I. 認清在團體內團體外工作的障礙，並直接處理

J. 澄清並解釋成員之間、成員與工作人員之間、團體與團體外部之間的溝通型態

K. 認清和強調成員衝突，必要時協助解決

L. 對開會做總結

必要的知識：

A. 中間階段的團體動力

B. 角色理論及其運用在成員之間與成員與工作之間的關係

C. 溝通理論及其運用在團體內、團體間與其他外在團體語言、非語言的溝通

D. 成員互動表現種族、階級、性別、性導向等的社會文化勢力

E. 成員互動表現心理動力因子

F. 有目的的利用語言、非語言活動

V. 結束階段的團體工作

任務：

A. 認清成員對結束直接或間接反應的徵候

B. 分享工作者對結束的感受

C. 協助成員彼此分享對結束的感受

D. 協助成員認清他們所學得和參與團體之後的改變

E. 協助成員運用新知識與技能在他們的生活上

F. 鼓勵成員對工作者的回饋

G. 協助成員誠實反映一起評估他們的工作

H. 如需要，繼續發展服務提供成員參考

I. 評估個人與團體進展

J. 評估團體經驗對個人與外在環境的影響

必要的知識：

A. 結束階段的團體動力

B. 維持與提升成員成長的正式與非正式資源

C. 團體結束時，成員和工作者對過去生命中失落和分離的影響

4 團體動力：目標與規範

　　如棒球隊有其贏得競賽短期目標和最終贏得冠軍獎旗的長期目標，個人與團體必須認清短期目標和長期目標。本章旨在提供建立目標、隱而未顯的議程。說明競爭性和合作性團體的差異，呈現檢視名義團體途徑，所有團體有其規範，本章旨在說明其重要性，檢視它們如何形成，討論遵守團體的壓力，認識各種對立分歧團體成員，提出處理不合作行為的建議。

目標是個人、團體努力的目的,是人們珍視的理想或想要的成就。個人目標是團體成員所擁有的,團體目標是團體足夠的成員所擁有的,是團體努力達成的成就。

所有團體有其目標,參加團體的每個人有其個人目標,團體通常有短期目標和長期目標,短期目標是達成長期目標的踏腳石,團體目標的重要有其理由,團體的效率、效能和程序是依其目標達成的程度加以評量。目標提供團體方案和努力方向指引團體與其成員,團體成員之間的衝突通常依其有助於達成團體目標的地位獲得解決。團體目標也是一種強有力的動機力量激勵成員一起合作,一旦成員投入達成某一目標,他們將負起責任盡其能力、努力、資源達成目標。

成員對團體目標的投入是依下列而定:(1) 如何吸引成員加入團體,(2) 團體如何顯示其魅力,(3) 團體如何顯示達成目標,(4) 朝向達成目標過程能力的評量和達到目標的能力評量,(5) 達到目標時成員獲得獎勵,(6) 目標受到挑戰時,中等程度失敗受到的挑戰比高程度低程度失敗的挑戰高,(7) 互動型態成員將與其他團體成員朝向目標努力(有些互動方式是快樂的、有益的)。

建立團體目標第一步是評量團體效能,一旦建立目標必須決定完成目標的任務;其次,必須同意或指定執行任務的責任,完成任務的最後限期。一如過程依次進行,必須評估配合最後期限已經完成的任務,最後評量團體是否已達成任務,有效團體有相當多機會成功的達成目標(建立目標的過程,決定完成目標的任務,指派每位成員的任務,建立完成任務的最後期限,實際上,形成團體成員對期待合約的要素,合約和團體目標應該定期檢視,必要時需要修正)。

假如團體成員參與建立目標,激勵他們達成目標,經由參與,成員將 (1)可能以其個人目標作為團體目標要素,(2) 覺察到選擇目標的重要性,(3) 願意提供資源達成目標。

 **個人目標**

　　成員的個人目標各有不同，例如在壓力管理團體，因爲想要放鬆，他們加入團體，其他人因爲孤單尋找友伴，或是配偶促使他們參加，有些是聽到有關團體領導的益處想試試看，有些人認爲壓力不是破壞性想要說服別人的信念。

　　有些人覺察到個人目標，其他人可能沒有覺察到，例如大一主修社會工作的學生在教授督促參加學生社會工作俱樂部（Student Social Work Club），無須想到個人目標。

　　在個人目標與團體目標愈相同，對團體成員愈有吸引力，他們愈願意對團體提供資源及能量，假如團體的個人目標是同質性，成員愈容易同意團體目標，共同努力達成其目標，愈樂於與團體在一起，個人目標的異質性，不必然是團體的失敗，但他們須特別注意。

4.1 練習 認清你的目標

目標：我們必須認清我們參與團體的目標，才可以選擇團體行動達成個人目標，其結果團體有利於個人，本練習旨在設計協助建立個人目標。

說明你在班上的個人目標，你個人的目標應該包括你希望獲得的知識、技能，你希望獲得的成績。

潛在議程

　　當每個人有其不同的個人目標時，可能會發展潛在議程（假如成員有同質性目標，其目標易成爲團體目標，不太可能有潛在議程），**潛在議程**是個人擁有其他團體成員所不知的個人目標，干擾團體的努力。有時，潛在議程極有破壞性，例如我參加過個人觀察到其他人的行動帶來法律上困擾的團體。通常潛在議程較無破壞性的，包括沒有人希望芝麻綠豆小事吹皺一池春水，因爲此舉嚴重延緩工作進程，團體目標應該具體呈現某種程度的個人目標，領導者一開始

說明團體目標，以減少潛在議程的影響。

　　某種訊息顯現潛在議程，成員無法貢獻或表現阻礙團體活動的言行，當潛在議程存在，必須評估成員遭遇破壞性行為的後果，假如後果是有益，成員應該公開或私下勇於面對，在面對問題時應該利用有利的方法，有時潛在議程懸而不決。例如最近喪偶的成員可利用非治療團體公開討論痛苦，在此情境，可能或沒有結構性面質你。

　　當成員面臨潛在議程，避免指責、批評，面臨挑戰導致信任公開討論議題，假如議題合理、合法，大家齊心努力是有助於成員，關心探索解決的變通方案更能解決問題（本章後面的建議提供如何面對問題），或許團體目標可以修改融入個人議題，或許可以協助成員達成團體之外的個人目標，例如，團體成員傷心喪偶，可能轉向尋求諮商員或生還者團體表達，並有效解決其憂傷。

4.2 練習 潛在議程與其效果

目標：本練習旨在協助你了解潛在議程，其效果，和你如何回應團體中有潛在議程的人。

1. 描述你參加最終提出其潛在議程的團體，潛在議程是什麼？潛在議程如何對團體有不利的影響？

2. 其他團體成員如何有效掌握潛在議程？

3. 當你反思其他團體成員如何掌握潛在議程，是有效處理潛在議程採取行動之過程嗎？如果「是」，描述其行動過程。

4. 描述你參與團體的潛在議程，你的潛在議程如何影響團體？

建立團體目標

　　雖然團體目標以各種方式發展，因為他們參與團體成員做出決定過程，提出下列程序，領導者在團體中分享其觀點之後，成員要求解釋他們參與的理由

——亦即他們的個人目標。共同努力，領導者和團體成員討論目標的優點和討論額外的目標，精鍊、重述直到最後列舉發展出來。第六章已說明做決定的過程可以用解決衝突達成共識，最後提出表列打字分發給每一位成員做參考。

變通方案，團體領導者在第一次會議前可以先晤談每一位成員有關個人與團體目標，然後發展共同組合表列在第一次會議提出。討論修正此表列直到大多數人滿意。決定團體目標較無效的方式，是為領導者「推銷」團體相信更合意的一套目標。假如團體目標以此說明或團體建構，他們可充分討論精緻再重述此目標。

有效率的團體通常有各種遵守的版本，首先建立長期目標，以可操作、可評量的術語說明其目標，然後建立短期目標，作為達成長程目標的優先選項，任務認定是短期目標依其重要性排列，高優先選項任務指派給團體成員的特殊責任，設定完成的時限，未來的評估可以認定達成任務與目標。

可操作與可測量的目標

可操作目標可直接轉化為達成目標的行動，例如一項目標：「班上每一位成員能夠說出個人與團體目標的不同」是可操作的。學生在研究本章開頭後，以此目標融入行動，做完測驗後界定兩個詞彙，此分數即說明班上是否達成目標。

非操作目標是經由特殊作為無法達成的，例如：「班上每個人將學習如何治療情緒和行為困擾」是非操作目標，因為處遇途徑無法發展成功達成處遇所有情緒和行為困擾的人。非操作目標是無法達成的，例如我們知道是否能處遇所有情緒和行為困擾的人還需要很久的時間。

在實作上，團體應該盡力發展可操作目標，發展採取作為實際達成目標。例如「經由教導學生靜坐，幫助他們做好生活上壓力管理」，比「尋求方法幫助學生做壓力管理」有其操作性。

團體目標應該是可評量的，例如：「班上每個人成為大團體領導者」，**沒有**判斷建構領導者的標準是無法評量的，相反的，下列目標是可以評量的，「在本學期末，班上每一位同學可以表現老師**滿意**的水準領導團體」，此目標的另一

種方式是學生輪流當團體領導者,每一次開會老師可以評量學生,表示領導是「令人滿意」或「較不令人滿意」,得到「較不令人滿意」的再給額外機會領導班上學生,再次評估他們的表現,朝向目標的進步,只要計算得到整體評定「令人滿意」的學生數。

除此之外,可操作、可測量的目標較容易將團體目的與其他團體與非團體成員溝通,此目標幫助評鑑進度,評估活動決定達成目標的收益,團體容易決定活動是否繼續或放棄,當以經費、資源或其他獲得績效責任時,清晰的目標和達成目標的文件特別有價值。以決定最能幫助團體達成目標的地位,解決成員之間衝突的最終標的。當沒有可操作、可測量的目標而發生衝突時,是沒有邏輯方法決定誰的觀點有高收益。如果衝突無法解決,可能使團體在達成目標前須花較多時間維持和諧。

形成清晰、可操作、可測量的目標是需要花上相當長時間、耗時的過程,建立目標階段通常是團體最掙扎時。在團體早期生活中,成員考驗他們的利益、承諾,建立人際關係。一旦達成目標,成員支持比期待多,建立清晰目標的價值比接受模糊價值,之後受到嚴重挑戰所節省的精力、時間還重要。Johnson 和 Johnson 指出:「團體在清楚目標建立共識所花的時間愈多,達成目標所花的時間則愈少,成員愈有可能有效獲得共同結果。」

研究發現團體遵守下列原則,愈有機會達成效能:

1. 目標清晰、可操作、可測量。
2. 成員建立目標是恰當的、可達成、有意義的和可以接受的。
3. 以相同活動和任務達成個人與團體目標。
4. 目標有挑戰性和相當成分的失敗風險。
5. 可獲得完成任務的資源。
6. 團體成員之間有高度協調。
7. 團體成員維持合作而不是競爭氣氛。

競爭與合作

團體有合作或競爭的氣氛,合作的團體特徵是開放、誠實的溝通、信任、

4.3 練習 班上團體目標和個人目標

目標：本練習旨在協助你了解團體目標和個人目標的動力。

1. 明確說明教師期許班上的團體目標（通常老師會明確說明課程目標部分的課程大綱）。在老師的講述中，教師已經認定額外的團體目標。

2. 班上同學接受可欲的團體目標？假如「不」，說明為何你相信有些同學不接受老師的團體目標呢？

3. 教師要求同學提出他們喜愛的班上額外的團體目標嗎？假如「是」，同學建議額外的團體目標嗎？假如對此問題的答案是「是」，額外的團體目標是什麼？它們適用於班上嗎？

4. 你相信班上成員有不同於團體目標的個人目標或潛在議程嗎？（個人目標或潛在議程與團體目標可能包括：不須用功讀書或需要幫助解決個人困境。）假如「是」，明確說明這些不一致的個人目標或潛在議程。

5. 早在練習 4.1 你認定在班上的個人目標，你的個人目標與團體目標一致嗎？假如不一致，請說明這些不一致的個人目標。

資源庫、凝聚力。對問題解決團體研究已經發現有許多合作團體氣氛的積極結果，成員合作增進創造力、努力協調、分工、用心參與團體成就、協助與分享、人際技巧、合作態度和價值、積極的自我態度、成員意氣相投、對團體任務的積極態度、擴散式思考、接納個人與文化差異和問題解決技巧。

當團體成員的個人目標被認為是相容的、完全相同的、互補的，結果是合作的團體氣氛，高度合作氣氛的實例是足球隊，每一個球員主要目標是贏得球賽，團隊的重要目標是贏得球賽，在合作團體，每位成員與其團體其他成員尋求協調，努力達成團體目標，在建立合作氣氛時，依據團體表現的質與量給予獎勵，而不是根據個人表現。

相反的，競爭氣氛通常是毀滅性的，當成員感受到個人目標與團體是不相容、不同的、衝突或相互排斥的，通常是存在著競爭氣氛。在高度競爭團體，

某成員達到目標時，唯有其他成員放棄他們的目標，一個團體晤談工作求職者如戲劇試聽，是意圖性的競爭。每位成員尋求完成個人目標而阻擋其他成員完成其目標，問題解決團體的競爭有相當多的負面結果，競爭減少創造力、努力協調、分工、協助與分享，競爭提升無效的溝通、懷疑、不信任、完成團體目標高度的不安、競爭價值和態度、負面的自我態度、團體成員之間的敵意、對團體任務的消極態度，競爭鼓勵反對不同觀點、擴散式思考和文化及個人差異，競爭氣氛導致解決問題的低效率。

有哪些競爭情境是有利的？是很少的，例如，運動團隊教練已經發現高度天分運動員競逐，在一開始地位是有利的，如此競爭通常鼓勵運動員全力以赴。但在運動團隊，成功的教練了解獲勝的關鍵在逐漸注入團隊努力（即合作氣氛），如此，每位球員不是重視個人，而是以扮演被指派的角色幫助團隊贏得比賽。

Kelly 和 Stahelski 檢視競爭性的個人加入合作氣氛所發生的問題，既然在解決問題，合作團體較競爭團體有效，問題是有意義的。發現到有三個結果，新成員的競爭行為導致其他成員表現競爭的行為，競爭性成員看到以前是合作成員如今是競爭性了，以前是合作性成員通常覺察到他們的競爭行為大都是新成員表現競爭性的結果，如此顯示一個競爭性的人可以將合作團體變成競爭團體。

合作團體的正面特質的確被競爭性的人所破壞，當一位有競爭性的人加入以前是合作團體：信任、成員之間意氣相投、開放的溝通、問題解決導向等特質減少了。為何競爭的個人有此強烈破壞性的影響呢？顯然，合作性的人了解到競爭性的人一有機會將從合作中獲益，從別人利益中獲益，在許多情境中他們唯一求助的方法是避免被剝奪，即是競爭。如此即使合作氣氛是解決問題最有效的氣氛，競爭性個人是將氣氛變為破壞性競爭。假如合作團體是求生之道，成員必須減少成員間的競爭，促進團結合作。

4.4 **練習** 競爭團體成員的影響

目標：本練習旨在協助你了解競爭團體成員的影響，然後反思團體可能結構性減少競
　　　爭成員的負面影響。

1. 描述你參與團體的競爭性成員的行為，此競爭性行為負面的影響團體嗎？
　 假如「是」，明確說明其不利的影響。

2. 當競爭性的人負面影響團體時，其他團體成員為了減少負面影響，可能
　 採取何種結構性作為？

名義團體途徑

　　名義團體途徑是 Delbecq 和 Van de Ven 所發展，用在輔助形成團體目標，
此途徑是問題認定技術、計畫或更改方案，配合潛在使用者評估其需求。名義
團體是「團體的個人在人際沒有語言互動的表現」。團體成員**無須團體討論**，只
允許在紙上列舉其需求，每位成員的觀點可以確定。過去有許多情形，是缺乏
了解消費者的需求的「專家」發展新方案，結果創造對消費者無效的方案。名
義團體途徑的主要目標是認清消費者團體的需要（亦即潛在使用者新的服務），
以發展有效服務消費者的新方案。

　　名義團體會議時間約半小時或一小時，通常為大學教授所用，認清涵蓋班
上主題學生的希望。例如，名義團體途徑在作者的大學的社會工作學系所用以
連結悲傷管理的選修研討會，報名名額限定三十位學生，第一次會議要求學生
利用名義團體途徑，「你在班上需要的特定主題是什麼？」（悲傷管理課程回應
在**表 4 .1**）。

　　當名義團體運用在消費團體的小團體，應該採取照顧獲得消費團體的代表
權，在運用名義團體之前應該告訴小團體研究的目的，然而研究者通常**不應該**
提供他們認為名義團體途徑運用的結果，避免對參與者的偏心。

　　對名義團體途徑優點的研究建議腦力激盪和其他團體互動，對問題情境激

表 4.1　悲傷管理課程主題排列表

主題	投票數
1. 自殺	13
2. 克服有人死亡導致過度失落與孤獨	9
3. 疾病末期與如何關懷	9
4. 殯儀館館長——嘉賓講者	9
5. 愛滋病	8
6. 克服親密友誼的失落	8
7. 自己與其他人的因應技巧	8
8. 收容所運動——嘉賓講者	8
9. 如何與你的死亡達成協議	7
10. 人可以決定一個人的生命	7
11. 對死亡如何改變害怕和負面的態度	6
12. 與生還者溝通（亦即接近死亡的人）	6
13. 嬰兒猝死併發症狀	6
14. 死亡後的生活	5
15. 如何幫助其他人（父母）處理人（孩子）的死亡	4

發資訊是最好的，可以引發建議涵蓋更多領域的興趣（腦力激盪有其缺點，即首先提出項目引發後來項目的提出）。名義團體設計接受所有團體成員的投入，不只是用言語表達的或挑釁的，如通常發生在傳統團體討論，避免項目的評鑑，本質上減少壓力，反對表達少數人意見或非傳統觀點。衝突、矛盾的想法是可以忍受的，再者，節省時間的方法，快速引導團體互動過程。名義團體途徑有遊戲的特質，如團體引起創造緊張，刺激個人盡力提出建議項目。

團體規範

　　團體規範是明確說明特有團體行為的規則，規範是一項必須為團體多數人所接受的規則，假如認定相信遵守的信念比越軌的結果重要，規範即能影響他的行為，成員遵守是因為團體壓力，隨著時間，個體通常內化規範和自動遵守，規範提供一個人最重要的社會控制機制，控制團體成員和整個社會。

　　每一個團體有其規範，假如你屢次地社會化某學生團體，例如，你的團體逐漸建立規範什麼都可以接受，或集會不接受的行為，你的班級將有明確的規

範，包括：抽煙、嚼口香糖、遲到、會議期限、說話前舉手，考試作弊等。

有些規範是正式的——例如，組織細則與章程，明確說明公務員的責任，其他規範是非正式的，進行系務會議時，系主任可能對正在閱讀電子郵件的教授皺眉頭。假如教授以非語言回應溝通，電子郵件放一邊，其他教授觀察到非語言互動，決定會議時不再看電子郵件，經由此過程，反對閱讀郵件的規範係以非正式建立。

規範有「應該」或「必須」，其重要性各有不同，遵從有強烈壓力，有些案例破壞**重要**規範的嚴厲處罰——團體治療的機密。假如成員秘密揭露其他人的私人訊息給另外的團體，他可能受到團體開除的處罰，不能遵守不重要的規範，如開會不能打嗝，提議只要不是大家贊成，則不受處罰。

成員通常潛意識到許多引導他們行為的規範，假如要求團體成員界定其團體規範，因為許多規範都視為理所當然，例如與衣著、機敏、下流的語言有關的規範，通常團體成員不會思考太多。

當一個人進入新團體，通常因為未意識到規範，他感到陌生不自在，因此他尋求規範的線索，提出下列問題：什麼適合公開，什麼不適合？誰是團體內的人，誰是團體外的人？允許抽煙嗎？我能說笑話嗎？說話之前要舉手嗎？每位成員扮演什麼角色？團體是競手或合作？有結盟嗎？有潛在議程嗎？哪位成員最有權勢？

規範如何學得與發展

有些團體相當普遍，在團體工作中的新進成員，意識到正在運作的許多規範，例如，參加治療團體的個人期待別人誠實、開放、自我揭露，許多規範是對等互惠的（假如有人幫助你，你應該投桃報李），公平遊戲（不可巧詐），社會責任（你應幫助需要幫助的人），彼此分享（每個人應該有機會說話，不要壟斷別人對話）。

新成員學得規範，私下與他們信任的團體成員說話，他們可能問說：誰有權勢？可以這樣說？可以那樣說？團體有結盟嗎？有潛在議程？有個人敏感

的議題嗎？例如有人提到減肥議題而不舒服，其他人可能不在胖子面前提到減肥。

雖然規範係由各種方式學得，最普遍的方式是經由正負面增強學得，經由嘗試錯誤過程，成員認定他們的行為是被接受得到團體的獎勵，那些行為被判斷不適當或破壞性。另一種方式是成員認定規範是經由觀察別人行為學得的「楷模」（modeling）。

有些規範是在團體或組織細則、章程、備忘錄、文件，例如有些方針放在議程項目，公務員的責任，解決重要議題的決定過程。再者，規範探以官方或非官方的角色期待形式。官方的，期待團體主席召集開會，秘書負責會議紀錄；非官方的，當團體需要經費時期待富有的人捐款。同樣地，擅長減壓者當他長太高時，期許舒緩壓力。

有些規範發展經由非正式的非語言溝通，例如治療團體領導者可能以搖頭不同意成員戲弄別人，其他成員注意到表示（無須討論），決定以後在團體中不可戲弄別人。

有些規範是有人違犯後為大家所了解，Napier 和 Gershenfeld 提出下例：

> 牧師可能宣揚公平與種族特質，呼籲會眾在生活中遵守所有他們所接受的原則，當進展到警戒線，群眾可能指責他越分，他可提出說明足以影響牧師對公平與特質的布道，對社會議題的行動是為別人的，在此情境，直到發生相對於規範的行動，牧師或信眾才了解規範存在，信眾已經了解到違反行為受到的威脅。

新規範可能從團體政策或團體成員制定的過程建議發展而來，為了議程的主題必須在開會前四十八小時告知，讓他們有機會思考，「假如團體贊成建議，它即成為政策和規範」。

 順從性

順從性是對團體的服從，對於順從性，團體成員必須經驗到團體規範與其

4.5 練習 班上的團體規範

目標：本練習旨在協助你了解認清團體規範及其發展過程。

1. 明確說明班上存在適當行為的團體規範。

2. 認清引導團體規範的過程。

個人價值的衝突，個人經歷到衝突形式有兩種：宣稱獨立或同意團體地位權宜之計或真實態度的順從，**權宜之計的順從**是外表同意但內在不同意，而**真正的順從**是內外在都同意。

　　已經有許多順從行為的研究，Sherif 檢視順從的「自動運動作用效果」（autokinetic effect），在他暗室的實驗要求受試者判斷光點移動有多快。雖然光**看起來**在移動，但實際上它是不動的（自動運動作用效果），每一位受試者看見光束判斷它移動多快，受試者是一組三人，他們的判斷趨於團體標準，之後他們在自己觀看時，他們的答案較維持團體標準。重要的發現是當情境是模糊的，決定正確答案沒有客觀方式，成員依賴團體如何界定實體。在實際生活中，本研究發現之意義是團體成員的決定大都依據個人所看到、學習到、思考到的等。

　　Asch 檢視順從性行為，研究個人判斷與其他團體成員發生衝突時，兩套卡片的實驗如**圖 4.1**。

　　志願參加實驗心理學課的受試者是七至九位一組，他們坐在桌前輪流敘述哪一條大小最接近標準。在控制組所有人選擇的是第二條線，實驗組的回應較有趣，在所有團體成員的實驗團體中期待**一個實驗受試者**是與實驗者同一夥的，**受試者**永遠坐著，他可以最後提出其觀點，所有的同夥選擇同樣錯誤的線條，當輪到受試者時，即使他覺得可能是錯誤的，他仍遵守大家的判斷。在各種同樣的實驗，Asch 發現有三分之一以上的受試者順從團體判斷，在不明顯的順從團體壓力，情境不模糊，受試者彼此不認識，令人驚訝竟有如此高度順從水準。

標準

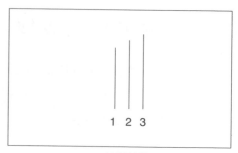

比較線條

圖 4.1 Asch 順從研究卡片

依據 Schachter 研究，每一個人需要評估對「正確」的感受、觀點、價值、態度和能力限度，他的研究缺乏評估的客觀性、非社會意義、個人依賴其他人作爲比較參照點，他稱之爲社會比較理論。一項研究，Schachter 和 Singer 支持該理論。受試者注射腎上腺素，顯現在同儕前。在某些情況，同儕（實驗者的同盟者）表現心情相當愉快，而其他表現好像很生氣，實驗者預測這些受試者對藥物引起身體的感覺沒有適當的解釋，因爲他們對藥物及其結果是無知的或誤報。他們以同夥者不適當的行爲作爲範例，以同夥者一致的態度解釋他們的感受。在很大程度上，同儕界定實驗者受試者的社會實體（亦即注射腎上腺素者沒有接收到藥物引起的身體反應）。

順從研究的許多結論扼要說明如下：

1. 團體壓力影響行爲，甚至指出當贋造的團體共識明顯是錯誤時，例如，一項研究要求五十位軍中公務員指出一起的兩個圖片，星星或圓圈，哪一個較大，圓圈明顯的大三分之一，在團體壓力下，有 46% 的公務員同意星星較大的贋造的團體共識。

2. 許多人被迫服從即使是個人事情的觀點與態度，例如要求同樣的五十位軍中公務員，首先是私下然後在團體共識下，考慮此法：「我懷疑我是否是個好領導者」。私下沒有人表示同意，在全體一致的團體壓力下，37% 表示同意。

3. 雖然屈服通常發生在困難主觀的項目上，而不是容易客觀的項目上，其

間個別差異極大。有些人對所有項目都服從，有些都不順從，大多數服
　　從，其他則不是。

4. 當一段時間後同樣項目重測，因為人傾向依賴個人判斷，重要的服從效
　　果不見了。一部分的服從效果還保留著，此說明團體壓力可以改變態
　　度。

5. 團體大小增加時，服從壓力促進更多的順從，當一個人被他人反對時，
　　幾乎是沒有順從，當一個人在團體中得到**支持**時，服從會減少。

顯然意見不同的觀點在對增強志趣相投者的獨立有極大的影響。

　　Milgram 一項有關引人注目的順從研究，受試者在對某人有危險的電擊實
驗情境（另外的受試者不認識，也沒有受到電擊），甚至當提高電擊時他們是
生氣抵抗，許多受試者是接受實驗者的命令。服從的一系列研究，即使當行為
與其正常規範不一致時，人是屈服於「權威」命令。Milgram 提出他的研究幫
助我們了解，為何德國人服從 Hitler 不道德的命令，團體壓力，特別是視為有
權威性時，對個人的行動、態度、信念有極大的影響。

4.6 練 習 你對團體壓力的屈服

目標：本練習旨在協助你了解我們對團體壓力的屈服，本練習也幫助你了解對屈服的
　　　感受。

1. 敘述你參與的團體，你對團體壓力的服從，明確說明你順從的議題與行
　　動（假如你很難認定你順從的時間，可以隨意認定你來自父母壓力表現
　　服從的議題）。

2. 明確說明當你順從時及之後你的思想與感受。

3. 假如你做過，你仍要屈服，為什麼？

個人的習性榮譽

每一位團體成員表現其能力，順從既定時間的期待而獲得榮譽（如提高地位），最後，這些榮譽允許人打破團體規範、規則而不被指責。某種程度累積榮譽之後，不順從一般公認信念習慣的程序或期待，可作爲個人地位和未來提升地位。得到有限的個人習性榮譽的獎勵，不順從一般公認信念習慣超越此限制，可導致降低其地位或受到其他團體的反對，例如，假如大學明星籃球隊員繼續因罪行被捕最後被開除。

4.7 練習 了解個人的習性榮譽

目標：本練習旨在顯示你個人的習性榮譽的影響。

1. 敘述某人破壞你隸屬團體的行爲（或許那晚出門與朋友團體在鎮上）。
2. 團體成員容許的破壞規範行爲，或團體反對他？假如行爲是其他團體可以容忍或執行的，是因爲此人有個人的習性榮譽嗎？假如「是」，此榮譽的基礎是什麼（如他對團體有許多積極的事情）？

規範的是與不是

建立規範係在改善團體有效發揮作用的能力，如準時開會、合作而不是競爭，因爲規範爲團體有效發揮功能，應該認清非功能規範，將之摒棄或取代適當的標準。在某些情境，寫下適合重要規範，例如在團體犯罪青少年之家，吸煙、飲酒、宵禁時間、上學的規定、家庭責任應公布，如此居民才完全明白，違規結果應該清楚寫出來。

重要性規範在破壞後應立刻增強且盡可能一致，假如規範不增強，它們將失去其效用，開始提出新規範。在多數社會服務情境，經由當事人破壞重要規範結果，社會工作者**必須**遵守。當結果不依循違反行爲，社會工作者喪失當事人的可信性，例如多數中心服務私奔，清楚詳加說明居民在中心不能喝酒、濫

用藥物。有此作為的居民需要離開，在中心，工作者沒有驅離喝酒的人，隔天就有許多居民喝啤酒。

　　團體領導者應該樹立他們認為重要的規範，在一個團體家庭，假如領導者辦公室一團亂，居民不可能維持乾淨。

順從性問題

　　在任何團體都有不友善的、分歧性的成員無法遵守團體規範，甚至志工成員。然而，志工團體較有可能發現到，志工成員通常（至少在最初的會議）希望他們不是在會議中而是在許多其他地方，他們可能生氣，認為在團體花時間是完全浪費的。

　　志工當事人被迫接受社會工作者（另一種專業人）服務，例如，他人可能成為法院指令、監禁，或受到家庭或雇主壓力的接受者。

　　下列有社會工作面臨志工當事人的各種情境：懲治機構、保護性服務、心理健康設施、可靠的公立學校、團體家庭、居家性的處遇設施、私立療養院和醫院。在每一種情境，社會工作者可能被期待領導非志願當事人團體。

分歧性行為型態

　　非志願團體可能表現產生不良後果，清楚描述分歧性行為，我們看到其行為好像他們的特質與人格。

魯莽的人　此人公開表達其生氣、盛怒、挫折、怨恨和敵意，魯莽的人可能是團體成員或團體發生什麼不高興，以各種方式表達不滿意：口頭上，攻擊團體其他成員；非語言方式，面目表情；或身體，攻擊推撞他人。

　　以主動方式直接表達不快樂的魯莽者，亦經由間接攻擊以被動攻擊方式表達不快樂，Bach 和 Wyden 稱間接攻擊為「瘋狂製造」（crazy-making）。間接攻擊者維持面前的仁慈，但發現是狡猾的，直接方式表達其生氣、盛怒、挫折，Bach 和 Wyden 稱直接攻擊是「乾淨的戰鬥」（clean fighting），因為公開的表達情感，可被看清楚得以解決，「骯髒的戰鬥機」（dirty fighter）利用間接詭計，

從不清楚表達其感情，通常造成極大痛苦，破壞團體有效的溝通，多數分歧性行為包括間接攻擊元素。

假如你有「骯髒的戰鬥機」的人際關係，他將認清什麼是「按鈕操作」（亦即「捉你的鬼」）。當「骯髒的戰鬥機」生氣或挫折時，他將「按鈕操作」。

熱心拚命工作的人　此人志願從事重要任務但毫無意圖完成，只是誘使其他成員相信他是願意貢獻，熱心拚命工作的人可能部分執行一些任務，表現良好信念，但運用各種藉口解釋為何任務一時無法完成。

愛開玩笑的人　干擾者很少是嚴肅的，即使別人很嚴肅，他總是開玩笑，到處開玩笑。愛開玩笑的人因為害怕被嘲弄，禁止其他成員表達他的思想和感情。

心理分析者　持續分析所有成員所做所說是心理分析者的專長，他通常是以心理學術語，分析高興的意義是什麼，什麼是錯誤的。心理分析者通常以成員進行讀心術減速團體而不是任務完成。

隱瞞者　隱瞞者有重要資訊，將幫助團體完成任務，但意圖隱瞞協助，他較有興趣觀看團體掙扎，不予協助。

一貫作業生產系統者　每一個人在他極為敏感的題材下，都有其心理上的一貫作業生產系統，一貫作業生產系統項目包括身體特徵、智慧、過去行為、過去不快樂事件、人格特徵。例如，胖子可能對減肥的評論特別敏感。巧於提出負面評論其他成員，所敏感領域的成員威脅團體的凝聚力與士氣，一貫作業生產系統者是骯髒的戰鬥機。

罪惡感製造者　團體成員可能試圖使他們感到罪惡感來控制他人，罪惡感製造者使團體落入協助他個人需求和目標的圈套，而不是在達成團體目標。罪惡感製造者常表達「你從來沒有為我做什麼」，「我們為你所做的，謝謝我所得到的」啟動罪惡感的反應。　.

呼天搶地者　誇大問題的嚴重性，呼天搶地者使團體成員相信不是微不足道而是可怕的結果，既然呼天搶地者只是偏重檢視問題的嚴厲，而不是發展、執行解決問題方法，他只是強化問題而不解決問題。

主題改變者　這種人以爭論和衝突不要團體處理重要議題，當發生困難情境，

團體的順從權力

團體對個人的權力是很大的，如下列實例所示。

1974年2月4日，Patty Hearst，一位大學生和富有出版鉅子的女兒，為極激進團體共生解放軍綁架，她是被從她加州柏克萊的家綁到一個房子，放在壁櫥裡，幾天內她還在暗無天日的壁櫥內，她被蒙眼睛，她的雙手被縛住，提供她食物，但無法處理排泄物。除不斷威脅她的生命，俘虜者告訴她家人已經放棄她，不遵從綁架的要求。並告訴她，如果她死了家長也無所謂，有時亦被俘虜者性侵。幾星期過去，她被釋放離開壁櫥。幾天後她到俘虜者逼她參與搶劫的一家銀行（依據Hearst小姐所言），搶劫時她持有一支槍和一位俘虜者（手持一支槍）凝視著她。在搶劫之後，她退回被囚禁的地方，告訴她搶劫、謀殺有罪，聯邦調查局一見她就會射殺。幾個月後，Hearst小姐順從，因為此壓力而加入俘虜者另外的犯罪，試著避免警察的逮捕。在逮捕十九個月之後，她宣稱已犯搶劫銀行和其他罪行，因為已被俘虜者洗腦，在搶劫角色她被處以輕微判刑。

在1960年代，Jim Jones是一位牧師，開始宗教領受聖餐，稱之為在三藩市加州人民教堂運動，要求人民將財富捐給人民教堂，教堂回敬提供食物、避難所、社會服務和社會、精神方案。Jones有相當的魅力，成功誘使成員將其全部生活與活動重心放在教堂。為獲得對信徒進一步控制，Jones將他們帶到蓋亞那（南美洲國家）叢林的孤島。諾傳成員被性侵和身體受虐，被處以奴隸慢慢移回加州。回應這些抱怨，國會議員Leo Ryan和工作人員去到蓋亞那調查人民教堂運動，Jim Jones命令謀殺Ryan，所以他無法記錄所看到的虐待，Ryan被槍擊致死，Jim Jones斷定美國會採取強烈報復行動，迫使信徒全體自殺以回到天堂重聚。超過九百位男人婦女兒童喝含有氰化物的水果潘趣酒集體自殺。

順從的權力也展示在宗教儀式如Hari Krishen、拜月教、知覺教，其成員可以遊說白種人中等階級大學年輕人加入而放棄教育、生涯目標、家庭、物質財產。

資料來源："Patty's Own Story," *Wisconsin State Journal*, Sept. 24, 1975, pp.1-2.

他試著改變主題。假如成功，主題改變者避免團體處理重要主題，尋求改變主題有各種理由，例如改變者厭惡激昂的論辯或可能害怕論辯揭露他希望保密的事情。

哀鳴者 哀鳴者不採取行動解決問題而不斷抱怨事情，因為哀鳴者從其他成員尋求注意與同情，他減緩團體完成任務的速度。

能言善道的 Arnold 團體彼此競逐，密告者是「能言善道的 Arnold」提供秘密資料給其他團體，此人可能鼓勵團體外的人嘲弄或漠視，詭秘地削減團體經費。在團體內，此成員可能試圖避免團體完成目標，例如，人們指定州、聯邦的重要部門是為公眾所期待為部門的成長、進步發聲。但有些被任命者已背叛此信任，隱藏同意任命者成為「孵出人選」，削減服務和部門經費的需求。

瑣細事統治者 此成員取代真誠分享關懷、挫折、不滿，不斷打岔、離題打擾團體，開會時遲到早退，需要每一人參加時，他無法出席重要會議，團體照章行事後他才表示關心，除對宣讀會議紀錄提出芝麻綠豆問題，例如，當其他成員正在說話時，他可能會打呵欠或閱讀某些東西。

逃避義務者 團體成員可能只是無法為團體做事情就分歧，當指派任務時，逃避義務者以各種藉口逃避責任。

權力掠奪者 權力掠奪者以遊說別人說他是比團體其他成員具有專業知能，或以金錢、益處或承諾收買別人的支持，企圖成為團體領導者或成為團體領導者背後的權力來源。權力掠奪者可能創造衝突，讓領導者看到不好的一面，破壞領導者所做的努力，即使他不能取得領導權力。

偏執狂患者 在團體中他過度或不合理的懷疑和不信任別人，偏執狂患者總覺得被找碴，此種人花好多時間防衛自己，找團體其他人的錯誤。偏執狂患者時常覺得在其他成員有足夠的證據懷疑偏執狂患者之前，他們必須受質疑。

應該提出有些分歧者意圖覺察到他們行為的影響，此形式實例前面已敘述。另一方面，有些分歧者將其潛意識個人需求付諸行動，而未覺察到其行為有干擾效應，下列建議係在處理分歧者是否覺察或未覺察到其行為之影響。

處理分歧性行為

敵意和分歧性行為可以以三種基本方式處理：(1) 繼續允許成員分歧性行為，忽視其影響或降到最低程度；(2) 領導者挑戰成員的分歧性行為；(3) 其他成員挑戰分歧性行為，選擇此途徑係建立在對團體最大協助的基礎上。

將分歧減至最低程度　允許分歧性團體成員表達對團體的不滿，經由公開討論過程，有時他的分歧性較不嚴重，當成員是分歧性，對領導者有幫助的是要求別人巧妙地對他表示關心，團體可能決定以關懷處理，特別是已經合法的個案。以關懷解決，分歧性團體成員較滿意團體，感受到團體已提供幫助他了。

例如，一個人生氣地來到由喝醉感受到開車罪惡感的成員組成的「團體動力」團體，此人生氣，他被抓到，而別人喝酒開車沒有被逮著、「判刑」，在會議開始反覆提出問題，「團體的目的是什麼？」「有什麼證據說團體做了好事？」「一個人在團體做了什麼才算通過？」「團體領導者領導團體要有什麼資格？」「領導者有過喝酒開車？」「假如沒有如何了解成員的想法與感受？」「如果有，當領導者有問題時，他是如何的偽善欲成為扮演治療者？」「成員將被迫揭露其個人事情？」「每個團體運作的目是什麼？」「領導者相信團體成員是酒鬼？」

領導者能夠允許他發表其觀點或提供真正的答案表達關心，進一步，領導者可能了解按地位排列他也會生氣，此途徑尋求允許成員公開表達關心，回答問題，表達對不快樂的理解，目標是創造團體接受使團體有效的內容與運作。

領導者的面質　團體領導者可能對抗成員與其他團體成員私下開會的分歧性行為，選擇私人或團體面質應該建立在最大利益上，假如其他成員出現，他們可能在方式上精心製作，成員行為是分歧團體並強調問題的嚴重性。團體面質的害處是敵對成員可能覺得他是「結夥」。

在面質時，團體領導者應該以「我—訊息」、不指責的方式，尋求完全自我肯定表達關心（見第五章「我—訊息」），有些對面質者基本上錯誤運用「你—訊息」的兩種類型：解決與批評訊息。解決訊息命令、指導、要求、警告、威脅、布道或說教。對訊息指責、判斷、批評、嘲弄或辱罵。

我一訊息包括不指責敘述分歧成員行為對團體領導者的影響，團體領導只告訴成員何種行為是分歧性，留給成員負責改變它，我一訊息在人際關係上是誠實開放，你一訊息通常減少溝通、關係分歧。

有時單純的面質成員分歧性行為可改變他意識到負面行為的影響，一旦知道，可能改變行為並說明分歧性行為的原因。例如因為沒有賦予分歧成員團體責任，她懷有恨意。賦予愈多的責任不只轉變分歧性行為，她更會變得滿意、有生產力。在此面質，領導者必須巧妙詢問問題，認清分歧性行為的原因。

然而，分歧性行為不能永遠停止行為，分歧者可能沿襲同樣路線，啟動另一種分歧方法，例如小丑可成為「主題改變者」或「背叛者」。假如在面質後繼續分歧性行為，領導者盡可能忽視分歧性行為將影響減到最低，或再面質成員。在選擇第二選項時，團體領導者必須清楚告訴成員將導致何種負面結果，解釋其結果，假如繼續分歧性行為，則持續執行。

例如，團體領導者可以在法院強加的罰款告訴分歧成員，團體動力課程有四種選擇：(1) 參與會盡量了解；(2) 不參與但出席，但為因應法院要求；(3) 出席持續中斷班級；(4) 不來班上，不出席記錄下來，法院告知和吊銷駕駛執照。

有些學生以只是對有關主題不著邊際的聊天壟斷班上，通常只私下告知聊天，需要分享大家討論以解決問題。然而有些學生在首次面質中繼續閒聊，通常私下告訴他們說話前先舉手，每一次開會只打一次電話，詢問班上同學他們是否認為有人占用太多時間，假如答案「是」，將要求班上建立分享班級時間的規則，第二次面質以減少閒聊。

團體面質 另外團體成員而不是領導者面質成員的第三種途徑，這裡運用同樣的方針，最好處理面質的是某人而不是領導者，例如，幾年前在一所東部大學社會工作學系從另一所大學招募系主任，系上教授成員希望獲得升遷而有受騙的感覺。當新主任來時，教授們反對任何系上任務，有時口頭打斷會議。系上其他兩位教授在不高興的宴會中要求解釋他沒有被選上的理由，表達他的憤怒，因為是為大家最大利益尋求合作提出禮貌的要求。此面質相當成功，改變不高興教授的態度。

假如需要面質，團體領導者和其他關心的成員必須決定誰應該做，通常決定建立在誰最能影響分歧成員的基礎上。

減少分歧性行為的可能性

當團體成員個人目標認清和融入團體目標時，他們少有分歧性行為，藉著參與所有團體成員建立目標和做決定，可能提升團體溝通、凝聚力和解決問題的效力。專橫的領導者的型態打消民主型態提升的投入，成員很少滿意專橫的領導者導致分歧行為的產生。團體目標如前述所言清晰、可操作、能評量，較能提升成員對團體的滿意和投入，減少挫折。

合作氣氛提高士氣，開放和誠實的溝通，有效解決問題，促進團體凝聚力和滿意度，如本章前述，競爭氣氛較容易導致分歧性行為。

假如成員以同樣的方法分歧，團體可以以不指責方式討論分歧，建立「家規」處理擾亂的行為，例如三、四位抽煙的人惹惱不抽煙的人，可以建立家規何時何處可以抽煙。有些人習慣性遲到，必須討論此問題，團體同意準時開會不可延遲的規則。

假如團體領導有很好的統整，通常會減少分歧性行為，包括相關和有趣的材料有效幫助團體達成目標，團體領導者應該注意因應成員社會、情緒的需求，積極爭取所有成員參與做決定。他不能表現特別喜愛的，必須遵守所倡導的，假如團體領導在某些領域有嚴重問題，必會增加不滿意和分歧性行為。

領導者自己愈表現自我肯定、勝任，團體將顯示信任與信心，假如領導者有攻擊性，成員通常是生氣、私自的或攻擊或被動性－攻擊反應。如果領導者沒有自我肯定，成員將顯得對領導者沒有信心，開始要求遴選新的領導者。

假如團體功能運作不好，領導者應該以其關心面質團體，要求團體協助釐清原因，以做改變。依賴環境，在團體會議或利用匿名文書報告釐清這些。利用面質途徑，領導者投入團體做改變，例如，我教實務課程沒有人提問或評論。在課堂第五週，我以下列態度面質班上，「我認為我們有問題了，這是第五週的實務課程，沒有說話，為順利發展課程，我們需要開始說話，社會工作的第一個技巧是說話的能力，我不相信班上的人能說話，對我來說，主要的是說話。現在我不說話，由你們說話，我要你們告訴我為何你們不說話。我是個大男人，可以聽你說的話。」一陣沈默後，有同學開始說話，以生動討論做結

束，基本上學生認為我是個主講者，使得他們被動，他們需要練習考驗我所提的理論與原則，在未來的課程，我的教學方法包括練習，在此面質後，學生在未來的會議有更多的口語表達（雖然不是達到我想的）。

當成員被逼出席他們不想出席的團體，如志工當事人團體，領導者可能開始說：「我知道你們多數的確不想到這裡，假如我被逼，我也不想參加，我們是否開始討論你們到這兒的憤怒與不快樂？」然後團體領導者試圖開始說明團體的目的，即將發生什麼，成員如何最低條件滿足「通過」，假如團體領導者可以提到 (1) 主動選擇參與盡可能說出團體，(2) 保持安靜聆聽別人說話，(3) 以分歧式行為發出其憤怒與不快樂（可能使團體生氣與疏遠），(4) 拒絕來，會發生某種結果。團體領導者可以指出他不能控制他們的行為，這些變通方案的選擇是屬於每一個人。此途徑導致志工當事人選擇第一或第二選項，或許此途徑導致當事人認為領導者了解他們的憤怒，對他們的困境做最好的選擇。

有時團體生活，一兩位成員為領導者控制的掙扎，處理權力掙扎有各種方法：(1) 給予領導者有限的領導責任，「副司令」（second-in-command）途徑可以滿足可能幫助很大的成員，他可能在治療團體完成團體任務，證實是有用的「協同諮商員」。(2) 團體領導者和希望成為領導者的成員，能私下滿足和解決分享領導安排呈現在團體或認定是成員想看到的改變。(3) 領導者可以靈巧態度表示（經由語言與行動）他是最有資格領導團體的人（遵守此策略是政治陣營氣氛，領導者與嚮往領導者作為競逐候選人），以其領導資格使其他團體成員印象深刻。(4) 團體領導者能指派、要求成員選擇他們的領導者，假如團體受人喜愛，他可以取得地位。(5) 另外策略是要求信任投票。假如許多支持投票不被接受，團體領導者承諾辭職。重整資源和支持者展示力量，團體領導者試圖展示接任的嚮往領導者是無效的。(6) 最後，團體領導者以可靠的負面結果威脅到嚮往的領導者，有時威脅仍回原處，激勵嚮往領導者更加努力，說服團體領導者缺乏士氣統整的團體成員。

4.8 練習 處理團體成員分歧式行為

目標：本練習旨在協助你較能處理團體成員分歧式行為。

1. 敘述你參加團體的成員分歧式行為。

2. 分歧式行為如何影響團體？

3. 其他團體成員採取何種行動（如果有）試圖將分歧式行為最小化，這些行動有效嗎？

4. 假如行動無效，檢視本書處理分歧式行為的教材，你（或其他團體）可能採取何種行動有效處理分歧式行為？

Note

5 語言與非語言溝通

　　為了有效的工作，團體成員與社會工作者必須能
夠確切地溝通彼此的想法與感覺。本章旨在呈現一個
溝通的模式，說明溝通歷程中可能的干擾因素，並且
提供有效溝通的原則。Sigmund Freud 曾說：「任何一個
耳聰目明的人都會相信沒有人可以保有秘密。即使他
不說話，也有可能振動他的腳尖，或從他的眼神中顯
露出線索。」本章整理非語言溝通的材料及其在人際溝
通上的應用。

所有合作性團體的互動，無論是語言或非語言，皆有賴於有效的溝通。透過溝通，團體成員彼此討論、爭辯、互吐苦水、交換意見，達成團體目標、分擔任務與責任、談笑及達成共識。當訊息接收者能以訊息發送者預期的方式來詮釋訊息發送者的想法時，有效的溝通就開始了。溝通的意義是訊息接收者的反應，而不考慮訊息發送者的意圖。

溝通模式

　　雖然大部分的人認為他們了解「溝通」的內涵，事實上他們並沒有真切覺察到人際間分享觀念的歷程。這一節將簡要地說明此溝通歷程，假設你——訊息發送者，想要表達你的想法或感覺。

　　你要做的第一件事是把你的想法和感受轉化為他人能了解的符號（通常是口語的形式，但也包括非語言的信號）。這樣的歷程就叫作**譯碼**。通常要找到可以精確表達你的想法及感受的符號是不容易的。第二個步驟是**發送訊息**。發送訊息的方式有許多種，如透過信件、電子郵件、電話、便條、口語、觸摸、動作、手勢及臉部的表情等。當你把訊息傳達到接收者時，接收訊息者從他本身的經驗來詮釋你傳達的訊息，進行**解碼**。整個的歷程如**圖** 5.1。

　　圖 5.1 所呈現的歷程是單向的溝通。訊息發送者直接把訊息傳送給接收者。但是大部分的溝通應該是雙向的歷程。當最初的訊息發送者發送訊息給接收者時，接收者會有所反應。雙向溝通的歷程如**圖** 5.2。

　　最有效的溝通是訊息接收者解碼的內容與訊息發送者的訊息一致。不過在溝通歷程中常會出現一些誤差。例如把無意的玩笑當成辱罵、把重要的請求給遺漏了，或是把建設性意見當成是反諷。

　　圖 5.2 的模式中顯示誤解可能發生。首先，訊息發送者可能在把自己的想

圖 5.1　**溝通模式**

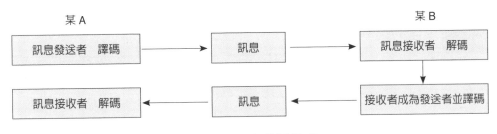

某 A　　　　　　　　　　　　　　　　某 B

訊息發送者　譯碼　　　→　　　訊息　　　→　　訊息接收者　解碼

訊息接收者　解碼　　　←　　　訊息　　　←　　接收者成為發送者並譯碼

圖 5.2　雙向溝通模式

法與感受轉化譯碼時發生困難；其次，可能因為環境太嘈雜，以至於訊息發送者的訊息無法讓接收者清楚聽到，或訊息發送者說話太小聲，而使訊息無法有效傳達；雖然非語言的線索是比較模糊的，但是文字亦可能有許多不同的意義，也可能隱含一些非發送者意圖的訊息。第三，在解碼的歷程中，訊息接收者可能因為某些因素而誤解訊息發送者的訊息，包括生理因素、個人態度、價值觀、信念、防衛機轉、刻板印象及知覺的因素，如沒有注意聽等。本章之後將針對這些影響溝通的因素加以討論。

單向溝通

有些團體和公司採用單向溝通。公司老闆或是團體領導人直接把指示、命令或是宣示傳達給其他成員，不允許成員反映他們的想法、感覺及觀點。在單向溝通歷程中，聽者的角色只是接收訊息並且依指示與命令行事而已。單向溝通的優點是訊息與指示可以很快地被傳達，老闆不用去處理聽者的關注與問題。在威權科層制度中，訊息通常經過許多階層，從上往下傳。

有許多研究針對單向溝通中訊息經過多人傳達後的問題。當訊息一層一層傳達時，訊息因為心理歷程如簡化（leveling）、強調（sharpening）及同化而變得愈來愈簡化或被曲解。首先，訊息接收者因為能回憶的訊息比接收到的訊息少而產生訊息**減少**的現象，在一些系列的訊息中，也只有少數細節被提及，少數用詞被使用。第二，有些訊息特徵占優勢，容易被記憶或**強調**，而許多重要部分反而被遺忘。第三，訊息接收者通常會因為他們的個人特質及參照架構來解釋或**同化**大部分的訊息，包括把不熟悉的事物變成熟悉的脈絡、遺漏對他們

文字的誤解

語言是符號化的，而其意義通常因人而異而非依賴文字本身。除此之外，每個字在語言中可以有很多種不同的解釋，而造成許多誤解。在此舉一個日本在 1945 年夏天的悲劇事例。在 7 月下旬時，日本政府領導人知道他們被打敗了，想要結束戰爭。當盟軍依據波茨坦宣言，要求日本投降時，鈴木首相在 7 月 28 日時通知日本新聞媒體說，他的回應是 mokusatsu。很明顯地，他的意思應該是接納此意見（to withhold comment），亦即給盟軍一個信號說日本已經準備要投降了。很不幸的，mokusatsu 這個字也可被譯成「忽略」（to ignore），日本新聞媒體匆忙地把日本首相的話翻譯成英文，而且選擇了錯誤的意義，東京電台還把這個消息播送到全世界去，說日本內閣決定忽視波茨坦的最後通牒。日本內閣對於這個字的選擇及傳播非常震怒。美國政府則在 8 月 6 日在日本廣島投下原子彈，幾天後在長崎也投下原子彈。數以百萬計的無辜人民則因此而喪生。

資料來源：William J. Coughlin, "The Great Mokusatsu Mistake," in *Looking Out/Looking In*, by Ronald B. Adler and Neil Towne, 3rd ed. (New York: Holt, Rinehart, and Winston, 1981), pp. 303-305.

來說似乎不相關的資料，或因個人的參照架構取代原有資料的意義。

指導或高壓的溝通 另一種型態包含回饋的單向溝通，McGregor 稱之為**指導**或**高壓**的溝通。在此種溝通型態中，主席給一個訊息，團體成員有機會獲得澄清，此回饋作用僅限於用來確認成員對訊息了解的程度。當主席認為成員已經充分了解所傳達的訊息時，溝通便停止。這種型態的溝通模式是假定主席對議題的看法是團體或組織中最適切的。指導或高壓的溝通模式比簡單的單向溝通稍好的地方，在於多了一個確認成員是否了解訊息的歷程。

單向溝通的問題 單向及指導性的溝通存在一些嚴重的缺點。有些團體成員可能具有建設性的意見足以改善團體的成果，但是因為沒有溝通的管道，好點子可能因此不被納入或考慮。再者，訊息的一些重要細節可能因為不同層級之間的傳遞而遺漏或被曲解。這些曲解可能造成科層體制中的各層級的理解不一

致，無法有效執行領導者的指示。此外，當團體成員缺乏機會參與決策時，其團體士氣與成員執行指示的投入度將會降低。美國過去的公司經營主要的缺點在於他們通常採取單向溝通歷程。日本公司通常以最低的成本生產高品質的產品，有部分的原因在於他們提供工人與管理者之間的雙向溝通管道。在日本公司裡，工人通常確認他們關注的，而且在定期的管理會議中提供改善產品的建議（現在許多美國的公司也開始執行工人與管理者間的雙向溝通）。

雙向溝通

有一些團體運用雙向溝通，讓所有人都可以參與。透過雙向溝通的互動有許多好處。由於少數人的意見被鼓勵而且經常表達，雙向溝通可以增進凝聚力、團體士氣、信任及開放度。衝突與對立可以透過高品質的方式解決，因為所有成員的資源與想法都可以集結起來。雖然雙向溝通比單向溝通更有生產性也更有效，但卻需要花更多時間。

雙向溝通的問題　權威結構影響雙向溝通，因為上位者通常說得比較多，而且訊息是直接傳達給地位高的人。通常擁有較少權力的人比較不願意冒險且避免直言，因為他們擔心直言後果。高權力者不希望顯示他們的缺點，擔心被看到弱點而失去他們的地位，在高位者也有降低誠實性與開放溝通的趨勢。

當成員之間在地位及權力方面有極大的差異時，必須建立一種合作的氣氛，鼓勵所有成員的全面參與。如果要團體進行得有效能，團體規範必須強調，所有團體成員的意見與觀點都是有價值且重要的。

5.1 練習　單向溝通的情緒影響

目標：此練習目的在於協助你了解單向溝通的情緒影響。

1. 描述一個人（或許是雇主、家長、老師）對你進行單向溝通的情境。
2. 當你不被允許表達你的意見、不能分享你的想法、不能問問題時，你的感覺如何？
3. 如果別人以單向溝通的方式告訴你去做什麼，你會去做嗎？

知覺

　　讓我們回到本章一開始所呈現的溝通模式。當溝通的範圍裡出現偏差時，往往是因為接收者對訊息發送者的知覺（perception）。接收者知覺訊息不只是靠發送者的編碼歷程，也受到接收者本身的解碼及詮釋影響。例如，接收者可能在發送的訊息上**加上訊息**。如果一個異性的學生告訴你：「你今天看起來非常好。」你可能會解釋成說這個發送者真正說的是：「我想跟你來點浪漫的事。」接收者也有可能**沒有完全了解**發送者所說的內容，就像大學生可能沒辦法完全掌握資深學校成員所講的複雜而抽象的演講細節。最後，一個接收者可能因為沒有聽清楚而**誤解**部分的訊息。

　　一個接收者所知覺到的就**變成訊息**。這些訊息可能全然正確、部分正確或完全不正確。一個墨跡測驗顯示，個人在定義不清或模糊的溝通中的知覺有很大的差異。任何發送者的訊息是決定於接收者的經驗、需求及發送者正確的訊息。因為一個接收者的反應往往是他所見、所聽**及**當時所發生的綜合知覺，而兩個人幾乎不可能知覺到一模一樣的東西。此反應歷程可以簡單的以**圖 5.3** 的三角形數量來表示。

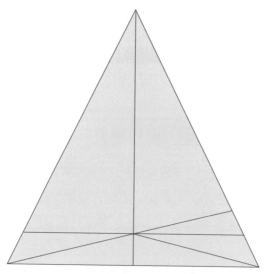

圖 5.3　你可以算出多少三角形？

你所數的三角形的數量將依你對三角形的定義及你觀察此圖形的角度而定。有人算一個三角形，有人算到二十個三角形。很明顯地，更複雜的訊息更難正確的詮釋它。

知覺的歷程

　　由於接收者暴露在比自己能處理的還要多的訊息中，知覺將與個人經驗中有意義的部分結合。這個歷程的第一步是**選擇**認為重要而足夠解釋的資料。

　　許多因素導致接收者選擇特定的訊息而忽略其他的。例如，刺激比較**密集**時，就會引人注意；一個人在聚會中大聲地笑，通常會比那些安靜的人獲得更多的注意。**重複出現的**刺激也會引起較多的注意，廣告就經常運用此策略。例如，Smokey the Bear ——提醒人要注意避免森林大火——透過不斷地廣告，已經變成一種象徵。**改變的刺激**也會吸引注意，持續的汽車經過的嘈雜聲可能被忽略，但是一些不尋常的聲音常會受到注意。**動機**也會決定將從環境中選擇哪些訊息。如果一個人在旅途中感到飢餓，他會比較注意到食物及餐廳的廣告招牌。如果一個人在某個領域有興趣或成為專家，他會觀察到一些重要的訊息。一個對某特定主題較為敏感的，也會對這個領域的一點批評加以注意。

　　知覺歷程的第二個步驟是以有意義的方式**組織**訊息。人常會以他偏好的理論來解釋一個特殊的行為。如果我們了解心理分析理論，我們可能會以心理分析理論來解釋或了解行為的意義。如果我們了解認知行為理論的原則，對於同一個行為的解釋可能會非常不一樣。一個心理分析者可能會說，一個單親懷孕的婦女有一種潛意識的渴望（如想去傷害她的父親或母親），引導她成為懷孕者。相對的，認知行為論專家可能說，她決定有性行為是因為相信預期的回饋比潛在的結果還多。

　　團體成員通常選擇重要的來記憶與反應及組織資訊，以便解釋與回應。在組織的歷程中，過去的經驗、人類行為知識、信念、價值、態度、刻板印象及防衛機轉，都會引導個人去聽到及看到他們想要的。對於支持個人觀點的資訊通常會被記得，而可能迫使個人去質疑他們特定的信念與態度的訊息會被忽略或遺忘。

生理的影響

每個人因為一些生理因素的影響，都以各自獨特的方式來知覺這個世界。雖然只有一個世界存在，但是每個人因為自己知覺裝備的不同，對於世界的感知也會有所不同。

味覺　人的味覺的感受有許多不同的變化。雖然有甜、酸、鹹、苦四種基本型態的味覺，可是味蕾的變化很大。由石蕊試紙及 PTC（phenylthiocarbamide, 苯硫脲）的實驗顯示，味道可能是甜、酸、鹹、苦或是都沒有味道，端看是誰來品嘗。食物是否美味的爭論及討論，常關注於哪種食物吃起來比較好吃，可是最簡單的事實是，即使是同樣的食物對不同的人來說，可能有不同的口感。

嗅覺　嗅覺一樣有許多變化。香水對某人來說可能是愉悅的，但對另一個人來說可能是厭惡的。像這種知覺的差異也會影響溝通。

溫度　對溫度的感受變化也很大。有些人在華氏七十度時可能會流汗，但是有些人卻仍覺得寒冷。當一個人發燒時，對理想溫度的感受也會改變，且可能對於辦公室或家裡的溫度經常覺得不適合。

聽覺　嘈雜的環境（工廠、搖滾樂、俱樂部、機場）使聽力喪失，而聽力損害的人容易遺漏團體中的一些溝通部分。他們經常被迫要去猜測他們無法聽到的聲音、讀唇，及觀察非語言的溝通。

視覺　有色盲、遠視、近視或視力受損的人在知覺物體時，會明顯地異於視力佳的人。Sherri Adler 簡短地描述了她的弱視如何影響她與她的丈夫（Ron）的溝通：

> 自從我認識 Ron 以來，我們曾有幾次因為視力的差異產生溝通上的問題：他有非常好的視力，甚至當我戴隱形眼鏡時，他仍然看得比我清楚。
>
> 幾個夏天以前，我們開車到科羅拉多。當他持續在一個兩線道的窄路上超車時，我非常生氣（且害怕）。而他則對我生氣，因為大約有三十分鐘的時間都是跟隨在慢車後面而沒有超車。當我解釋說我無法像他一樣看得那麼清楚時，我們才發現，原來我們看東西是不一樣的，如果我照他的意見開車，我們的安全將受到威脅。

其他生理的因素　其他生理的因素也會影響我們的知覺。如果我們很放鬆且有足夠的休息，對於朋友對我們的玩笑就會視爲是一種幽默，而且會笑得很開心。但是如果我們生病，有高度的壓力、疲乏的、累的、餓的、渴的或幾乎睡著的，同樣的玩笑可能就不覺得好笑了。這些生理因素對我們的知覺及我們如何看待他人，都有重要的影響。對於一些女人來說，月經的週期影響她們的心情與知覺，也影響到溝通。有證據顯示男人也有四到六週的高低生理週期。男女性在一天中在性慾、體溫、靈活度、壓力的忍受度、心情上都有些變化，大部分是因爲荷爾蒙的變化。因爲這些日常的變化，所以每個人生產性的重要時間也有所不同。

社會心理的影響

　　社會心理的因素包括防衛機轉、信念、態度、價值與刻板印象，都會影響到我們所知覺的。

防衛機轉　防衛機轉是一種想要避免或逃離一個痛苦的環境如焦慮、挫折、受傷或後悔的企圖。一個人的防衛機轉的產生，通常是在個人面對的資訊與他個人的自我意象有衝突時。防衛機轉維護個人的自尊、個人的自我概念及減少錯誤、損失與後悔。一般的防衛機轉簡要地摘述如下：

　　合理化：一個最平常的防衛機轉就是合理化，一個錯誤解釋的邏輯發展，但可以保護個人的自我概念。團體成員中使用此機轉者相信他們所編造的理由。例如一個學生考試失敗，可能會說是教學不好或課堂外的工作太多，而非認知到眞正的理由是不認眞。

　　投射：使用此機轉，團體成員會無意識的把他們不被接受的想法及衝動歸因於他人。例子可能是一個藉由使他人變差而使自己變好的人。心理學上，這個他並不承認自己有這種自私的動機，所以他把自私投射到他人，因爲他相信他們正試著使他看起來更差，判斷他自己負向的行爲。

　　否認：一個人可能藉著否認或拒絕事實而逃離精神上的痛苦。當人們面對一個嚴重的失落時，在最初可能傾向於否認。例如，一個人可能會否認一個愛他的人已經過世。許多酗酒者都會否認他們有酗酒的問題。

反向行為：團體成員可能表現出反向行為來避免面對一個不愉快的事實。一個人如果生氣或無法認同他人時，會反應出好像沒有什麼事發生一樣。運用這種反向防衛機轉，憂傷寂寞的人可以過得好像他們總是有聚會、開心及說笑。有些人在悲傷的葬禮中也會表現得好像什麼事都可接受一樣。否認的防衛機轉通常包含在反向行為裡，當個人尋求去否認痛苦的事實、事件或感覺時。

補償：這個機轉包含藉由創造一個真的成就或想像的優勢，來補償真實的或想像的缺點或自卑感。近日離婚的父親可能藉由買貴重的玩具給小孩，來減低孩子的悲傷；而婚姻不愉快的大學生可以把他們的精力投入學習研究，來避免處理婚姻問題；那些在生涯或生活上失敗的人可能藉由酒精與毒品，來使他們的生活興奮起來。

認同：當你七、八歲時，你可能有你崇拜且想模仿的英雄。有一些成人會在特定情境裡隱藏他們真正的感覺，而模仿他們欣賞的對象。這個機轉的問題是人會專注在認同的對象，而無法真誠地反應情境，他們否認他們自己真實的感覺，而扮演他們認為是偶像的人的行為。

幻想：此機轉包括使用幻想來減緩實際的苦痛。它並不罕見，例如，對於一個不快樂的養子可能會幻想，他的親生父母目前是很辛苦但卻是喜愛他的，有一天就會來解救他。每一個人都會做白日夢，但大部分人都會很快回到現實，但是有一些幻想者會持續較久且有分心的情形。例如我之前的一個個案就認為，他可以把女屍移回家裡，就能讓他生病的母親重生。在挖掘幾座墳墓之後，他就被捕了。

退化：有一些成人遇到困難或是生病時，就會退化到孩提時期或表現得像孩子一樣，以期待獲得更多的照顧與注意。當一些特定團體面臨失敗時，他們流眼淚以獲得原諒。

孤立：孤立指的是原來有關係的物體（如想法、經驗與記憶），卻表現出好像沒感覺的樣子。此機轉可以使個人脫離焦慮、慚愧與懊悔。例如一個人使用此機轉在討論他的暴力行為時，顯示沒有感覺的樣子。

移情：此機轉的產生是在當敵意或攻擊的感覺出現，針對比較安全的事物而非導致事物原因的對象。例如一個先生在工作上有所失意時，可能在言語

上或身體上虐待他的太太、孩子及家裡的寵物。

消除：當一個人對一些行為或期望感到懊悔時，她可能會以一種相反的行為與期望的態度，來消除她的懊悔。典型的例子是一個不忠的配偶可能會把他的注意力轉移到他的同伴身上。

5.2 練習 運用防衛機轉

目標：此練習在於協助你對防衛機轉有更多的了解。

1. 閱讀本節所提的防衛機轉的清單。列出你記得某人曾經使用過的防衛機轉清單。寫出每個人所使用的並描述他如何使用此防衛機轉。

2. 列出你記得自己曾經使用過的防衛機轉清單。寫出每個人所使用的並描述他如何使用此防衛機轉。

雖然每個人使用防衛機轉來處理自己不愉快的情境，但是當實際的情境被嚴重曲解時，防衛機轉可能變得具有破壞性。以下的例子顯示防衛機轉如何嚴重的曲解訊息（此例子中的名字已經更改過）。

Nystrom 博士從其他大學到中西部的一個中型的大學負責社會工作部門。學期開始後三週，三個學生來找 Nystrom 博士抱怨新進的 Weller 博士的教學。Nystrom 博士請學生把他們的意見反映給 Weller 博士，但學生希望能匿名。之後，Nystrom 博士請學生再確認他們的問題，接著他告知 Weller 博士有關學生的意見，而 Weller 顯得很吃驚，話也說得很少。

隔天，Weller 博士衝進 Nystrom 博士的辦公室說：「我的教學是好的，昨天晚上我花了整晚的時間來釐清到底發生了什麼事，結果我發現我的教學沒有什麼不當的地方。我發現是你使學生對付我。」（這是合理化與投射。）Nystrom 博士無法說服 Weller 博士，讓她了解他並沒有鼓譟學生去反對她，而他們的關係因此惡化。從那時起，Weller 博士認為 Nystrom 博士想要使她離職。Weller 博士持續接到不佳的評鑑結果，但都會加以合理

化，如健康不佳且說系上的教職員都叫學生反對她。這種偏執已經對系上的道德規範產生不良的影響。

助長防衛的溝通　Gibb 發現我們對一些特定的溝通會有防衛性的反應，而且防衛是**相互的**。如果訊息發送者有防衛性的反應，收受者也會有防衛性的反應，也會再增強訊息發送者的防衛性。Gibb 歸納出六種可能增加防衛機轉的訊息類型：評鑑性的、控制性的、操作性的、漠不關心的、優越性的及確定的。

任何被知覺為**評鑑的**或**判斷的**訊息會增加接收者的防衛。當一個人被評鑑或被評分時，他會覺得是被監督的。相對的，沒有抱怨的溝通會減低防衛。

控制行為或思想的溝通也會增加防衛。例如，當一個店員很積極地嘗試推銷產品時，許多顧客會顯出防衛的態度。Gibb 指出，當訊息發送者表示出分享問題解決的誠意時，防衛會降低。例如，「讓我們找出一個有利於雙方的解決方案」。

當某人發現有人意圖**操控**他時，防衛也會增加。因為人們比較喜歡被直接告知做哪些事，而不是被騙去做某些事。操控性的溝通會導致不信任與防衛。雖然誠實的請求不一定總是得到正向的反應，但是它會引導至更開放與更誠實的溝通與支持。

對其他人的感覺與想法**漠不關心**，意味著參與的人是不重要的且傳達缺乏關注，會引起防衛的機轉。防衛機轉可以讓接收者維持他的價值感，而忽視其漠不關心的感覺。Gibb 發現同理可以降低防衛，而且比漠不關心更有利於彼此的關係。

當有人以**優越的**態度對待我們時，我們通常會感到生氣，把那個人趕走或是使用防衛機轉來維持自己的尊嚴。有一些人會讓這些人的優越性減低。在**平等的基礎**上建立關係更有助於開放、分享及降低防衛。與學生維持較為平等關係的教學者，比運用知識與地位壓制學生的教學者，使用較佳的教育及溝通方法。

最後一種增加防衛的溝通型態是**確定性**。此型態包括那些認為他們的做事方法是**唯一**方法且他們有所有答案的人。Gibb 提到那些努力去展現自己的確定

性的人，通常覺得沒有安全感且不優越，他們的確定性是一種反應的型態。此案例中，降低防衛的方法是對新的資訊保持開放的態度及溝通理念。

　　防衛也許是有效溝通最大的障礙，所以應該避免。資訊的傳達應該以不會造成傳送者與接收者防衛的方式進行。

5.3 練習 防衛溝通

目標：此練習是要幫助你了解提高防衛的溝通類型。

依下列的溝通類型，描述某人以此種方式與你溝通時，你的情緒反應。

a. 評鑑或判斷的溝通：

b. 控制你的溝通：

c. 操控你的溝通：

d. 漠不關心的溝通：

e. 優越而意味你是低下的溝通：

f. 確定性的溝通：

信念、態度與價值　個人會運用他們的信念、態度與價值來選擇、解釋及組織訊息。一個團體中受歡迎的人的評論會受到更多的注意與支持，反之，不受歡迎者則比較容易處於被反對的地位。有時候一個團體成員會不喜歡另外一個人主動投票反對他人，即使是那些對他有直接利益的人。

　　信念與價值在溝通中的重要性可以以一些例子來說明。如果父母親很保守且反對異國婚姻，可能也會反對異種間的約會。一個反對墮胎的羅馬天主教的信奉者可能對支持此觀點的演講者感覺親近，但會被那些主張有選擇性的人排斥。當有人認為他們的宗教比自己的優異，才是真實的宗教時，具有熱切宗教信仰的人會感受到威脅。最後，不同性別價值觀的人通常避免跟他人討論性別的問題。

　　信念在知覺上有重要的影響，有時候會導致不正確的訊息解釋。例如，有

些人錯誤地相信其他人常想控制他們或讓他們失敗。在這樣的信念系統下，他們會傾向於錯解一般的說明，直接跳到結論而變得防衛。開放與誠實的溝通不太可能產生。這種訊息的錯解型態也被稱爲**個別化**訊息的傾向。

刻板印象　刻板印象是對一個團體的固定心理印象，且被應用到所有的團體成員。刻板印象可能部分是正確的，也有可能完全錯誤。你可以思考你對下列詞彙的心理意象，來發現你所有的刻板印象：男子漢、幸福的媽媽、警察、同性戀者、身障人士、反對者。面對這些詞，你可能都會對這些人有一個心理圖像，像是這些人的生活型態、價值、興趣與態度的想法。當你首次與其中的人互動時，你會依之前知覺的期望來反應。例如，如果你不信任或害怕警察，可能會被你所說的控制住，且會在遇到警察時，想盡快結束此互動。

 ## 自我揭露

　　當我們溝通時無法全然被了解的原因之一，是我們並沒有全然地表達我們的想法與感受。我們通常會猶豫到底應該分享多少自己的想法與感覺。自我揭露的優點與限制有哪些？

　　自我揭露定義爲「愼重地把與自己有關且他人不知道的重要訊息呈現出來的歷程」。有些人是過於揭露自己的人，不是談得太多，就是沒有在適當的時間談太多有關自己的事。例如一個學生的社會工作社團正在討論一個年級的新課程計畫，學生如果談論他對自殺的看法就不適合。較少揭露者（underdisclosers）不太希望別人很快地了解他，有時候很少談論他們自己，即使情境需要。較少揭露者會鼓勵他的朋友分享他們的個人關注，但卻拒絕談論自己個人的問題。適切的揭露者則是指在適當時機適切地揭露自己的人。

　　Jourard 曾提到自我揭露可能面臨的危機。他說：「當你允許你自己被知道時，你不僅讓自己暴露在喜愛你的人的情境中，同時也可能受到憎恨者的攻擊。當他知道你以後，他就會知道在哪個位置能得到最大的利益。」自我揭露的危機包括隨後的批判、被嘲笑、被反對、被拒絕，及可能會被他人運用你的資訊來反對他人。如果一個學生坦露說他有喝酒的問題，可能有的危險是班上

的同學會把這個資訊告訴雇主。

　　人因為許多的原因而無法適當地揭露自己。有的人害怕與他人過於親近，或是被拒絕、被批判，或是為自己的想法、感受或過去的行為感到難為情。在一些特定的情境中，揭露會使得團體成員有改變的壓力。例如，有人可能很不情願地承認自己有喝酒的問題，因為他知道如果他承認這個問題，可能有要他放棄喝酒的壓力（但那是他不想要的）。Jourard 認為，自我揭露對心理健康與成長是有必要的，因為一個人除非了解他們自己，否則很難扮演好他們自己。透過自我揭露可以了解更多的自己。反之，那些抗拒自我揭露的人可能無法面對自己有問題的部分。

　　如果想法與感覺沒有分享出來，可能無法精確地溝通他真正的想法與感受，而無法真正被了解。有意義的誠實與開放的關係，是奠基在與那些可以接納真我的人的自我揭露上。一個親近、有意義的關係應該建立在相互的自我揭露上。

　　是否自我揭露可以參考以下簡單的原則。當潛在的利益比潛在的危機大時，可以自我揭露；當潛在的利益與危機很難做判斷時。一個治療團體的領導者當訊息有益於團體成員時應該自我揭露。例如當一個成員有喝酒的問題時，領導者如能分享他喝酒的經驗，能提供有用的訊息，且能增進其他受到喝酒問題困擾的成員彼此間的關係。相對的，如果領導者正因為某事而陷入情緒的困擾中，最好**不要**自我揭露，否則團體成員可能會把他當成是一個個案而非治療者。如果一個受暴團體的領導者哭訴他受暴的經驗，成員可能會覺得他無法客觀地處理他們的問題。

　　重要的是要了解自我揭露有層次上的差別。你不需要把所有的事情都告訴別人。你可以分享一些觀點、感受、想法與經驗，而保留可能導致危機的資訊。藉由觀察接收者的反應，發送者可以決定是否分享更多。

　　揭露的內容應該與接收者目前的關係具有重要性。例如一個羅曼蒂克的關係可能因為過去性關係的揭露而破壞。大部分人知道他們的伴侶之前有過性經驗，但沒有人想聽到那些親密的細節。

5.4 練習 自我揭露後的良好感覺

目標：此練習是幫你了解有時候自我揭露是有益的。

1. 敘述一些你曾自我揭露的個人事件及之後你覺得那樣做是適切的，再說明為什麼你覺得那樣的揭露是愉快的。

2. 並非所有的揭露都是有益的。說明你對何時應自我揭露、何時不適合揭露的想法。

周哈里窗

Luft 和 Ingram 發展了一個團體中自我揭露的圖像模式，叫**周哈里窗**（The Johari Window）（取自作者的名字，Joe 和 Harry）。**圖 5.4A** 代表你所知道自己的一切，包括你的需求、不喜歡的事物、過去的經驗、目標、期望、秘密、信念、價值及態度。無論如何，你不可能知道有關自己的任何一件事。你知道一些事情但對其他事情並沒有察覺到，如**圖 5.4B**。此外，此架構可以分開來顯示別人知道你及不知道你的部分，如**圖 5.4C**。

把圖 5.4 的 B 和 C 的部分結合起來，就得到一個周哈里窗，如**圖 5.4D** 周哈里窗把所有有關你的事物分成四個部分。D 的 1 的部分是你自己的**公開**領域，也是你自己和他人都察覺的部分。此領域也被稱為「公開的我」（public self），因為它呈現他人知道你的部分。2 是你的**未察覺**的部分，表示他人了解你但你自己未察覺的部分，又叫作「欠佳的跡象」（bad breath）領域，因為別人知道你可能有哪些不良的行為，可是你卻不知道。3 是**隱藏**的領域，是你知道但他人不知道的部分。此部分被稱為秘密（secret）領域，因為你知道所有有關你自己的事物可是你沒有告訴他人。4 是你的**未知**領域，表示你不清楚別人也不知道的部分。周哈里窗可以依個別的差異把界限做調整，以適合個人的人格特質描述。例如，**圖 5.5** 的周哈里窗呈現的是一個對他自己很清楚卻隱藏許多訊息不讓別人知道的人。

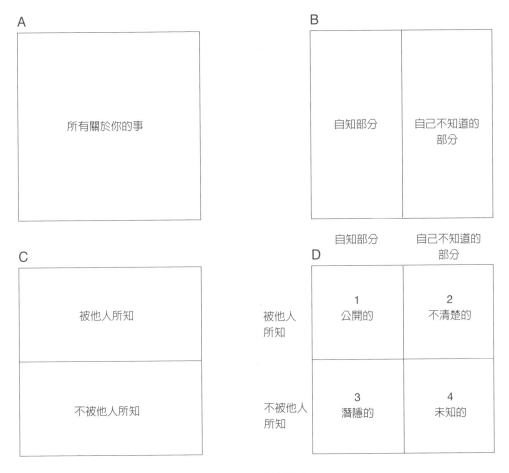

圖 5.4　周哈里窗

　　團體的溝通遵循特定的原則。起初，團體成員傾向於自我掌控，較少自我坦露，所以他們的周哈里窗的第 1 個部分是較小的。成員藉由少說話、給予短的回答及對他們的表現小心謹慎來測試團體的行為規範。但團體持續後，團體成員會顯示出更多的自我。團體的一個共通特徵是環境會逐漸變成成員覺得安全及被保護的情境。當信任感形成以後，成員會揭露更多自己生活的個人面向。當秘密的、私人的資訊被公開以後，1 的部分會變大而 3 則會變小。

　　周哈里窗的一個重要特徵是只要其中一個面向改變，就會影響其他面向。

	自知	自己不知道
他知	1 公開的	2 未察覺
他不知	3 潛隱的	4 未知的

圖 5.5　周哈里窗呈現潛在的人格特質類型

例如，當更多個人資訊被分享時，1 就會變得更大，而 2 就變得小些，因為他人由他自己更多的自我揭露而知道更多的個人資訊。3 可能變得小些因為他人提供回饋，使自己不知道的領域變小，因為自己了解自己更多了。透過此種自我揭露與回饋的歷程，個人未知的部分會被發現，而使得 4 的部分變大。

周哈里窗的應用是如果分享的資訊愈多，他人知道的也愈多，回饋也愈大。此回饋通常會引導更多的自我覺察，更多的自我分享及更多其他人的分享。

必須小心的是自我揭露通常要逐步進行。如果第一次的自我揭露被接受，個人會覺得很安全而願意坦露更多。想要藉由立即的洩漏所有的個人秘密及隱私來建立關係，是一種錯誤。除了揭露的訊息可能有被用來反對自我揭露者外，也有可能因為太過於急切地坦露自己，而把他人給嚇跑了。

5.5 練習　周哈里窗

目標：協助你了解如何畫周哈里窗。

1. 再一次閱讀周哈里窗的教材。選一個你很熟悉的人，幫他畫出周哈里窗。
2. 畫一個代表你的周哈里窗。
3. 歸納這些周哈里窗所代表的意思。

如何有效溝通

為了避免斷章取義，每一個人都試著有效地傳送訊息。此段落有許多建議提供給訊息傳送者與接收者，以改善溝通的歷程。

發送者

如果非語言的及口語的訊息能夠一致，接收者就能較佳的解釋訊息。當非口語及口語的訊息不一致時，雙重或相斥的訊息會被傳達。訊息必須要完整且明確。如果你必須要求某人幫你忙，通常必須說明理由，且要把你的要求明確化。模糊與不完全的資訊通常會被誤解。

你可以用「我」來顯示你對你的想法和感受負責。如果一個人傳達訊息時，以「某人說」或「大部分人覺得」來開始，就很難判定是否他們如此思考與感覺，或是他只是簡單地重複他人的想法與感受。

每一種訊息應該以適合接收者的參照架構的方式來呈現。例如當你在對一個孩子解釋周哈里窗時，所用的詞就要跟對你的同學有所不一樣。另外，利用講義、圖片及文字訊息來輔助口語的表達，將有助於接收者的了解。當你不確定對方是否正確的接收你的訊息時，可以要求回饋。

在表達你的關注時，要以非抱怨的方式而非判斷的或評鑑的語詞。判斷或評鑑的字詞會引起別人的防衛。注意「我因為你剛剛所說的感到挫折」與「你總是讓我跌到谷底」之間的重要差別。前一個有助於溝通，後一個則會引起防衛。

干擾有效溝通的物理因素包括排排坐的座位安排、聲音不清楚及室外的嘈雜噪音、不適當的室溫、不佳的燈光、不舒服的椅子及太少的討論議題時間。把這些溝通的障礙減到最低，將提升發送者與接收者間溝通的正確性。

接收者

當接收者當面接收訊息時，溝通就終止。接收者應該問問題以澄清發送者的意圖及理由，而非一下子就做出錯誤的結論。要做到澄清的部分，可以簡述

發送者的訊息說：「你是說……」或是「你覺得……」。如果接收者立即反應說不是，發送者可能變得很小心且防衛，而干擾開放與誠心的溝通。必須記得的是，當你可以正確地覺察到發送者的訊息**之後**再發表意見，會有助於溝通。在解決爭論時，領導者可運用**角色互換**原則。接收者可以再一次陳述發送者的想法和感覺，在表達自己意見之前得到發送者的認同。接收者應該用他自己的話來表達發送者的感受與想法，而不是只有模仿發送者的話。在表示贊成與反對前，接收者應把自己置於發送者的角度，以便了解發送者所思所想。

社會工作者應該覺察到一個發送者可能無法把他的感覺與意義說得很清楚或完全。發送者有可能選擇不適當的文字或使用模糊的文字。例如「我關心你」這句的意思，可能是從「我關心你就像我關心人們一樣」到「我已經愛上你」。在這種情境中，以一種非抱怨、非評鑑的方式問問題以尋求進一步的澄清，是非常重要的。

傾聽技巧

要達到有效的溝通必須發展好的傾聽技巧。但是許多人都只關心他們自己的興趣與關注，當別人跟他們說話時，往往因關注自己而分心。Kadushin解釋，為什麼訪談者很難發展良好的傾聽技巧。

口語溝通的本質呈現一種特定的危險，使得訪談者很容易不專心。此危險來自於一分鐘內所能說的字數與那時間內可被吸收的字數之間的差距。思考比言語速度快。口語的表達平均速度大約每分鐘一百二十五個字，但是我們可以每分鐘閱讀或理解三百至五百個字。所以在口語溝通中有許多的時間是空白的，而那當中聽者很容易分心。聽者開始與自己說話來填補空檔時間。聽內在的獨白與外在的演講可能同時發生，有時候獨白還會占去外在聽講的時間。訪談者於是陷入自己的幻想——計畫、沈思與夢想中。

Kadushin提出一些如何做到有效傾聽的建議：

與其在說話較慢時被空餘時間所占有，好的訪談者應該利用其時間來提升傾聽的效能。聽者把焦點放在受訪者，但是可以運用說話之間的空檔來使訪談、檢視、聯結、提問的進行更為有效率：我現在聽到的和以前我所聽到的有何相關？它如何修正我之前所聽到的？它如何與之前的有所衝突、支持、使它更容易了解？我將會預期下次聽到什麼內容？哪些是我可能漏聽而需要再問的？他想告訴我的是什麼？這些訊息是否還有其他的意義？他告訴我這些的動機為何？

積極傾聽

Thomas Gordon 發展出四種改善溝通的技巧：積極傾聽、我一訊息、價值衝突及萬無一失的問題解決。萬無一失的問題解決將在第六章說明。

積極傾聽應用在問題的傾聽上。一個治療團體的成員說：「我很胖且很醜——我的所有朋友都已經有男朋友，只有我沒有。」對於此種情境，Gordon 建議團體領導者（或其他成員）運用積極傾聽。積極傾聽的步驟包括訊息接收者試著去了解發送者的訊息意義或他的感受，然後接收者把此理解以自己的話複述一遍，以確認發送者的意思。反應之前的陳述的積極傾聽表現可能是：你很想有一個男朋友，可是沒有，你覺得原因可能和你的外表有關。積極傾聽的反應包括**反應情感**或**內容的再一次陳述**。

Gordon 提出許多積極傾聽的優點。它可以提升責任感，使問題面臨者的問題解決能力增強。藉由問題的談論而非只是思考，人會更願意確認解決問題方法的根源。當一個人覺得他人願意傾聽時，他在之後也會樂於聽別人說。此外，團體成員間的關係也會改善，因為當成員覺得他們被聽到、被了解時，他們對他人的正向情緒也會增加。最後，積極傾聽幫助一個人去探索、認清及表達他們的感受。

當初次使用此技巧時，接收者可能會犯一些錯誤。一是接收者可能用此技巧去引導有問題的人找到符合接收者想法的解決方式。而發送者會覺得有被操弄的感覺，解決方法可能缺乏創造性。第二種錯誤是重複發送者所說的話，

中輟中心團體集會的積極傾聽示例

十六歲的青少年：我討厭上學，我不想再去上學。

諮商員：你對學校所發生的事情感到不快樂而想中途輟學。

青少年：是！我的家庭生活很混亂，但學校生活也沒好到哪裡去。

諮商員：家庭與學校生活都不是過得很好，讓你覺得很失望。

青少年：有時候像現在，我覺得很想放棄。我已經很努力想使家裡與學校的事情變得更好。

諮商員：你覺得很不好，因為事情並沒照你的而有所改善。

青少年：是！像我昨天帶回家的英文考卷了F。

諮商員：你覺得非常不滿意，尤其是你的英文成績。

青少年：自從家裡不安後，我的成績就開始退步。

諮商員：你覺得你在家裡的問題可能影響你在學校的表現。

青少年：我並不是真的覺得那樣，但我猜可能是。因為已經有好幾週的時間，我無法專注於學校的課業。

諮商員：你覺得因為家裡所發生的事情使你無法專注學習，而導致你的成績下滑。

青少年：我想我在學校時應該更專心在課業上。我想如果我跟我的一些老師談，使他們了解我的處境，他們可能會更了解我。我想我並不是真的想輟學。

而非依據其感覺與意義改說。例如，如果一個成員對團體領導者狂吼：你是蠢人。一個適切的反應必須是：「你對我很生氣」，而非「你認為我是一個蠢人」。

我—訊息

當某人有問題時也可以運用積極傾聽。當其他團體成員為你製造問題時，許多運用的時機即出現。例如另外一個團體成員可能對你惱怒或批評你，你可能保持沈默或送出一個「你—訊息」。有兩種你—訊息：一種是**解決**的訊息，另一種是**貶損**的訊息。解決的訊息通常是命令、指導、指示、警告、威脅、說教、道德勸說或建議。貶損的訊息通常是埋怨、判斷、批評、荒謬、中傷。

你一訊息的例子包括：「停止」、「不要做」、「為什麼你不好」、「我恨你」、「你應該知道更多」。

Gordon 認為我一訊息比較好。例如，如果一個成員大聲地在桌上敲筆，我一訊息可能是：敲鉛筆的聲音讓我覺得不喜歡。此例子也顯示，在發送我一訊息時不一定會用到「我」這個字。

我一訊息本質上是非抱怨性質的，它只是用來溝通訊息發送者相信接收者已經影響發送者。我一訊息並沒有提供解答也沒有批評。下面的例子用來說明如何形成我一訊息的句子：發送者對接收者說：「當你＿＿＿＿＿＿＿＿（發送者確認令人不愉快的行為），我覺得＿＿＿＿＿＿＿＿（發送者描述他的感覺）。」

你一訊息通常會有不良後果，因為人們不喜歡被命令或被批評。你一訊息往往會造成涉入的人的持續爭執。

相對的，我一訊息更誠實地溝通行為的效果。我一訊息更有效，因為它幫助其他成員為他的行為負起責任。我一訊息表達你信任你的團體成員會尊重你的需求，而建設性地處理此情境。我一訊息比較不會製造爭論，會提升誠實度、開放及團體中的友好關係。

5.6 練習 學習使用我─訊息

目標：協助你學習建構我一訊息。注意：此活動與之後的課堂討論關係密切，不管你的嘗試是否符合我一訊息的規準。

陳述一個你可能使用的我一訊息：

a. 你和某人一起在車內，其中一個人開始抽煙。因為健康的理由，你不喜歡暴露在二手煙的環境中。

b. 你搭到一個開快車而且不顧一切地往前開的人的車，你很擔心可能發生意外。

c. 你試著想睡著，它已經是清晨三點而且早上有兩個考試。鄰居公寓有人把他的音響開得很大聲。

必須注意的是，我─訊息只有在接收者不要他的行為去影響發送者的訊息。如果接收者不想讓發送者覺得不舒服，接收者了解到他如何影響發送者行為時，會尋求方法以改變他的行為。無論如何，如果接收者覺得使發送者感到不舒服是喜歡的事，發送者所使用的我─訊息就**會增加**接收者建議的行為，因為接收者現在知道如何增加發送者的不舒服情境（我─訊息也是一種邀請發送者與接收者間對話的方式）。

價值衝突

團體成員間的價值衝突是很常見的。可能的衝突領域包括墮胎、性行為、穿著、宗教、藥物的使用、髮型、完成團體任務的認真程度。

Gordon 認為三種建構性的方式可以解決價值衝突。首先是珍視你所擁有的價值。如果你覺得誠實很重要，就要做到誠實。如果你珍視開放，自己就要做到開放。如果你的行為與你的價值不一致，就要調整你的價值或行為。如果你要成為一個角色模範，行為與價值之間的一致性是非常重要的。

第二種方式是試著成為與你有衝突成員的諮商者。有一些諮商員需要注意的事項。首先，一個好的諮商員要能了解他人是否想要聽到他的觀點。如果答案是否定的，就不要進行諮商，因為其他成員可能反應負面。如果答案是肯定的，確認你有適切的事實。然後分享這些事實使其他人了解。讓其他團體成員有決定是否依循建議的責任。如果要繼續諮商，成員必須被告知且不覺得不舒服。

第三種方式是減低價值議題緊張的方式，亦即修正自己的價值。檢視其他團體成員所持的價值，可以了解他們有什麼優點，你可以朝那些價值前進或增加對為什麼他們會持有這樣的價值的了解。

非語言溝通

不溝通是不可能的。無論我們做什麼，都是在傳達有關自己的訊息。即使在喪禮中面無表情的臉孔也傳達了某些訊息。當你在閱讀此訊息，停一分鐘分

5.7 練習 解決價值衝突

目標：協助你學習確認及解決價值衝突。

1. 描述你的生活情境中你曾和某人有嚴重的價值衝突的情境。

2. 說明此情境是如何解決的（如果它還沒有解決，請說明需要被解決的議題）。

3. 閱讀本文有關價值衝突的內容。你覺得此教材對你所經驗的價值衝突問題的解決，是否提供了較佳的方式？如果是，請指出你相信可能對你的問題最有幫助的途徑。

析當有人觀察你時，你可能會傳達的非口語的訊息。你的眼睛張得很大或是半閉？你的姿勢是放鬆的或是緊張的？你的臉部表情在傳達什麼訊息呢？你是不是偶爾有一些手勢？觀察者會根據你的非語言的線索來做何種推論呢？

　　非語言的線索通常顯露一個人試圖隱藏的感覺。身體的反應如冒汗、結巴、臉紅及皺眉頭，通常是情緒的表現——害怕、難為情或不舒服——那些人們想要隱藏不被別人知道的。藉由發展閱讀非語言線索的技巧，團體領導者可以更容易覺察到其他人的感覺，知道如何與他們更有效的互動。因為感覺來自於想法，所以顯現人們感受的非語言線索，也傳達了人們思考的訊息。

　　在文獻中，Sherlock Holmes 可以說是最會閱讀非語言線索的。在下面的摘錄中，Holmes 解讀他的朋友 Watson 的想法：

　　「我如何知道你最近讓你自己全身溼透，而且你有一個不靈活且不小心的女僕？」……

　　「其實很簡單，」他說，「我的眼睛告訴我在你的左腳鞋子裡，剛好火光照著它的地方，皮革上有六個幾乎平行的刮痕。很明顯的，它們是因為有人非常不小心在試著移去鞋底的泥土時，刮傷了鞋底的邊緣。所以我的雙重推論是你曾在極差的氣候下出門，而且你有一個典型的倫敦來的不夠細心的打雜女僕。」

 非語言溝通的功能

非語言的溝通與口語溝通互動，且能重複、替代、強調、管理及否定口語的內容。

重複

非語言的訊息可能**重複**語言的訊息。一個先生可能說他非常期待成為一個父親，而把他的快樂的預期重複顯現在他的面部表情。

替代

非語言的訊息可**替代**語言的訊息。如果你知道你的好朋友考試失敗，雖然她沒有提起，但你可以觀察她而大概知道她的想法與感覺。

強調

非語言的訊息可**強調**語言的訊息。如果你正在約會的人說她很生氣，且對你做的一些事情感到失望，她可能會握拳及比出責難的手指來強調她的感覺的強度（強調和重複是相關的，雖然強調通常包含較多的強調）。

管理

非語言的訊息可**管理**語言的訊息。從正在跟你交談的人移開視線表示，你對此交談不感興趣。

否定

非語言的訊息可能**否定**語言的訊息。一個例子是一個人紅著臉，血脈償張，皺著眉頭大聲說：「生氣！沒有啦，是哪些地方讓你覺得我在生氣？」當非語言的訊息與語言的訊息不一致時，非語言的訊息通常比較正確。當接收者知覺到非語言與語言訊息之間的不一致時，他們通常相信非語言的部分。

誤解的危機

　　雖然非語言的訊息可能顯示一些訊息，但也有可能誤導。想想其他人誤解你的非語言訊息的時刻。或許你因為剛起床不想多說話，但有人可能會以為你是在生氣或遇到麻煩。或許你在一次約會中一直很沈默，因為你很累或你正在想著最近發生的事情——是否你的行為被解讀為你對約會覺得無趣，或對彼此的關係不高興？有沒有當你陷入深度的思索時，別人誤以為你在皺眉頭？非語言的行為通常是模糊的。例如皺眉頭可能表示各種情緒——生氣、拒絕、混淆、不愉快、疲勞或厭倦。**非語言的訊息不能只當成事實來解釋，而必須當成一個線索，再配合語言的訊息決定發送者所想的與感受的。**

5.8　練習　解釋非語言的線索

目標：此練習的目的在於說明非語言的線索可能正確的解釋但也可能誤解。

1. 描述一個你曾正確解讀非語言線索的情境。
2. 描述一個你曾誤解非語言線索的情境。
3. 當非語言的線索與語言的訊息衝突時，你會比較相信哪一種訊息（語言或非語言）？

非語言溝通的形式

　　非語言的溝通有許多形式。我們由移動的方式、表情、所穿的服裝、甚至是我們居家及辦公室的布置來溝通。以下的討論檢視非語言表達的不同途徑，包括姿勢、身體的傾向、手勢、觸摸、衣服的選擇、個人空間的掌控與界限的設定、臉部表情、聲調與音高、外表與個人環境的設計。

姿勢

透過姿勢來溝通的徵兆有許多隱喻：

「他能站在他自己的雙足之間。」

「我有很大的負擔要扛。」

「她得到了許多支柱。」

「站高。」

從姿勢來取得非語言的線索包括個人整體的姿勢及其姿勢的改變。人在沒有威脅的情境中比較放鬆，但在壓力下會較為緊繃。有一些人從來沒有放鬆，而從他們僵硬的姿勢呈現出來。

身體的緊張程度會顯示出地位的差異。在地位高與地位低的人之間的互動中，地位高的人往往較為放鬆，地位低的人會比較僵硬與緊張。例如，可注意工廠成員與學生在工廠成員辦公室中的對話所設定的位階。

教師與大眾演講者通常會注意到學生或聽眾的姿勢，來了解聽眾的接收程度。如果聽眾往椅子前靠坐，表示演講進行得還不錯。如果聽眾深坐在椅子上，此演講大概變得沒效率了。

身體的傾向

身體的傾向是我們的頭、身體與腳面對或遠離某人的範圍。面對某人表示對開始或持續進行對話感到興趣，而不想面對時表示想結束或避免對話。背向（turning your back）這個詞即是在說明你想遠離某人。你記得最後一次有人以背向你來表示他想結束與你的對話嗎？

臉部表情

臉部與眼睛是非語言溝通的重要來源。因為臉部的表情是想法與感受的反映鏡。Ekman 和 Friesen 確認了六種臉部表情所反應的基本情緒——害怕、驚訝、生氣、快樂、憎惡與悲傷。這些表情被認為是可以在各種文化中辨認出來的，當人們看到這些表情的相片時，大都能正確辨認出其背後的情緒。

撲克牌玩家的非語言行為

Oswald Jacoby 觀察撲克牌玩家的非語言行為，然後把玩家分成三個等級：天真的玩家、狡猾的玩家及無法解讀的玩家。

天真的玩家通常是新手，只擁有少許的技能。當他們看起來有些擔心時，表示他們真的在擔心。當他們的手氣平平時，他會花很長時間來下賭。當他們有好牌時，會很快地下賭。但是當他們在處理不好的牌時，會看起來好像被壞的運氣打敗一樣。一個虛張聲勢的人通常會有一點慚愧的表情。當他們提高賭注，其他人則不跟。天真的玩家會由他們的身體語言顯露出他們的手氣，但對老手玩家來說卻很少顯示出來。此類型的玩家通常會較早退出此遊戲，因為他們的「壞運氣」。

大部分的玩家都是狡猾的，而且所表現出來的剛好跟他們實際感覺的相反。當他們拿到不好的牌時反而表現出自信，當他們有好牌時則表現出緊張且有些發抖，偶爾他們會表現出他們真正的想法。

難以解讀的玩家在行為中沒有表現出一致性。他們隨機地展現自信或看起來緊張，而那些非語言的訊息並不會透露他們手氣的線索。難以解讀的玩家是最成功的。

資料來源：改編自 Oswald Jacoby, *Oswald Jacoby on Poker* (New York: Doubleday, 1974).

臉部表情是複雜的資訊來源。它們可能變化很快。從慢動作的影片中發現，快速的表情能夠在五分之一秒中來去。此外，至少有八種可分辨的眼睛、眼瞼的情形，至少八種眉毛和額頭的情形，及至少十種臉的下半部的情形。多重的結合導致數百種可能的結合。因此要把臉部表情及其對應的情緒彙編成手冊幾乎是不可能的。

因為人察覺到他們的臉部表情會傳達出他們的感覺與想法，所以有時候會隱藏。例如，一個生氣但不想讓別人看到的人可能以微笑來隱藏他的生氣。在運用臉部表情解釋感覺時，社會工作者必須了解發送者可能隱藏他真正的想法與感受。

眼神接觸

當你要結束或避免一段對話時，你會從另外一個人的眼神移開視線。如果你要開始一段對話，你通常會注視接收者的眼睛。你可能會等到接收者看著你，當他做到了，就表示他已經準備好要跟你談了。

眼睛也可能傳達主控或服從的訊息。當一個地位高的人和一個地位低的人彼此看著對方時，地位低的人通常會先把眼神移開。向下看的眼神通常表示服從或讓步。當然，有時候向下的眼神也表示悲傷、無趣、疲勞、自責或厭惡。

好的營業員都知道眼神接觸是一種參與的象徵，所以都會試著與我們做眼神的接觸，開始說明和維持禮貌的眼神接觸。他們知道當一個人被允許開始說話時，社會規範要求一個接收者去聽到一個人必須說的。這些社會規範使我們掉入陷阱，聽營業員說話。營業員以另一種方式運用眼神接觸。他們決定一個消費者最常注視的產品，然後強調那個產品的好處。

眼睛在溝通中的重要性反應在這些一般的語詞上：

「他可以看透你。」

「她有一個冰冷的凝視。」

「他有機智的雙眼。」

「你看到她眼中的亮光嗎？」

眼神的表情展現大範圍的人類感覺。張得很開的眼睛意味著質疑、恐怖、坦率或天真，低的眼瞼可能意味著不高興，持續地凝視暗示著冷酷。眼神往上透露出他對另一個人的行為感到奇怪或不尋常。

當我們變得情緒性地對某事激動或對其有興趣時，我們的瞳孔變大。一些諮商員對於瞳孔的變化所傳達的訊息很能掌握。Hess 和 Polt 以各種不同的圖片給男人和女人看來測量瞳孔的變化。當受試者對圖片的興趣愈高，瞳孔就變得愈大。當女人的眼睛看到裸體的男人圖片時，瞳孔平均放大 20%；而當男人的眼睛看到裸體的女人圖片時，瞳孔平均放大 18%；很驚訝的是，當女性看到小孩和媽媽的照片時，瞳孔變得最大。

手勢

　　大部分人都知道臉部表情傳達我們的感覺。當我們想隱藏真正的感覺時，我們會專注於控制我們的臉部表情。我們比較少意識到其實我們的手勢也會顯示出我們的感覺，而手勢有時候是感覺的重要指標。

　　緊張的人比較會坐立難安。他們可能咬指甲、彈指、揉眼睛或其他身體部位，摺紙迴紋針或敲鉛筆。他們可能把腿交叉或打開，有節奏地搖動交叉的腳或上下動腳。

　　還有許多其他的手勢提供個人想法與感覺的線索。緊握的拳頭、變白的關節及用手指頭指人表示生氣。當人想要表達友善或吸引力時，他們傾向於靠近彼此。擁抱可以代表不同的感覺：身體的吸引、「很高興見到你」、最好的祝福及友誼。握手是一種友誼的表現，也是一種說再見或打招呼的方式。

　　Scheflen 提到一個人的性感受會透過手勢來顯現。他描述精心打扮的行為傳達一種訊息說發送者被接收者所吸引。精心打扮的行為包括服裝的重新安排、頭髮的梳理、照鏡子。Scheflen 引用了許多邀請式的精心打扮的手勢特別是針對女性：暴露大腿、突出胸部、把一手放在臀部上、展示手腕及手心、摸大腿。這些手勢不一定都表示性的興趣（有趣的是可比較的研究還沒有放在男性上，只有針對女性研究，也許是一種性別的偏見）。

　　手勢也被用在語言訊息有關的面向，包括重複、替代、強調、否定與管理。有一些人用他們的手、手臂和頭部的動作來說話。他們的手勢可能非常自動，而當他們從錄影中看到他們所使用的手勢時，都感到很驚訝。

觸摸

　　Spitz 提出小孩需要直接的身體接觸，如被摟抱、擁抱及撫慰。沒有直接的身體接觸，孩子的情緒的、社會的、智能的及身體的發展將受到阻礙。Spitz 觀察十九世紀高死亡率的孤兒院及其他兒童照顧機構。死亡的原因並非因為營養不良或醫藥的問題，而是因為他們缺乏父母或護士的身體接觸。從這個研究中發現，照顧孩子的機構應該——抱起小孩，親密地抱著他們，每天抱著他們走來走去許多次。經過這種實踐後，機構裡的嬰兒死亡率明顯下降。Montagu 說

明研究發現，溼疹、過敏及其他特定的醫學上的問題，有部分是導因於嬰兒時期缺乏父母的身體接觸。

　　成人也需要身體的接觸。人們需要知道他們是被愛的、被認可的與被欣賞的。觸摸（透過握著手、擁抱、輕拍背部）是一種傳達溫暖與關愛的方式。很不幸的是，大部分的美國男性和一些女性受到社會化的影響，除了性的情境以外，對於其他的觸摸有些抑制。Sidney Simon 提到：

　　　　在我們現在的偏斜世界裡，似乎很少為某人提供和某人到床上以外的觸摸機會，這是值得思考的。我們已經把簡單的、治療的及溫暖的觸摸與進一步的性行為混在一起。似乎好像在「你不敢碰我」與「好，你碰我，所以我們應該上床」之間沒有適當的方式。

　　語言是文化的鏡子。一般的用語強調視覺與聽覺而非觸覺的部分：
　　「眼見為憑。」
　　「很高興再見到你。」
　　「很高興接到你的來信。」
　　「我注意到你了。」

　　我們已經創造了一些包含觸摸的詞語。例如，當要離開某人時，我們說「很快再見到你」，而不是「很快碰觸你」。如果我們說了後一句，其言外之意可能是有性的暗示。

　　事實上，觸摸某人是一種傳達各種訊息的絕佳方式，當然要看情境。在喪禮中的一個擁抱代表疼惜，但在與某人會面時則代表「很高興見到你」。父母與兒女之間的擁抱則意味著「我愛你」，但是在約會場合的擁抱就可能有性的含義。許多治療者注意到，**如果人可以往外求援與他人接觸──擁抱、用雙手緊抱、親吻及輕拍背部，其溝通與人際關係將大幅改善**。觸摸對孩子的生存與發展是重要的，對成人也同樣重要，因為他們會覺得他們是有價值的及被愛的。

　　當一個人以擁抱來表達非性愛與支持的訊息時，可能有被接收者誤解為性騷擾的危險。為了避免此種誤解，想要擁抱他人的人可以先問接收者：「你喜歡擁抱嗎？」

服裝

　　衣服可保暖，預防我們生病，覆蓋我們身體的特定部分，使我們不至於無禮。但是衣服還有其他的功能。像警察與救火員的制服告訴我們他們從事的職業及可提供的服務。人們有意或無意地經由他們的穿著來傳達他們的訊息。服裝傳達有關職業、人格特質、興趣、團體規範、社會哲學、宗教信仰、地位、價值、情緒、年齡、國籍及個人的態度。有許多服裝師（裁縫師、工廠的作業員、服裝售貨員）認為，改善服裝可以獲得他想要的，而這句話「服裝可以使人成為想成為的人」是有些真實性的。

　　以服裝來判斷陌生人在 Hoult 的研究中可發現。Hoult 一開始讓二百五十四個女學生對男模特兒的相片予以評等，包括最佳外表、最可能成功者、最聰明的、最可能與一個或兩個人約會的人、最佳人格特質。從這些相片中，Hoult 得到有關服裝及模特兒頭部的獨立評比。Hoult 把高分的服裝和低分的頭腦配置在一起。低分的服裝和高分頭腦配置一起。他發現不管頭腦的評比，通常高分的服裝會提高評比，反之低分的服裝則有較低的評分。

　　Adler 和 Towne 曾描述一個實驗。實驗中一個學生花了一週的時間，在洛杉磯和聖塔芭芭拉之間大約一百哩距離間來回的搭便車。週二、四、六時，此學生穿得很整潔的寬鬆褲子、很亮的皮鞋及上衣；在週一、三、五時，他穿著深藍色的牛仔褲、拖鞋及毛線衣。除了服裝以外，此學生把其他因素控制住，包括他所站的位置及時間。學生描述實驗結果：

　　　　那是令人難以相信的。在我那三天污穢的日子裡，讓我搭便車的人看起來就跟我差不多，其中兩個人是開 VW 的客車，而第三位則是開福特的貨車。他們都穿李維的牛仔褲、馬靴而且有類似的生活模式。當我特別打扮時，讓我搭便車的人則穿得很亮麗，開新車，而與我之前搭便車的情況幾乎是完全相反的。

　　任何服裝的飾品都可能傳達許多不同的意義。例如，一個人選擇的領帶可能反映他的教養及不默守成規。此外，打領帶的方式（寬鬆、緊的領結、放在

肩膀）可能提供其他訊息。

　　服裝也影響我們的自我意象。如果一個人覺得他穿著適當，他會顯得更有自信、肯定及外向。反之，他會變得更保守、缺乏自信、較無法自我肯定。

　　服裝也有可能造成非語言訊息的解讀錯誤的危險。我們通常基於很少的資訊來判斷一個人，且這些解釋經常會有錯誤。有時候我們為誤解感到疲累。幾年前我有一個個案，在前十年生活得很高雅，遊遍整個歐洲和北美，住在最高級的旅館。他的經費來源是靠寫空頭支票。當他需要錢時，他會穿著亮麗的服裝，別人會依他的服裝而接受他的支票。

個人的界限

　　我們每個人都有無形個人空間的安全範圍。這個安全室的內在領域是極端私人的，只有那些在情緒上親近我們的人才被允許進入此領域。有時候你可以觀察人們彼此間的距離以了解人們的感受。事實上，Hall 辨識出四種日常生活互動的不同距離或範圍。包括親密的、個人的、社會的與公共的。範圍的選擇視互動的脈絡、對這個人的感覺及人際互動的目的而定。界限的行為，如其他的訊號，提供團體領導者重要的訊息。例如，團體成員所維持的距離應該能被領導者察覺出成員的個人偏好。這些偏好可能會改變團體朝向目標，應該予以尊重；否則領導者可能遇到抗拒及不信任等問題。

親密範圍　此範圍從肌膚接觸到大約十八吋的距離。只有在情緒上非常親密的人可以進入這個領域，特別是在私下的情境──舒適、傳達關心、示愛及情緒。當一個人自願允許某人進入這個範圍時，是一種信任的表徵。相對的，如果一個人維持兩呎以上的安全距離，可能意味著這個人仍然在建立關係。

　　當一個未受到邀請的侵入者進入這個親密的範圍內，人常覺得被侵犯且受威脅。他的姿勢變得更筆直、肌肉緊張，可能退回去，避免眼神接觸，暗示他希望一個不是那麼親密的關係。當人們被迫去站在一個擁擠的公車或電梯中的陌生人旁時，通常會避免眼神的接觸，試著不要去碰觸到別人，或許會說：「對不起，我是被迫入侵到你的領土，我會試著不要去打擾你。」

個人空間　此範圍大約從十八吋到四呎，是在公共區域中一對夫妻彼此站立位

置之間的距離。很有趣的是，當一個異性站得很靠近我們約會的對象或我們的配偶時，我們會質疑是否這個人想闖入我們的領域。如果我們看到我們的配偶或約會的對象站得很靠近其他異性，也會變得起疑心或妒忌。

　　個人空間的最遠範圍（從兩呎半到四呎）大約是一個手臂長，是他人剛好可以達到的。此距離中的互動仍是合理的親密距離，但比起個人空間的最近距離還不那麼個人化。有時候，在一個手臂距離中溝通，是人們測試來決定他們是否願意建立更親近的關係。

社會空間　此範圍從大約四呎到十二呎，包括生意上的溝通。此範圍的最近部分（從四呎到七呎）是同事交談及銷售員與顧客間互動的距離。**Hall** 指出此七至十二呎的範圍被應用到非個人及正式的情境中。例如，這個距離是你的老闆和你（坐在桌子後面）談話的空間。如果你把你的椅子移到老闆桌子那一邊，一種不同的關係會顯示出來。人們對辦公室家具、植物與壁飾的安排也傳達有關他們的價值、興趣與他們想要建立關係的訊息。如果椅子是放在辦公室主人與顧客、個案、學生之間，此桌子就扮演一個圍籬，且意味著辦公室的主人想要正式而非個人的互動。一個辦公室如果不是以桌子和植物作爲圍籬，即意味著他希望較爲溫暖而非正式的互動。

公共空間　此空間自十二呎往外擴展。教師及大眾演講者通常利用此空間的較近距離。在較遠的距離（二十五呎以外），要進行雙向溝通是很困難的。任何演講者如果你站的距離與聽眾離很遠，表示他沒有興趣與聽眾有所對話。

領地

　　領地是一種顯示擁有權及抵抗其他人入侵的方式與行爲。許多鳥類和小動物（包括小狗、鵝、蛇及臭鼬）覺得他們的領地被入侵時，會與比他們大很多的動物打架。

　　領地也存在於人類的互動中。傳統上，父母有他們的椅子，每一個孩子有自己分開的房間。這種領域的擁有感有時也擴展到其他不是眞的擁有的物體上。教室裡的學生傾向於選擇一個特定的位置坐下。如果其他人不小心坐到這個位置，雖然學校擁有這些椅子，可是第一個學生可能會覺得他的擁有權被侵犯。

財產如車子、房子、休閒設備、植物及服裝是興趣與價值的重要指標，而且經常成為對話的主題。原料的材質也傳達地位的訊息，因為有錢人擁有比窮人更多的財產。一般而言，更多的個人空間與更大的私人空間是賜給地位高的人。例如，在進入你老闆的辦公室之前，你會敲門，然後等著老闆的邀請。對於平等或較低地位的人，通常你都是直接走進去。

聲音

因不同重音的強調，一個字或詞會傳達不同的意義。例如，看看下面句子的意義如何因為改變所強調的字而有所不同：

He's giving this money to Herbie. 強調**他**是給錢的人而不是其他人。

He's *giving* this money to Herbie. 他是**給**，而非借錢。

He's giving *this* money to Herbie. 錢被交換不是從其他來源而是**這些**錢。

He's giving this *money* to Herbie. **錢**是交換的單位而非支票。

He's giving this money to *Herbie*. 收受者是 **Herbie** 而不是 Eric 或其他人。

通常一個人會在問句的結尾提高他的聲音，而在宣言的結束時降低他的聲音。有時候一個人會操控他的聲音來否認他的語言訊息。

除了強調特定的字之外，我們的聲音也以其他方式傳達。包括停頓的長度、語調、音高、速度、音量及不流暢（如口吃或說阿、嗯）。總括而言，這些因素被稱為副語言，處理**如何**說而非說什麼的問題。

使用副語言，團體成員可能與他們的語言資訊相斥。例如，一個人可能改變他的聲音的語調及音高來傳達逐字的或諷刺的意義：

「我真的很喜歡你。」

「我正在享受一個完美的時間。」

「你真的很棒。」

「我沒有再比肝腸還喜歡的東西了。」

Mehrabian 發現，當副語言及語言的訊息不一致時，副語言運載著更多的意義。當文字與說的方式不一致時，接收者通常依據它說的方式來解讀它。

　　一種了解團體如何應用副語言的方式，是把會議錄影起來然後再放映。這個歷程提供有效的團體成員運用非語言溝通的其他形式。

外表

　　經常聽到人家說只有內在美才是重要的，但是研究顯示，外在美（外在的吸引力）對人際的互動有著廣泛的影響。Singer 發現，男性的大學教授會給外表具吸引力的女性學生比無吸引力的學生較高的分數。根據 Mills 和 Aronson 的發現，有吸引力的女學生比那些缺乏吸引力的學生更容易修正男學生的態度。Widgery 和 Webster 發現有吸引力的人，不論性別，都會被認為有比較高的信賴度，且大量地增加他們其他領域的信賴程度——賣東西、公開演講、改變態度、被認為是一個可信賴的諮商員。一個有吸引力的應徵者比較容易接納同樣的人。

　　沒有吸引力的防衛者比較容易在法庭被判有罪且被判較長的刑期。此證據是很明顯的，因為**最初**我們對外表有吸引力的人比較喜歡。吸引力可以開啟更多的門與機會。

　　外表具吸引力的人在很多方面都勝過比較不具吸引力的人，包括社會的評價，如人格特質、受歡迎的程度、成功、社會能力、說服能力、性能力及快樂程度。例如有吸引力的女性比較會受到幫助，也比較不會成為攻擊行為的目標。外表不具吸引力的人從孩提時期就比較居劣勢。例如，教師與不具吸引力的學生互動（也較少正向）較少。外表的吸引力在個人的許多互動上也是一個重要的因素。實際上每個人都喜歡和具有吸引力的人約會，不管他本身是否具有吸引力或被拒絕過。

　　有趣的是，不具吸引力的男性在具吸引力的女性眼中的評價，在許多領域都比有吸引力的女性看具吸引力的男性高。不具吸引力的男性被認為可以賺比較多的錢，更容易成功，更有智慧。很明顯的，評鑑者認為的理由是，不具吸引力的男性會在其他領域補償他們的外表，來獲得具吸引力女性的邀約。

　　體重表徵的刻板印象可能正確也可能錯誤。那些超重的人常被以為比較年長，比較傳統，身體較不強壯，較喜歡說話，比較不好看，比較順從與單純，

較體貼，容易被信任，更依賴，更熱心。肌肉型的人則被評價為強壯、好看、年輕、較冒險、自信、行為較成熟、有男子氣概的。比較瘦的人被評價為較年輕、容易懷疑他人、緊張與神經質、較乏男子氣概、比較悲觀、安靜、更固執、比較難相處。過重及過瘦的人在求職時、買保險時、領養小孩或進入大學時，會受到差別待遇。有一種刻板印象（也許是錯的）是極端胖與瘦的人有低的自尊。這裡要說的重點是，即使是我們的身體也傳達了一些訊息。

5.9 練習　解讀非語言的線索

目標：協助你應用本章有關非語言的線索的教材到實際生活情境。

1. 到一家餐廳（校園中的餐廳也可以），然後觀察兩個正在用餐的陌生人。大約十至十五分鐘，記錄兩人的非語言溝通線索的訊息。

	某 A	某 B
姿勢		
身體的傾向		
臉部表情		
眼神接觸		
手勢		
觸摸		
服裝		
個人的界限		
外表		

2. 閱讀你寫下來的材料，推測每個人的背景，他們各自的社經地位為何？感到壓力嗎？快樂、沮喪嗎？兩人之間是什麼關係？

　　外表具吸引力不一定表示那個人就比外表不具吸引力的人更聰明、更成功、更容易調適或更快樂。吸引力起先提供了許多成功的機會，但之後就要看實際的表現。必須注意的是每一個人都有能力改善他的外表。節食、運動、管理壓力、學習肯定自我、適當的睡眠及好的打扮習慣，可以實質地改善一個人的外表。

環境

　　或許我們都曾到過一個非常潔淨的房子，裡面有一個空房間，其中的家具都罩著布，燈也有塑膠布套住，還有乾淨的煙灰缸，透露著「不要弄髒我」、「不要碰」、「不要把腳放上去」、「避免任何錯誤」等非語言的訊息。這些屋子的主人不知道為什麼客人無法放鬆。其實是他們沒有覺察到，環境正傳達讓客人覺得不舒服的訊息。

　　Maslow 和 Mintz 所進行的一個研究發現，一個房間的吸引力所形成的溝通類型，影響在其中工作的人的熱情和幸福。研究者運用一個醜的房間，看起來像工友的櫥櫃，及一個漂亮的房間，有布幔和地毯與舒適的家具。為了測量受試者的活力程度與幸福感，研究者請他們針對一系列的模特兒臉部照片評分。當受試者在醜的房間內時，很快就變得疲倦與無趣，花比較多的時間完成任務。他們描述那個房間會讓人覺得疲勞、頭痛、單調及易怒。當受試者移到漂亮的房間內時，他們比較有工作的熱望。他們給那些模特兒臉部圖片較高的分數，也覺得有比較舒服、覺得重要及享受的感覺。這個實驗提供一個支持的證據，認為工人在一個吸引力的環境中工作比較有效率，也覺得比較好。

　　開會地點牆壁的裝飾、家具的類型、家具的擺設位置，都傳達了領導者想要的溝通型態，是非正式的、輕鬆的或是正式的、切中主題的溝通。例如一個圓桌意味著平等的溝通，而矩形桌則強調地位和權力的差異。在一個矩形桌，地位高的人通常坐在桌子的盡頭，地位低的人坐相反的一端。如果同等權力的兩方在矩形桌開會，雙方通常各坐一邊，不會混坐在一起。在教室裡，如果桌子是排成圓形，則意味著教師希望營造一個非正式的氣氛。如果教室的桌椅是一排排的，就是希望營造正式的氣氛。

當個案進到助人專業者的辦公室，辦公室也會傳達一些訊息。一個乾淨、整齊的等待室，當中有舒適的椅子、植物及背景音樂傳達著溫暖、關懷及專業的途徑。一個不乾淨、硬的椅子及很少的牆壁裝飾與牆壁掉漆傳達負面的訊息。一個雜亂的辦公室對個案傳達了此工作者是不知所措的或是已經失去熱情了，所以可能不會有太大幫助。一個社會工作者可以提供有把手的椅子而非硬的木頭椅，提供紙巾、種植物及牆壁的裝飾，讓個案知道工作者希望他們感覺舒服，表示他很喜歡這個工作，也可以藉由家具的安排促進溝通。

其他非語言的線索

社會工作者必須覺察到其他非語言的線索。當他人變得焦慮、生氣、難為情或情緒非常興奮時，他們會臉紅或連胸部及頸部都變紅。在治療中，此種線索告訴我們個案需要情緒處理的教材，而這通常需要探索。

一個團體成員的呼吸型態也是一種線索。當一個成員焦慮或情緒興奮時，呼吸的頻率會加快，此可由當事人的胸部觀察到。

另一種常被心理治療者、教育人員及他人察覺的非語言線索，是肌肉緊張程度的改變。當你跟某人已經熟悉，你用來判斷（不一定覺察到的）那個人是放鬆或緊張的（或情緒激動）方式，是臉部、脖子及手臂肌肉的緊張程度。

當一個人放鬆時，他的手的表面溫度比緊張時溫暖大約十至十五度。對壓力的反應，血液往內流，如果人是放鬆的，血液就往外流，使得手和皮膚變得溫暖。當你和某人握手時，你會察覺到這個人是放鬆的或有壓力的（必須注意的是還有其他非壓力的因素也會影響到人的手溫。例如，如果一個人已經在寒冷的天氣下或剛喝了冷飲，手也會比較冷）。

團體練習

練習 A：周哈里窗

目標：介紹周哈里窗及展現它如何用來提升自己的覺察力。

注意：教師應帶領此練習，學生要遵守規範，**不要揭露個人訊息**。

步驟 1. 團體領導者說明周哈里窗的意義，及如何增進自己揭露來使自我覺察提升，並且增進有意義的關係。團體領導者也可以說明，為什麼團體成員一開始不太願意自我揭露但逐漸能做到。適度地在團體中坦露自己，有助於團體的凝聚力與規範。團體領導者必須注意到此練習中的個人訊息**不能被揭露**。

步驟 2. 成員兩人一組。每一個成員畫一個代表自己的周哈里窗，再畫一個夥伴的。這兩個圖要各自畫，不要給別人看。

步驟 3. 夥伴彼此分享所畫的周哈里窗。每一個人說明畫此圖的理由。兩人互相討論圖畫上的異同。例如，為什麼 A 把自己畫成一個比較不開放的人，可是 B 卻把 A 畫成是比較開放的？

步驟 4. 全班討論關於周哈里窗的優點及限制，及從此練習中所學到的。

練習 B：防衛機轉

目標：對防衛機轉的運用更敏銳。

步驟 1. 團體領導者先說明練習的目的，並簡要的說明防衛機轉的意義（參考本章的防衛機轉）。

步驟 2. 每一個成員列出自己的**朋友**最常用的三個防衛機轉，並且說明一到兩個例子。帶領者解釋說學生會被要求與其他兩位同學分享。

步驟 3. 完成步驟 2 以後，全班三個人分成一組，每一個成員都被要求分享他所寫的。兩個傾聽者必須針對防衛機轉是否可了解或被期待的予以回饋。對於不被看好的防衛機轉，同學們可以討論更有效的途徑。

步驟 4. 全班討論從活動中學到什麼及他們對此練習的感覺。

練習 C：訊息傳達的誤解

目標：呈現一系列成員間單向與雙向溝通訊息傳達的效果。

步驟 1. 帶領者說明練習的目標，請十個學生到室外，告訴他們任務是把他們聽到的複述給其他人聽。其他學生則當觀察者。前五個學生使用單向溝通，而後五個使用雙向溝通。以下的故事複本發給觀察者每人一份，以記錄參與者在溝通中所增減的訊息。

步驟 2. 當第一個參與者回來時，帶領者慢慢地把以下的故事念給他聽：

堪薩斯州西部的一個農夫在馬房上鋪了錫的屋頂，一個小的龍捲風把屋頂吹走，當農夫發現它時，它已經受到嚴重損傷而無法修理。

他的一個朋友及律師建議他說福特（Ford）汽車公司將會付給他那些碎錫片很好的價錢，所以農夫決定把他的錫屋頂整片運到公司，看看他可以得到多少錢。他把它擠放在一個大的木箱中，再寄到密西根州的第爾本，並且明顯地留了他自己的住址，以便福特公司把支票寄回給他。

過了十二個星期以後，農夫仍然沒有收到福特公司的回音。最後，正當他想寫信去問看看怎麼一回事時，他收到了一封信寫著：我們不知道是什麼東西撞到你的車，但是我們會在下個月十五日以前把它修好。

此故事只念一次而且不能問問題。第二個參與者進來，第一個複述整個故事給第二個人聽……等等。第五個人必須把整個故事說給觀察者聽，**而且必須錄音再聽一次**。

步驟 3. 第六個參與者進來被告知他可以針對所聽到的故事問問題。這個故事念了一次而且回答相關問題。此歷程重複一直到第十個人把故事說給觀察者聽，而且必須錄音再重聽一次。

步驟 4. 團體帶領者解釋此種訊息傳達的程度、加重及同化的效果。一些觀察者可以進行口語報告，總結每一個參與者所增加或遺漏的訊息。

步驟 5. 團體領導者說明為何雙向溝通比單向溝通好。團體領導者應該把第五和第十個學生的故事錄音帶再放一次。之後討論哪一個版本比較接近原本的故事內容。

練習 D：干擾者

目標：呈現一個溝通模式來說明學生知覺的廣泛差異。

步驟 1.團體帶領者在會議前先安排一個朋友或熟識者闖入教室來建構此場景。這個協助的人應該是班上的人都不認識的。

步驟 2.團體被告知此練習的目的，是要覺察到減低或妨礙有效溝通的因素。團體領導者說明本章開頭所呈現的溝通模式。當團體領導者準備好的時候，要不動聲色地請協助者進到教室來。此協助者要衝進來，製造一種騷動，說一些批評領導者的話，威脅團體領導者，然後很生氣地離開。

步驟 3.帶領者解釋此練習的目的是要看學生的知覺的符合程度。請每一個學生寫下以下的訊息：

1.闖入者的身高和體重

2.闖入者的服裝

3.闖入者的長相

4.闖入者所說的和所做的

步驟 4.念出一些學生寫的內容，然後討論其差異。如果有極大的差異出現，探討為什麼會如此？帶領者解釋人之間的知覺差異是有效溝通的主要障礙。

練習 E：**積極傾聽**

目標：發展積極傾聽的技巧。

步驟 1.帶領者說明練習的目的，並解釋積極傾聽的意義及所要完成的內容。帶領者提醒大家積極傾聽包括兩種陳述的應用——反應感覺及複述內容。

步驟 2.學生兩人一組（如果有學生落單，帶領者要加入），每一個團體的成員選擇一個主題討論十分鐘。主題可以包括 (1) 哲學的或是道德的議題，如墮胎；(2) 朋友或親戚的問題；(3) 學校中的問題。

步驟 3.選擇主題討論的人討論此議題約十分鐘。傾聽者要以積極傾聽的說

明慢慢地回應。

步驟4. 討論之後，表達者應該與傾聽者討論積極傾聽陳述的品質。傾聽者
是否犯了給予建議、問問題或開始討論個人經驗的錯誤？積極傾聽
是否鼓勵了表達者繼續表達？表達者所知覺的積極傾聽的反應是自
然的或做作的？

傾聽者應該與表達者討論他對於積極傾聽的想法與感覺。積極
傾聽者想運用其他型態的陳述嗎？如果是，會採用什麼形式？

步驟5. 換角色再重複此一歷程。

步驟6. 學生形成一個圓，討論積極傾聽的優點和限制。是否有任何獨特或
不尋常的事件發生？

練習F：椅子、別針及外套架

目標：分辨及觀察人們使用建構性的非語言訊息來反應與給予回饋。

步驟1. 帶領者說明練習的目的。請全班辨識黑板上的非語言行為。其清單
包括：

肌肉緊張程度	呼吸型態
眼神接觸	服裝
微笑	人與人之間的距離
眉毛的動作	溝通
姿勢	觸摸
音調	沈默與暫停
臉部的顏色	臉部的表情

步驟2. 全班形成三人一組。每一個小組成員從一個帽子或盒子中挑出一個
不重要的主題。可能的主題包括一張椅子、一個別針、一個外套架
或一個香皂。不重要的主題會被提醒，以便把焦點放在非語言的溝
通。

步驟3. 每一個小組成員針對主題在小組內發言一分半鐘。每一小組的觀察

者必須注意發言者的非語言線索。帶領者必須通知小團體何時開始
討論與停止。

步驟 4. 小組的三個成員都發表之後，團體成員分享他們是否喜歡各種非語
言的溝通方式。

步驟 5. 團體成員被要求**私下**思考他們的非語言溝通，及他們可以如何調整
使他們的非語言溝通更有效率。

練習 G：非語言的線索

目標：學習各種社會工作人員應聘時所需的非語言線索，以提供給個案一個放鬆而不
覺得被威脅的環境。

步驟 1. 團體領導者說明練習的目的。第一個給全班學生的任務是假設自己
是一個社會服務機構的主任，正在訪談一個應聘社會工作的人。作
為一個主任，哪些非語言的線索是需要列入決定哪一個人是要被錄
用的？（反應要列在黑板上。）

步驟 2. 第二個任務是讓每一個學生假設自己是一個情緒很低落、而且必須
做出非常困難的決定（如離婚）的個案。作為一個個案，哪些諮商
員的非語言線索會讓你覺得放鬆、不受威脅，而且願意更完整地分
享你的關注？請把反應列在黑板上。

步驟 3. 可以比較與討論兩個清單之間的異同。對於造成差異的原因也加以
討論。

練習 H：一個受歡迎的機構成員

目標：使更能覺察非語言的線索，以評估個案的行為。

步驟 1. 團體帶領者選取一位學生熟悉而歡迎的機構成員。全班指出教師所使
用有助於增進效能的非語言線索。下列的線索應被考慮：服裝、眼
睛、臉部表情、姿勢、外表、手勢，及其他身體動作及其他副語言。

步驟 2. 以同樣的教師為樣本，全班把焦點放在此機構成員的辦公室的外表，
想像這是唯一能得到有關此教師的訊息。全班討論此類型受試者、

辦公室配備的安排，及一般的條件所傳達的非語言的線索。接著，全班討論這些非語言線索所傳達的訊息中，有哪些是與教師所喜歡的有差異、哪些是一致的？最後，全班討論辦公室的氣氛所期待的互動類型——例如，此溝通是否被預期是正式的、像生意般的，或是輕鬆而非正式的。

練習I：雙重訊息

目標：了解語言訊息與非語言訊息之間如何產生衝突。

步驟1.把全班等分成兩組，且告知他們這是一個使會話持續的練習。其中一組到另一間教室或走道。

步驟2.第一個小組被告知此練習是要學習更多有關人們對於語言與非語言訊息反應的情形。每一個成員的任務是選定一個主題，然後與另一組的人一起討論大約十分鐘。此主題可以是任何主題，如政治、電影、運動。當討論此主題時，每一個人都應該觀察他的語言與**非語言訊息**，如臉部表情、姿勢、笑聲、音調等之間不一致的地方。

步驟3.第二個小組被告知說每一個人都會和第一組的某人配對。另外一個夥伴會以一個主題開始對話。第二組的成員是要使對話繼續且加入對立的主題。

步驟4.教室必須夠大，讓成員可以大聲而持續地進行對話。也許可以用兩個教室。兩組成員配對以後，討論主題約十分鐘。

步驟5.此練習的真正目的解釋給第二組的成員聽。第一組討論以下的問題而第二組傾聽：他們用了哪些非語言的線索與語言訊息不一致？傳達雙重訊息是不是很難做到？對於這些雙重語言的反應是什麼？

之後，第二組討論下列問題：此練習中對於夥伴的感覺如何？他們相信夥伴們所說的嗎？當接收到雙重語言時，是如何處理的？當非語言的訊息與語言訊息衝突時，哪一種會比較被自己相信？

練習 J：扁平的輪胎

目標：覺察應用非語言訊息取代訊息的個別差異與技能。

步驟 1. 帶領者解釋此練習包括學生以非語言取代訊息。四個自願的學生到
教室外。然後把下面的事讀給第五個自願者聽，而他必須試著記住
及以非語言的方式傳達給第一個回來的學生。那個學生就再把訊息
以非語言的方式傳給第二個學生，依此類推。

　　你正在開車，但是前輪胎愈來愈扁平。你走出車子踢輪胎。你看後車廂而
且打開，卻已經沒有備用胎。你很生氣地用力把門關上，然後試著搭便車到剛經
過的一個加油站。一個騎士停下來載他到加油站。

　　自願者接收此訊息時可以問問題，但是發送者必須以非語言的方式
回答。當這五個學生完成此練習後，教室中的人對紙上的問題每一
個被取代的訊息做出反應：替代的人增加了或刪除了什麼訊息？如
果有溝通因為非語言線索的缺點而停住，如何以其他方式來避免？

步驟 2. 最後一個收到訊息的人以口語的方式說出此訊息。此訊息拿來與原
始的訊息比較，全班也討論步驟 1 的兩個問題。

練習 K：蒙眼睛的溝通

目標：了解無法運用視覺時，溝通如何被影響。

步驟 1. 帶領者解釋非語言的溝通很依賴視覺感官。我們用眼睛看他人的臉
部表情、眼睛、姿勢、手勢與身體動作。帶領者說明練習的目標，
然後找出五到六個自願者。這些自願者坐在全班中間圍成圈。這些
自願者被賦予一個相對的議題討論（如有一些末期或嚴重疾病的人
是否有權利結束他們自己的生命）。所有自願者在討論此主題時，都
是蒙著眼睛或緊閉雙眼的。此主題討論十至十五分鐘。

步驟 2. 十至十五分鐘後，討論結束。自願者拿掉眼罩，然後討論下列問題：

　　1. 被蒙住眼睛的感覺如何？

　　2. 無法看見時會如何影響溝通？

3. 把眼睛蒙起來會不會干擾到自己對他人所說的專注傾聽情形？

4. 是否很難聽清楚？

5. 他們覺得他們的肢體語言比平常做得多嗎？

6. 在此練習中，是否對於一些以前未注意的事物有不同的覺察？

7. 無法看到對方是否嚴重的影響到彼此的溝通？如果是，是以哪一種方式？

步驟 3. 這是一個選項步驟，此練習可以重複，找其他新的自願者再做一次。

練習 L：非語言溝通的提供與接收回饋

目標：觀察他人的非語言溝通及接收非語言溝通的回饋。

步驟 1. 帶領者說明練習的目的，並且把全班等分成兩組。如果人數不等時，帶領者可以參與。小組中的每一個成員必須和別組的成員配對成一組。

步驟 2. 一個小組坐在內圈，另外一組坐在外圈，來觀察他們夥伴的非語言溝通。內圈的人討論一個可能引起爭論及強烈情緒的議題。此議題可以是墮胎，或是那些有嚴重障礙的男、女性是否被允許結婚與生小孩。此討論進行約十至二十分鐘。外圈的人觀察他們夥伴的非語言溝通——姿勢、身體動作、眼睛的行為、副語言、臉部表情等。

步驟 3. 討論之後，觀察的夥伴告訴他的夥伴所使用的非語言行為及其溝通的訊息。當觀察者說完以後，被觀察者必須說明他對觀察者所說的同意程度。

步驟 4. 互換角色，重複步驟 2 和 3。

步驟 5. 全班討論他們從此練習中學到什麼。

練習 M：個人空間的範圍

目標：觀察溝通者間的距離如何影響人的想法與感受。

步驟 1. 帶領者解釋練習的目的。兩個自願者來展示這些效果。

步驟 2. 兩個自願者站在教室最遠的角落，彼此距離很遠。他們的工作是非

常緩慢的朝向對方移動。當他們逐漸靠近時，開始討論一個他們選擇的議題。他們必須持續地緩慢移動且持續對話，直到他們碰觸到為止。當他們碰觸到時，要開始慢慢遠離彼此，但要持續對話。當他們找到最舒服的溝通位置時就停下來。

步驟 3. 其他的自願者持續這些練習直到大家缺乏興趣。

步驟 4. 此練習中的自願者最後必須找出讓自己覺得最舒服與最不舒服的溝通距離。帶領者必須注意到各個小組覺得最舒服的溝通距離，然後對此練習做一些說明，並提醒大家有關本章中的相關理論。

Note

6 任務團體

　　社會工作者和其他助人專家常被稱作主席委員
會、焦點團體、團隊、其他任務團體。本章節描述領
導任務團體的指導方針，任務團體兩個主要目的：解
決問題、制定決策。

各種任務團體

　　任務團體習慣提出新點子、制定決策、解決組織問題。任務團體有三個基本目的：(1) 滿足個案需求，(2) 滿足組織需求，(3) 滿足社區需求。

　　滿足個案需求的任務團體包括治療團隊，描繪治療團隊的範例：提供以家為本位的收留照護的一群專家每週會面一次，以檢視提供病患的服務。在郡立精神健康中心的專家每週會面一次，以檢視提供住在社區的個案的服務。在復健中心的專家每週會面一次，以檢視復健中心的個案的服務。在此會議中，著重**建立團隊**；致力於增進如何使成員成為一個團體。有時候，治療團隊為了特定個案發展、監督、協調治療計畫會議——例如，在精神健康中心的專家為了一個喪妻的沮喪老人發展一個治療計畫而開會。

　　滿足組織需求的任務團體包括委員會和董事會，最典型的任務團體是委員會，委員會的成員可能用指定的或選出來的。委員會負責完成一個或更多的任務，委員會可能是暫時的組織（特別委員會），或組織結構中更長久的部分（常務委員會），董事會為了制定主導機構的政策，而主導委以任務的董事會，董事會的成員提供組織管理的指導方針。

　　各種任務團體滿足社區需求，社會行動團體鼓勵成員參與集體的、計畫改變努力，以改善社區社會和物質環境。例如，校園非傳統學生組織倡導在校園裡設立照護小孩中心。藉著專家或資源發揮影響組織團體或社會行動團體稱作**結盟**（有時稱聯盟）。聯合成員相信他們的共同目標是有較多機會完成結盟行動，而不是成員單獨行動。例如，幾個組織、地方政府領導者、公民領導者形成一個聯盟，探索社區裡減低種族緊張的方法。**代表會議**依照便利互動合作和溝通的目的形成，與研究整個社區的社會議題。代表議會的成員依各種主辦單位選派或指定。例如，從社區中每個人事服務機構的代表的每月會議，以分享資訊、討論增進互動溝通的方法，及研究發生的問題（如家庭暴力的增加）。

領導任務團體指引

在此提出一些指引，這些指引不是指令，因為有些情況下不用這些指引反而有利。

建立團體目的

首要的、非常重要的問題是：「團體的目的是什麼？」Toseland 和 Rivas 認為：「敘述目的應該夠廣泛足以包含不同的目標；但要特定足以定義團體目的的一般本質，清楚的陳述目標以幫助成員回答：『我們正在一起做什麼事？』」

各種資源可激起團體的目的，社會工作者可能嘗試形成任務團體，以研究發生的社會議題。機關主任或機關職員可能要求建立一個特別委員會，接受服務的人可能請求建立特別委員會，提倡反對政府縮減服務提議。牧師團體可倡導建立社區機構代表會議，公民領導者研究擴展隸屬教堂的照護小孩中心的需要。

任務團體的潛在贊助者

確定組織為資助推薦的團體，團體組織應該小心注意團體的目的及組織的政策和目標。牧師、祭司和神父的代表會議適合贊助任務團體，研究擴大社區內隸屬教堂的照護孩子中心的需要。另一方面，地方 Hooter 的餐廳可能不適合贊助任務團體研究社區女人的社會政治環境。

選擇潛在的成員

潛在成員應該選拔對任務的興趣、地位和協助團體完成目的力量（包括政治影響）的專才。尋找各種成員很重要（包括種族、性別、年齡、社會文化因素），應該包括檢視服務的消費者代表和潛在消費者。

徵募成員

完成徵募成員有各種形式，可能要求組織的主管和機構（藉著電話、信

件，或直接接觸）指派代表。如果一個團體的組織者有潛在成員的名單，可以直接郵寄通知給他們。通知可以公布在公開場所，藉由電視、報紙和收音機通知。

對機構裡的特別委員會和常務委員會來說，成員數通常由主管決定，由機構執行委員會決定，或職員會議決定。對許多任務團體而言，和有需求的團體成員接觸是最有效的徵募途徑。

團體大小

組織者必須根據需要多少成員才能有效率、效能地完成任務做決定，任務團體沒有最理想的大小。大團體適合完成複雜任務，一部分是因為會員有較多專業和資源。大團體，一個或更多成員缺席沒什麼困難。大團體也有缺點，每個成員較少機會發言，每個成員得到個別的注意較少。要形成競逐結盟也較危險，大團體的領導者會在管理上有較多困難。他們頻頻需要更多形式上的流程（像是議會流程），去完成會議議程，在達到團結和共識上也有較多困難。

成員以團體為目的

必須小心地解釋目的，必須關心成員對目的重要性的觀點。成員可能適應第一次會面前的團體組織者，在第一次會面期間，應該檢視團體目的，應該注意建立更多特定團體目標，需要討論成員的個人目標。在第一次會議之前，需要提供背景資料給成員。在第一次會議時，如果團體提出如何執行職責問題，是需要討論建立日常流程。任務團體有其日常流程：檢視確認上一次的會議紀錄、制定通知、討論舊事務、提出討論新事務。

會面地點場所

團體聚會的場所對於執行團體會議和團體成員的行為有深刻的影響，所要考慮的是會議室大小、座椅舒適度、音響效果、座位安排、室內陳設和氣氛。場所太大成員座位間太遙遠，致使有些成員退出。太小的場所造成不舒適，特別是對於傾向有幽室恐懼症的人。坐輪椅的人需要使用輪椅，為了創造一非正

式、舒適的環境，需要考慮地毯、燈光、工作桌，和其他室內陳設。有些人的身體對太亮的燈光有反應，許多人討厭過暗的燈光。

第一次會議

如果成員對其他成員不熟悉，領導者需要成員自我介紹。例如，領導者介紹自己有關團體目的的背景經驗，通常以循環的方式，要求團體成員做同樣的事情。使用適合的破冰是有利的，如「告訴我有關令人驚喜的事」。

當領導者、成員和贊助組織理解團體的目的和功能時，應該要討論其目的和功能。領導者需要注意並平衡團體的任務和社會情緒。設定團體目標，領導者應該注意促使成員在團體工作的動機，討論達成個人和團體目標的障礙。

為第一個和未來的會議擬定一個規章是很有幫助的，通常在成員第一次會議前寄規章給他們是有需要的。

和抗拒的、分歧性的成員工作

抗拒是被預期的，對改變有矛盾的感覺是普遍的，正如對計畫及持續改變沒有矛盾的感覺是少有的。承認成員的矛盾情緒對成員承認他們對改變的反應是有幫助的。公開討論成員的矛盾議題及對團體達成目標的能力，協助所有成員解決問題，以創新途徑達成想要的改變和目標，領導者應該尊重成員有關如何進行建議和想法（關於和分歧性成員一起工作的附加資料在第四章）。

雖然任務團體經常是成功、有用，當它們無法有效運作時，它們可能成為成員挫折的來源。作者記得曾參加一個長達八小時的大學晉級委員會會議（從下午四點到午夜），因為當委員會成員享受討論和晉升沒關係的話題，他們沒有他們的生活。進行不當的會議是沈悶、令人不滿意的，領導者有義務使成員專注任務，並使會議依照流程進行，完成規章項目，Toseland 和 Rivas 表示：

> ……進行得當的會議是一個正面的經驗，它們藉著創造有效的團隊工作，把人們聚集在一起（有效的團隊工作是指分享意見、表達感受、發展團體成員的支持和發展團體做決定）。當成員的想法被聽到、尊重、且使用

在困難的議題，達成決策時，在工作場所的少許經驗是成員感受到團結力、
承諾和滿足。

中間階段

任務團體的基本目的是解決問題和做決定，包括領導者的成員常常需要在
會面前完成許多有關團體目標的任務（一些成員對完成任務是認真的，卻有一
些成員答應完成特定的任務使團體狂喜，卻從來不完成）。當後者發生且被認
定時，團體可能最好不要指定他們緊急的任務，特定任務團體的議會流程用來
執行事務。多數人透過「典範」（modeling）學習議會流程，他們觀察使用議會
流程的團體，且自己學習使用這樣的流程〔包括制定動議、臨時動議（seconding
motion）、做決定、修訂動議、提出問題、投票動議或修訂動議〕。

終止會議

當會議接近尾聲時，通常期待領導者完成會議做結論，讚美成員做好工作
是有建設性的。未來議題必須特殊並記錄下來，會議說明必須依據全部程序排
定。在下次會議前，通常是期待盡可能清楚將成員同意完成的任務做總結，建
立下一次會議的日期、時間和地點。

評估和結束

團體必須在中間階段及當團體接近計畫終結的時間時，評估團體完成任務
的程度，評估方法和途徑在第十二章有所說明。

團體的結束常是成員一場甘苦參半的經驗，成員滿意自己的成就（他們會
聚集在一起慶祝，可能在餐廳慶祝）。團體的結束也可能有不愉快，如果先前
設定的目標未能充分完成，成員會難過（本書作者記得曾參與寫一個大的提案
委員會，如果同意補助金，成員希望著手此計畫。但令人傷心，補助款並沒有
下來）。當有些成員與其他人工作時享受同袍之愛，又了解到團體結束時，他
們覺得傷感。當團體持續創意解決問題時，有些成員享受興奮感。第十二章提
供大量結束一個任務團體過程的材料。

6.1 練習 成功與否的團體經驗

目標：本練習旨在使你反思，當你參與一個成功的團體，和參加不成功團體時，你的
感受如何？

1. 當你參加過一個成功的團體，說明為什麼你定義這個團體是成功的——或
許目標被完成或你享受同袍之愛等等。
2. 有關在此團體裡你所經驗的感受是什麼？
3. 描述你參加過的一個不成功的團體，說明為什麼你定義這個團體是不成
功的——也許是目標沒有被完成，你不喜歡特定的成員，或者你被要求離
開團體等。
4. 有關在這個團體裡你所經驗的感受是什麼？

 ## 解決問題的途徑

在芝麻綠豆小事中，所有社會工作實作者做的所有工作牽涉到解決問題
（problem solving），社會工作者使用解決問題的途徑廣泛協助個人、家庭、小
團體、組織和社區團體。Johnson 和 Johnson 如此定義「解決問題」：

　　解決問題是解決未解決事情的步驟，發現困難的答案；它是結束問題的
　解答，且牽涉改變事情的真正狀態，直到事情的狀態達到令人滿意。

解決問題可以分為六步驟：(1) 辨認、定義問題，(2) 評估問題大小及成因，
(3) 發展解決問題的變通方案，(4) 評估變通方案的優缺點，(5) 選擇、實行最令
人滿意的一項或多項的策略，(6) 評估使用的策略是否成功。

辨認和定義

愈是精準定義問題，問題愈容易解決，比較以下對問題的說明：「城市中，

五十七位在六個方形街區孩子的父母正在工作，因此，孩子們需要在日間受到照護。」這裡把問題措辭定義得很具體，因為問題團體、現場和時段具體說明，問題可以簡單表達。現在考慮另一個例子：「在城市中一些學校的孩子似乎對他們生活進行的方式變得更冷漠，應該為他們做些事。」沒有辨認出特定團體及清楚症狀，是沒辦法決定解決方法的。

當使用問題解決途徑，團體應該初步 (1) 決定真實或目前事情的狀態，(2) 明白說明事情欲達成的狀態。介於真實和想達成的事情狀態的差別應該徹底討論，達成一致的意見，如果團體推斷有關事情真實狀態產生嚴重的負面後果，成員對事情欲達到的狀態所承擔的義務愈高。

達到可處理問題之團體定義是有其困難的，本章所提到的腦力激盪是可幫助發展敘述問題，直到達到共識的定義，包括正確敘述事情實際的及欲達到的狀態。

評估大小和成因

一旦定義可處理的問題，接著團體蒐集資訊，輔助自己評估問題的廣度及成因。在評估廣度，接著問題是：影響誰？影響多少人？有多嚴重？他們處在何處？

經常確認定義問題的原因將提議解決策略，如果狀況是高失業率，失業者對有需要人力的工作尚未受訓，此提議安排計畫訓練失業者，將協助減緩失業率。沒有問題不知道原因就可以解決。例如，一些城市更新計畫在不知道導致房屋毀壞及住家狀況下，重建荒蕪地區。

發展可選擇的策略

第三個解決問題的步驟是形成解決問題的變通方案，腦力激盪是產生廣範圍策略的一個有用技巧。有時最古怪的建議可以刺激其他成員想出一個或更多實際的選擇，如果團體成員不能產生有用的策略，另一個腦力激盪的方法可能是諮詢外部的專家。

策略評估

接著，必須評估每個策略的優缺點，且分析每個策略的效益。包括花費時間、材料資源、專業收費。雖然每個策略的實際付出和收益常是難以具體評估，理性的評估需要什麼資源及應用這些資源將產生什麼結果，是必須做到的。例如，如果種族隔離在大城市是一個問題，判斷學校通車的花費是否達到學校消除種族隔閡（例如運輸經費，及搬離鄰近學校觀念的好處），證明這種學校通車是正當的。

選擇和實行

第五個步驟牽涉到兩個不同的過程，第一個稱為**決定**，即團體選擇提議的變通方案（團體做決定有多種方式完成，許多途徑在這章後半部都有提到）。在選擇策略後，團體必須**執行**這個策略。通常，團體愈一致支持選出來的策略，此策略有更大執行成功的機會。必須辨認需要的任務、分派職責，與每個任務開始和完成的最後期限。

評估

一旦執行完成，有兩方面評估策略是否成功：策略是否完全執行，及它的效果是什麼？主要評估標準是縮小策略實際和想達到事情狀態的差異的程度，此為精準敘述問題的必要性的理由。

如果不完全執行策略，就需要另外的努力。如果策略被徹底執行但是沒有達到預期的狀態，也許要採取適當的新策略。另外，策略的執行會顯露其他問題。例如，1960 年公民權利運動集中在減少種族歧視，但也產生許多歧視團體的意識：女性、同性戀和殘障。

評估階段應該表露解決問題的程度，哪些仍須解決，及辨認出哪些新問題。意料中，評估階段常常導致需要其他解決問題的努力。重新認定舊問題，或發現其他問題，然後重複解決問題的途徑。

有效解決問題的障礙

有效解決問題有幾個障礙：不當定義，無效假設，不良溝通，缺乏技巧、資源和在團體裡的動機。

不當定義

當一個問題敘述不精確，個別團體成員易於改變解釋。例如，看看下面的問題敘述：「孩子在我們學校系統中承受太多壓力。」「太多壓力」的可能解釋包括學業壓力、使用酒精和藥物的壓力、宗教壓力、老師和家長的壓力、壓力導致種族緊張情勢、有性經驗的壓力，與犯法的壓力。除非更精確的認定問題，團體成員將可不同意如何解決問題。

無效假設

欲對問題原因有關不當定義，無效假設和有關的理論易產生可怕的障礙。例如，情緒上心神不寧的人曾想到被魔鬼占據，在 1900 年代早期，罪犯被認為是智障。兩百年以前醫生認為放血（透過使用水蛭）可以幫助治療身體有病的人。如果團體問題成因有錯誤的理論，成員易發展無效的策略解決問題。例如，我們知道今天試圖把魔鬼趕出有情緒問題的人，不能減少情感創傷，放血也無法醫治。

不良溝通

團體裡不良溝通有各種原因，團體成員可能沒有良好的溝通技巧，或有些人隱藏資訊，試圖在團體裡操弄別人。人際衝突的成員抑制而無法有效參與團體，溝通不良的人幾乎沒有變通策略及不當評估的潛在後果。另外，執行提議的團體策略熱情和承諾相對減少。

缺乏技巧

團體可能缺乏界定、解決問題的技巧，例如，團體可能沒有專家設計和引

導一項必需的研究，或沒有技巧獲得需要的資源撰寫增能提議。當團體缺乏必需的技巧，團體必須雇用適當的新成員或外界的諮詢獲得技巧。

缺乏資源

財務資源似乎永遠不足以完成想要的事情，例如，一個打擊無家可歸問題的團體，可能因為資金不足，而被阻止為無家可歸的人建立足夠數量的低成本房屋。

缺乏動機

有些團體無法解決問題，因為成員沒有動機去解決問題。藉著創造一個支持性、信任的合作氣氛，領導者可以鼓勵有動機的成員參與。沒有動機的成員被要求分享他們不參與的理由，也許改變鼓勵他們付出。有動機的成員也可以帶領團體初始的成功，希望沒有動機的成員可以被鼓舞參與解決問題。相對簡單的任務可以指派給這些個體，鼓勵他們所做的努力。

 **腦力激盪**

腦力激盪是一個透過團體成員充分參與、設計大量產生點子的過程，此過程幫助個體不用討論解釋或評估而分享他們的想法。藉著允許成員提出腦中出現的各種想法，常常比起同一群人單獨工作，較好的產生點子。Osborn 提出腦力激盪，幾乎半世紀前寫出以下基本規則的大綱，腦力激盪可以在任何地方維持一分鐘到半小時。這階段持續到產生想法為止。每個階段是無禁忌、公開的，愈古怪、不合理的想法愈好，因為此想法也許產生突破或行動的新方向。不批評或評估任何想法，不批評、討論或釐清這些想法，只是盡快把團體想法列出來。

在這種情況下注重想法的量，而不是質的。大量的想法將增加可使用想法的可能性，成員盡可能增加其他團體成員的想法，以致擴增想法且形成想法的新組合。焦點總在單一議題或問題，成員不應該跳過一個又一個問題，或嘗試

腦力激盪一個多問題處境。

　　一個放鬆、協調、合作的氣氛，所有成員不管是害羞或不願參與，應該鼓勵貢獻一己之力。建議限制成員每次提出一個想法，激勵較少暢所欲言的個人發表想法。對不熟悉腦力激盪的新成員來說，腦力激盪的基本理由和規則應該解釋清楚。如果團體是腦力激盪而形成，成員應該包括不同意見和不同背景，在腦力激盪階段結束後，團體選擇有關議題或問題最好的意見（或這些意見的綜合）。

　　腦力激盪有許多優點，因為它增加所有成員的參與，減少團體仰賴單一的權威形象，提供短時間內獲得大量想法的過程。

　　說「對的事」讓別人印象深刻的壓力減低，過程很有趣、好玩、刺激。在不批判的氣氛中公開分享想法，允許每個團體成員建立其想法，創造獨特的想法組合。

　　然而，如果團體成員覺得腦力激盪是奇怪體驗，腦力激盪最初導致不舒服的感覺。在封閉、自我意識的團體，腦力激盪可能實際上阻礙成員參與，因為它強迫成員加入感到不舒服的行為模式。

　　在其他情況，腦力激盪有效破冰，開放古板和羞怯的團體，腦力激盪在團體的成效一部分仰賴團體領導者的技巧，利用此途徑的時間點。

 ## 衝突

　　衝突是敵對的狀態，涉及不同意見或興趣，在團體中無法避免。Johnson 和 Johnson 提出團體衝突潛在的優點和危險：

> 團體成員間的衝突是團體效能的真實重要時刻、團體健康的試煉、減弱或增強團體的關鍵、帶給成員創造性深刻理解和更親密關係，或持續憎恨、鬱積敵意和心理傷痕。衝突可以促使成員間分離，或是拉近彼此間的距離，且有更合作的關係。衝突可能包含破壞團體的種子，或更統一合作小組的種子……衝突有潛力製造團體功能高創造性和高毀滅性之後果。

在社會中許多人相信衝突只會產生負面的結果，應該避免。衝突被視為離婚的起因、低工作道德、破壞友誼、心理創傷、暴力和社會失序。實際上，這些破壞事情的起因是因為無效的、有害的衝突管理。因為人有不同興趣、信仰、價值和目標，衝突將在人際關係間發生是不可避免的。

衝突不只是在團體裡任何關係自然的一部分，它們也是可欲的，因為如果有效處理，衝突有許多益處。沒有衝突，成員可能很無聊，不同意見常常激勵團體成員的興趣和好奇心，並產生活潑的討論。衝突促使成員更明確地解釋議題，更努力找尋解決策略、更努力工作於執行解決方案。衝突也可以導致更大的承諾、團結力、溝通、合作，使遲鈍的團體恢復生氣。藉著表達、解決他們的不滿，團體成員可以評估信仰、價值和意見。因此，口頭衝突也可以導致個人成長，鼓勵創新和創造力。

6.2 練習 我對衝突的容忍度

目標：這個練習被設計來協助你評估你在面臨人際間衝突時，是否需要變得更肯定。

1. 你是否從人際衝突中退縮（通稱退讓）？如果是，解釋你的理由。

2. 如果你從人際衝突中退縮，你是否覺得當你退縮時，其他人正踐踏你個人的權利？

3. 你是否相信你需要更肯定面對你人際間的衝突？如果是，你打算做事是為了更肯定面對衝突？

解決衝突的技巧

解決衝突有各種策略，茲說明如下。

輸贏途徑

在無效率的團體，相反立場解決方案的衝突變成輸贏（win-lose）局面，許多競爭的領域，例如運動、商業和政治，個人間或團體間互相唾棄。團體中，衝突常扮演相同競爭的模式。因為任一方否定其他人的興趣和關心議題的正當性，成員意圖不聽另一方的聲音，而使別人接受他們的觀點。權力團體形成支持一方反對另一方，當在議題的「贏」成為對抗雙邊唯一的目標時，團體原始的目標和目的便退居幕後。

在輸贏局面，因為團體沒有達到長久範圍的目標和目的，團體整體便輸了。輸方沒有動機完成贏方的決策，輸家憎恨贏家，且可能試圖反對決定或阻礙執行決定。在此氣氛下，敵對兩方之間不信任提升，溝通更受限制、不正確，團體團結力減低。成員間未解決的感覺常導致有偏見的判斷和行動，成員將常常拒絕贊成好意見，只因為他們不喜歡建議這意見的人。

明顯地，用輸贏方式處理衝突的團體嚴重地阻礙溝通，在輸贏局面的衝突導致不愉快事實和資訊的否定或扭曲，因為任一方傾向否定、隱藏，或扭曲和他努力贏得立場的不一致地位。成員誤解那些被以為是對手的想法和行動，造成工作上的「盲點」（blind spots）。因為贏有時得到較高的優先權而不是誠實，輸贏途徑導致誤導的想法、感受的表達，意見不合易於解釋成個人對反對團體成員的拒絕，團體未來的決策通常很糟糕。

雙贏的解決問題

雙贏的解決問題途徑聲稱雙方在衝突情境總有可能滿足他們的需求。本章前面說明問題解決途徑是 Gordon 發展的，係基於兩個基本假設：(1) 所有人有其權利滿足其需求，(2) 兩方的衝突幾乎不是他們的**需求**，而是需求**解決**之道。

區分需求和解決方案是非常重要的，例如，假設學生社會工作社團正在爭

論是否要資助高年級的畢業舞會，或資助面臨關閉危機的校園日間照護。分析需求及討論解決之道將顯示此社團爭論解決之道，而不是爭論需求。需要尊敬即將畢業的高年級，日間照護中心需要可用的經費，然而滿足其需求有各種方式。社團在畢業舞會需要經費，為日間照護中心舉辦募集資金會，或提供中心資金，藉著捐獻食物、飲料、舞會上經費舉辦畢業舞會。社團的一半資金提供中心，其餘的給緊縮費用的畢業派對，另外，許多其他解決之道可以滿足此需求。

雙贏的解決問題途徑的六個步驟是

1. 確認、解釋每個反對立場的需求。
2. 產生可能變通方案解決之道。
3. 評估變通方案解決之道。
4. 決定最能被接受的解決之道。
5. 設法找出執行解決之道的方法。
6. 評估方法如何運作。

第一個步驟目前是最困難的，因為團體成員常常看到有關輸贏的矛盾，且嘗試確認基本上滿足他們自己的需求。然而，當確認在每方需求的衝突，通常引起衝突的不是每方的**需求**，而是他們的**解決之道**。經過**全部六步驟**之後，雙贏的解決問題將通常導致創造性的解決之道（讀者將注意到「雙贏的解決問題步驟」和稍早本章說明的「解決問題步驟」相同）。

雙贏途徑的益處是雙方完成滿足他們的需求，並增加團體和諧和團結力。在輸贏局面中也減少憎恨、敵意、破壞性的行動。事實上，藉著幫助所有成員解決衝突的最大利益，有助於所有成員成就其短期目標，增進團體長期效能，如此**所有**成員更有機會達成其長期目標和需求。常常以輸贏方面運作其功能的團體，贏方可能贏了一些爭執，但團體的效能會減低，所有成員可能因此無法達成長期目標、滿足需求。

解決問題途徑，成員易於傾聽他人，承認他人利益的正當性，且用合理的爭論影響別人。解決問題鼓勵合作氣氛，而不是競爭的環境。

以下總結輸贏策略和解決問題的策略的差異：

輸贏策略	解決問題的策略
衝突被定義成輸贏局面。	衝突被視為問題。
每方只為自己需求尋找解決之道。	每個人尋找解決之道來達到全部成員的需求。
每方意圖強迫另一方屈服。	每個人和其他人合作找出互相接受的妥協方案。
每方藉著強調自己獨立於另一方，而另一方依賴自己來增加權力。	每個人藉著強調互相依賴來均分權力。
每方不正確地、欺騙地、確誤地溝通目標、需求和想法；和自己立場不一致或不分享傷害性的資訊。	每個人誠實地、公開地溝通目標、需求和想法。
沒有用對方的觀點、價值和意見形成的移情表達或了解。	努力傳達其他人的觀點、價值和意見的移情和了解。
使用威脅，意圖強迫另一方屈服。	避免威脅，減低其他人的防衛性。
表達一方嚴格固守的立場。	表達願意變通。
立場改變得很慢，強迫另一方讓步。	準備好改變立場幫助解決問題。
不尋求第三者的建議，因為焦點在強迫另一方放棄。	尋找第三者幫助解決問題。

　　團體合作性問題解決途徑亦能促進**創造力**，創造力是將新事物帶進生活的過程，有成效的爭議導致創造性。因為新觀點看問題，可以提出新的變通方案形塑問題的解決之道。

　　Deutsch 發現促進團體創造力有三種方法：(1) 必須有適當水準動機喚起尋找解決問題，(2) 團體必須有合作性解決問題的氣氛，一旦陷入僵局時，允許成員再提出問題，(3) 需要提出各種不同的想法，可以彈性組成為新的、不同的解決方法。

　　即使有挫折、死巷，當成員有足夠動機維持其努力解決問題，團體是最有創造力的。然而，如果成員動機不強，壓倒成員，使其太緊張而無法專心。過多緊張導致防衛，減少創新途徑的接受度，太多焦慮抑制成員完全表達看法，干擾傾聽他人的看法，並導致心靈的封閉。

　　創造力團體成員找出看待問題不同的方法，保持開放心靈，以創新的方法解決問題。亦即，成員基於資訊的優點評估有關資訊，不是資訊與想法、意見

和假設。當兩成員發生衝突，任一方傾聽另一方的批評，公平地判斷它們的有效性，考慮到雙方關心議題的新策略，如此可對問題產生創新的解答。

　　相對之下，心靈封閉的人係從他自己的假設、信條和了解的範圍中看待相關資訊。封閉心靈的成員強調介於他們相信與不相信的差異，忽略或否定與他們價值系統不同的資訊。他們易擁有他們無法質疑的、對立的信念，他們努力防衛這些信念，扼殺創造力。

6.3 練習 衝突激發創造力

目標：本練習旨在幫助你了解衝突如何時常激發創造力。

請說明你有過激發創造性的解決之道的衝突，此解決之道使你和其他人都感到滿意。

角色反轉

　　一個解決團體內和團體間衝突的有用策略是角色反轉，角色反轉的基本規則是：**每個人只有重述反對方的想法和感覺後，才能表達自己的意見或觀點。**這些意見和感覺應該以一個人自己的話重述，而不是機械地模仿另一方確切的話。建議用這樣的話開始重述，如「你的立場是……」，「你似乎在說……」，或「你明顯地感受到……」。應該避免贊成或反對、責備、給予忠告、解釋或說服的行為。

　　另外，非語言的訊息應該和語言意譯一致，傳達反對對方想法和感覺的興趣、開放性、關注。總之，角色反轉應該對了解對方的感受、想法和立場，以真誠態度表達。

　　角色反轉可以藉著雙方對於議題態度的改變與再評估，因為有關團體成員易意識到他們是善解人意、願意妥協、合作的、值得信任的人。發現此方法可以介於兩方角色互換而增加合作的行為、釐清誤會、改變輸贏局面成為問題解決局面，最重要的是，允許議題從對方了解的架構察覺。

此方法缺點是有些人不喜歡被強迫重複和他們衝突的人的話,其他人不喜歡聽到他們才剛講的話被重複。對這兩類型的人來說,下列的技巧常常更可被接受、更有效。

同理心

一個和角色反轉非常有關的技巧是表達同理心,同理心意味著設身處地站在衝突的立場來思考,表達自己了解她所想、所說的,一些有利於幫助你表達同理心的例句是:

「你所講的似乎是……」

「我接受你所想的是……」

「我感受到關於此議題你感覺……」

當表達同理心時,反應幫助以不批判的方法,了解另一個人所想所感覺的本質。

和角色反轉類似的是,同理心可以促進開放的溝通,幫助釐清誤解,增加合作行為,促進雙贏問題解決的過程。

詢問

如果你和某人衝突,你對於他的想法和感覺的困惑,詢問技巧也許派得上用途。這個技巧意味著使用溫柔的、探索性的問題,學習更多有關其他人正想什麼、感覺什麼。詢問中聲音的語調非常重要,因為尖酸地或防禦性地問問題,易於得到衝突對方防禦性的回答。

我—訊息

如第五章所說,使用我—訊息的技巧也促進衝突的兩方更開放誠實的溝通。相反地,你—訊息傾向增加介於衝突兩方的防禦性。

解除敵意

當你與人發生衝突,使用解除敵意的技巧時常是解決衝突的一個有效策

略。解除敵意的技巧意味著，在另一個人（或另一方）所說之中找到一些眞相，然後表達你的「同意」（agreement）──即使是你感到另一個人大部分是錯誤的、不理性的、不合理的，或不公平的。在另一個人所說裡總有一點點眞相，即使它聽起來令人討厭的、無禮的。當你用這個技巧解除另一個人的敵意，她會承認你尊重她。一旦解除了敵意，另一個人將不會感到這麼堅持己見，且將更不會堅持她是完全正確而你完全錯誤。結果，她更願意看到你論點中的優點。如果你想要得到別人的尊重，先要尊重別人。如果你想要被聆聽，解除敵意協助你先聆聽另一個人，促使開放性（而非防禦性的）溝通，善意的回應增進開放性的溝通，有敵意的回應通常產生防禦性的溝通。

在使用解除敵意的技巧時，對你所說眞誠、誠心表達你的附和是很重要的。

打擊

和解除敵意緊密有關的是打擊，打擊是眞誠地向和你衝突的另一個人（或另一方）說正面的話，即使在爭鬥火熱時。打擊告訴另一個人說你尊重他，即使你們兩都很生氣。在爭論或衝突中，你易於感受到你被排斥時，你有需要反對另一個人（爲了「保住面子」）。常常人們過度反應，不同意見帶來爭議。爲避免防止此拒絕，單單讓另一個人知道，雖然你和他的意見不一致，你仍相當考慮到他，對他來說較容易開放、聆聽，因爲他感覺較不受威脅。

6.4 練習 解除敵意與打擊

目標：這個練習是被設計來幫助你了解、應用解除敵意與打擊來解決衝突。

1. 明確說明，兩個人有衝突（其中一人可能曾經是你）的經驗，且衝突是以其中一人使用解除敵意與打擊來解決（至少一部分被解決）。

2. 總結你對解除敵意與打擊在解決衝突的優、缺點的想法。

調停

　　過去二十年，調停愈來愈被使用在解決兩個爭論團體的衝突，聯邦政府追溯到 1913 年建立聯邦調停人幫助解決雇主與雇員之間的議題。調停可以解決被預期、可預防工人和雇員昂貴的罷工或停工，保護美國人的福利和安全。聯邦在勞工爭論中使用調停為許多州通過法案和訓練調停人幹部，建立處理州內勞工衝突的一個前例。

　　1964 年的公民權利運動創造了美國司法部服務社區（Community Relations Service of the U.S. Department of Justice），此用調停解決有關種族、膚色，或國家歧視的爭議。不同的私人機構、公民權利委員會，和州立機構現在使用調停斡旋來處理性別、種族和人種歧視的控告。州政府資助提供公眾免費或低價調停服務鄰近的司法中心，非正式、便宜、有效地解決爭議。透過調停解決的爭議比起在法庭解決的爭議更有效、更有創造性。中小學和大學也使用斡旋，解決學生之間的爭議、學生與職員的爭議、職員間的爭議、職員和行政部門間的爭議。犯罪司法系統使用調停解決在懲治場所的爭議，例如，監獄暴動、敵意的協商、公共團體不滿的過程。

　　調停也廣泛使用在家庭紛爭，包括孩子監護權和離婚過程、父母和孩子間的爭執、有關領養權和終止父母權利的衝突、家庭暴力局面。Moore 說明：「在家庭紛爭中，調停和互相同意的解決問題，常是比訴訟或強制法庭結果更適合、更令人滿意。」

　　調停可用在商業夥伴爭執、非官方的個人爭執、政府機關和個人爭執、地主和佃戶的爭執、商家和顧客的爭執、個人傷害案件的爭執。

　　許多專家現在偶爾表現如調停者，幫助衝突間的人或團體解決他們關心的議題。這些專家包括律師、社會工作者、心理學家、指導諮商員，一些社會工作者、律師，和其他專家常在公家或私人調停機構充當全職的調停者。

　　Moore 定義調停如下：

　　　　調停意味著一個可被接受的、公正的和中立的第三者的介入，他沒有做決定的權利，輔助爭論任一方達到他們自己對爭論議題互相接受的解決

之道……調停把做決定權留在發生衝突的人手中。調停是個自願性過程，因為如果要解決爭論，參加者必須願意接受介入者的輔助。調停通常開始於當夥伴不再相信他們可以處理自己的問題，且當唯一解決的方法顯示需要公正的第三者的輔助時。

　　調停過程有許多模式，接著以 Blades 發展的一個模式做結論，根據 Blades 所言，調停過程牽涉五個階段：

1. **介紹／承諾**：第一階段通常在一或二個小時裡完成。調停者訂定基本規則、說明調停、回答問題、討論費用、且尋找雙方對過程的承諾。調停者尋找發展更迫切議題的了解，獲得雙方個人動力的意見、且嘗試查清他們是否準備好、願意調停。如果一方或雙方不願意調停，調停可能應該中止。如果一方或雙方猶豫是否要繼續，調停者通常說明其他調停的變通方案──例如冗長又昂貴的法庭論辯。

2. **定義**：隨著調停者的幫助，雙方定義他們已經同意或不同意的範圍。特別的爭論，如在離婚調停中財產分配的議題，傾向在需要龐大資料的階段。

3. **協商**：一旦雙方對衝突有一致的意見，並獲得議題相關事實的情報資料，雙方準備好開始協商。在這階段調停者企圖讓雙方一次專注在一個議題上。先確立每一方的需求，產生解決方案時，立即使用解決問題的方法。當討論進行得很好，調停者便退居幕後；當雙方情緒變得激烈或忽略達成需求的創造性解決方案時，調停者便插手干預。

4. **同意**：一旦產生變通方案、評估相關事實後，雙方準備好開始對議題達成共識。調停者的角色是維持合作的氣氛，讓雙方保持專注在可控制數量的議題上。調停者總結共識的範圍，提供討論必要的合法的或其他的資訊。調停者幫助雙方檢視選擇的優缺點。在此階段，調停者稱讚雙方已達到進展，讓他們欣賞自己的成果，調停者試圖創造正面的氣氛。

5. **訂契約**：在調停的最後階段，雙方覆審共識、釐清模糊地帶。以契約的形式寫下共識，作為未來參考。任何一方、調停者或每個人一起寫下實

際的契約。契約陳述任一方同意做什麼，制定不同任務何時達成的期限。契約明確說明當任一方無法達成契約條件的後果。調停者試圖將明確的共識用具體形式描述，預防未來的爭議。調停最終的目標是一紙契約，沒有人是輸家，且雙方願意遵守。

調停者主要使用的技巧之一是協調會議（caucus），有時調停者或任一方可能會中斷調停，要求一個協調會議。在協調會議中，雙方彼此完全分開，兩者間沒有直接的溝通。調停者和其中一方或雙方個別的開會。召開協調會議有很多種理由。協調會議私下地給強烈的情緒一個出口，釐清錯誤看法、減低沒有結果和重複的負面行為，試圖釐清一方的利益，提供給任一方考慮一個變通方案，說服不妥協的一方，調停過程比上法庭好，揭開機密資訊，教育有關調停過程沒有經驗的爭論，或設計不久後帶入共同會議的變通方案。

在協調會議中，有些人願意私下表達讓步，通常這些讓步是以另一方做特定的讓步為條件。藉著使用協調，調停者可以來回轉達從一方到另一方的資訊，試圖發展共識。

假使這些策略沒有用呢？

如果這些策略使用得當，大多數的案子可幫助解決人際間的衝突，當這些策略無法成功，你可以肯定的說，和你衝突的人真的不想解決衝突。也許另一個人是有很深的敵意，想產生衝突達成他或她想要衝突的個人需求，為了給他或她的憤怒和敵意一個出口。或者，也許另一個人真的想要和你起衝突，為了使你的生活不舒服。

當你變得察覺另一個人真的想要和你保持衝突時，你可以做什麼？使用需要的多樣性法則（Law of Requisite Variety）是一個選項。此法則說明你若持續創造性地想出回應敵意的新方法，最終另一個人逐漸厭倦折磨你，並將最終決定埋葬敵意，以下以兩個例子說明。

Janice 和 Pete Palmer 一年前結婚。在 Janice 不知情下，Pete 大約每月一次和前情人，也是他約會超過三年的 Paula 午餐一次。七個月前 Janice 在中午走進一家餐廳，看見她先生和 Paula 在一起。在一陣憤怒中，Janice 跺腳出餐廳。

那個傍晚她和 Pete 在這件事有較多的爭吵。Pete 宣稱 Paula 只是一個朋友，並沒有發生任何感情的事。Janice 大喊尖叫。Pete 表明他會停止和 Paula 吃午餐，但他沒有遵守諾言。他繼續和 Paula 午餐，大概一月一次，當 Janice 發現時，他們有較多的爭執。Janice 提出許多解決的選擇，包括婚姻諮詢。Pete 拒絕尋找諮詢，且表明他決定（輸贏方法）他將繼續和 Paula 吃午餐。一天 Janice 碰到她一個舊情人 Dave，Dave 邀請 Janice 共進午餐或晚餐。一盞明燈使 Janice 繼續接受邀請、計畫晚餐。她回到家，及快樂地告訴 Pete 她碰到 Dave（Pete 知道 Janice 過去和 Dave 約會過）。Pete 變得很嫉妒，嘗試說服 Janice 不要和 Dave 共進晚餐。Janice 說：「不可能。如果你和 Paula 約會沒關係，我和 Dave 約會也沒有關係。」Pete 在 Janice 和 Dave 一起吃晚餐期間非常痛苦。當 Janice 回到家時，Pete 有禮貌地說他那晚打電話給 Paula，告訴她取消了下一次約好的午餐，他覺得他們最好不要見面吃午餐了。然後 Pete 問 Janice 她是否也願意不再和 Dave 相聚——她說，好的。經過這次經驗，Pete 和 Janice 學習到深度尊重、感激對方。

Vicki Stewart 是律師 Randy Fuller 的秘書，Fuller 時常批評她、從不讚美她。她表現得愈好，似乎她所受的批評愈多。她試過各種解決問題策略——與他討論這個衝突、和他的指導者討論這個衝突、把讚美他看作一個好的例子。但這些都不起作用。最後，她決定靠一個新方法。Fuller 先生的文法和拼字糟透了，當把從 Fuller 先生和其他辦公室的律師的草稿交出去時，Stewart 小姐總是改善拼字和文法。當 Fuller 先生給她一個州最高法庭的法律訴案大略草稿，Stewart 小姐在 Fuller 先生簽署後，照上面打字（他常不經校對就簽署這樣的文件）。當 Fuller 先生在三週後讀這份訴案時，他非常生氣，然後和他的指導者討論這件事。他的主管先是大笑，然後告訴 Fuller 先生，為了避免未來類似的情況發生，他必須表示出對 Stewart 小姐的尊重。在反映這件事的幾天後，Fuller 先生決定顯示他個人樂於對 Stewart 小姐表示尊重和感謝。

6.5 練習 有效地解決你的衝突

目標：此練習旨在幫助你學習如何更有效地解決人際間的衝突。

1. 說明一個你曾和某個對你很重要的人之間嚴重的人際衝突。

2. 你曾用什麼解決衝突的策略來試圖解決這個衝突？

3. 另一個人試圖使用什麼衝突解決策略？

4. 已成功地解決此衝突了嗎？如果是的，說明是什麼方法。如果不是，明確說明為何問題沒有被解決。

5. 檢視本章說明的衝突解決技巧，詳細說明那些你相信更有效率地解決衝突的方法，並對你的觀點提出解釋。

6. 在未來你傾向使用哪些衝突解決技巧？

 ## 團體間衝突

　　正如團體內有衝突，團體間也常有衝突，在一個單一組織中，各種團體常被強迫為了資金、人力資源和權力競爭。例如，不同學院系所的成員（如，社會學、心理學、社會工作）常起衝突，為了哪個學院系所將放一個新系的位置，每個學院的預算分配是多少，哪個學院將為了學生分班使用人力服務機構。

　　如同團體內的衝突，團體間衝突的雙方可以使用輸贏方法或是雙贏問題解決方法，試圖解決衝突；和團體內衝突相同的優缺點在團體間衝突也成立。

　　當就輸贏局面論衝突，結果是可預期、毀滅性的。每個團體變得更團結，因為成員們結合在一起，防衛攻擊的團體；成員縮小階級，常常把團體內衝突放一邊。團體成員變得更願意接受專制領導，因為必須快速、一致的做決定，表現堅固的前線（a solid front）。衝突團體變得更極端，因為每個團體意識到自己的立場是正確的、有道德的，而反對的團體被輕視、價值被貶抑。因為成員感到團體認同感和歸屬感的增加，他們對團體的滿足感也增加。

團體間敵意增加，理解的扭曲相對增加，因為每個團體強調自己最好的部分，強調另一個團體最差的部分。團體間溝通和互動減少，因為每個團體把敵對的團體歸於不正確、貶低的刻板模式、次等的看待它。

　　因為團體成員常常誤解另一方的立場，不信任感升高，常常從每個團體中選出協商者解決其間差異。這些協商者傾向是每個團體最激進的領導者，堅信聲稱只有他們團體的立場，而不是邁向創造性共識的努力，將達到所有團體的需求。他們無論如何不願放棄，以至於不會被貼上輸家或是背叛者的標籤。如果產生第三者決定爭論，贏家這方將看待第三者是公平客觀的，而輸家那方將看待第三者為有偏見的、輕率的、不合理的。

　　當衝突陷入輸贏模式時，通常有兩個結果，一個結果是僵持狀態，在此相對的團體也許持續爭戰好幾年，保持僵持；另一個結果，一方贏而另一方輸。

　　輸的一方最初失去團結力，甚至只能解散。成員分析輸的理由，通常責罵，然後在他們之間爭吵，之前未解決的衝突浮出表面，緊張感增加。團體常常找一個代罪羔羊，像是領導者、第三方協商者，或最不遵從團體的成員。如果一個沒有效率的領導者因為團體被打擊而被責怪，他可能被取而代之。經過失敗的再評估，團體重新塑造目標，重新檢查正面的刻板印象和對方負面的刻板印象。實際上，這可能導致它自己和對方更實際的評估。一旦接受失敗，看待未來勝利有希望，失敗團體可能重新組織，再一次變得有效率。如果未來的勝利顯得不可能，成員可能變得沒有道德、沮喪、對他們逐漸離開團體冷漠，或變得對團體不關心、沒有生產力。

　　贏的團體通常慶祝勝利、感到強烈的團結力。它變得自我滿足，喪失戰鬥精神，成員易於放鬆，甚至可能愛玩，而表現對團體工作顯得不努力。結果，勝利的團體很少改變——它自我滿足。

　　相對於輸贏途徑，解決問題策略可以透過各種結構的安排，使用於解決團體間衝突。其中一個安排是每個團體的領導人或代表開會，或如果團體夠小，可以安排含**所有的**成員會議。如果有必要，可以選出調停者召喚團體的代表會面，或從每個團體中選出長年的代表委員會，解決目前的衝突和新議題。

　　開會是簡單的，困難的是要說服每一方使用解決問題途徑，俾最有利於每

個人，在團體間衝突使用解決問題途徑的好處，和本章說明解決團體內衝突的途徑好處是一樣的。此方向指出團體衝突途徑是 (1) 簡略總結缺點及使用輸贏途徑解決未來問題，(2) 指出使用解決問題途徑對各方的潛在好處，(3) 要求衝突團體試著用解決問題途徑。

有關團體間衝突最重要的是，如果各方使用合作的、解決問題途徑，比使用輸贏途徑好許多。團體領導者必須察覺，解除競爭性輸贏局面導致的負面感受和憎恨是非常困難。如果需要，輸贏衝突早期應該引入調停者或仲裁者，轉變局面。

輸贏策略和雙贏問題解決策略常互斥，如果兩個團體衝突，各方的協商者不能同時誠實又欺騙。它們不能同時傳達又隱瞞同理心和了解，或用威脅贏過另一方，又避免脅迫，減少對方的防禦。甚者，這些協商者不能同時有彈性又嚴謹。

雖然問題解決途徑目前最為需要，但當反對一方拒絕用解決問題策略時，輸贏途徑也有需要。開放、彈性、願意對用輸贏策略的團體讓步，可能增加被剝削和輸掉的機會。

做決定

團體的效率大部分依賴議題做出好的、完整的決定能力，如會議將如何執行、團體為何要開會、會議能做什麼事。決定幾乎總是意味著在幾個不同選項中選擇、共識的建立。有些團體的成員模糊地知道如何做決定，而其他人花數小時辯論如何做決定。一個團體做所有的決定少有相同的步驟；因為不同環境需要不同做決定的過程。在我們的社會，重要的決策通常由團體決定，而非個人決定。如果一個問題或議題很複雜，團體所做的決定通常比個人做得好。

決定的基礎

大多數人易於相信決定基本上用客觀的事實和圖表制定，事實上，價值觀

和假設形成大多數決定的基礎，事實和圖表只用在主觀、學習的經驗。想想下列的問題，它們指出我們如何做出最重要的決定？

1. 懷孕第一週墮胎是允許或禁止的？
2. 同性戀應該視爲自然的性傾向表達嗎？
3. 嚴厲地懲罰孩子什麼時候變成虐待孩子？
4. 什麼時候應該違反保密原則？
5. 基本拘留的目的應該重建或是限制？

這些問題的答案通常不是基於小心研究顯示的數據；它們是基於有關人生價值觀的個人信仰、個人自由、防護的社會標準，甚至日常做決定大部分是基於**價值觀**。

實際上每項決定係基於特定**假設**，沒有假設，沒有事情可證明。假設是在每項研究報告對任何假說所做的測試，例如，在市場調查中分析假設使用的工具（如問卷）是有效度、信度的。不經假設歷史提供證據，甚至不能證明太陽明天會從東方升起。對運用做決定的團體而言，這種事同樣正確，例如，如果一個地方團體決定通車應該作爲促進種族融合，他可能假設通車將有特定好處。另一方面，如果一個團體決定不使用學校公車，它假設的可能花費比預期的好處更重要。在兩者任一例子中，假設不能預先證明。當執行決定、評估效果時才能得到。

統計資料和研究報告的目的在於測試假設、假說和信念，以下都是許多美國人的信念：

- 死刑對犯上嚴重罪行者，如謀殺，有遏阻效果。
- 大多數社會救濟接受者即使有工作能力，也寧願以社會救濟度日。
- 精神病患可能比其他人更容易犯罪。
- 同性戀男子傾向展示女人氣質的癖性。
- 我們社會低階級的犯罪是付出最高代價。

這些信念在研究上顯示不眞實，而代表科學測試信念的重要性。研究顯示，國家採用死刑謀殺率不會下降，其他犯罪率也不會下降。只有小部分社會救濟救助者有工作能力——大部分沒工作能力，因爲他們是小孩、年長者、殘

障或有小孩子的家庭主婦。被標記精神疾病的人不比精神正常的人更會犯罪，男同志不比男異性戀更傾向具有女性氣質，在我們社會中白領階級罪犯也付出很高代價。

做決定的途徑

討論做決定的議題時，團體必須知道將使用什麼做決定途徑，因為不同的途徑在未來團體運作時會導出不同的後果。有效的團體知道這些後果，必須考慮選擇最好的途徑，考慮有空的時間量、做決定的本質、團體想要創造的何種氣氛。也必須考慮任務的本質、團體歷史、團體運作的場所。茲討論六個做決定途徑：

1. 團體共識
2. 簡單多數人投票
3. 三分之二或四分之三多數人投票
4. 授權決定
5. 多次投票
6. 平均個人意見

共識

此途徑係在激發所有團體成員支持、通過決定最有效的方法，因為每個人一致同意最後的決定。此途徑也最費時，因為需要認清每個成員關心的議題。Johnson 和 Johnson 描述共識如下：

> 共識界定為在充分公開的溝通情況下，一群人一起工作達到共同的意見——團體氣氛有足夠支持性——以至於團體的每個人覺得他有公平的機會影響決定。經由共識做決定，所有成員了解決定、準備好支持此決定。實際上，共識意味著所有成員可以重述決定，表示他們了解共識，所有成員有機會訴說他們對決定的感受是如何，那些仍然不同意或有疑惑的成員，將公開表示他們願意用一段時間嘗試決定。

為了有效運用共識，團體必須在信任的、合作的氣氛下。成員必須能自由表示他們的觀點，但做起來必須盡可能清楚、有邏輯的。他們必須節制盲目地爭辯自己的個人觀點，傾聽尊重其他成員的觀點。如果成員相信多數意見是錯誤的，他們也應該避免同意團體。如果唯一的理由是避免衝突、顯示團結，此種順從的型態導致團體迷思是危險的。然而，如果大多數人的意見似乎有優點，對正面結果有公平的可能性，成員應該退讓給對方。

應該尋找用尊重處理不同意見的差異性，不同的觀點增進重新探討議題的重要面向，發展其他人的觀點，制定可行的決策。

鼓勵成員的參與，強調找到每個人可以達成共識、支持的最佳解決方案。如果團體變成在兩個選擇方案間僵持不下，常常尋找第三個選擇方案，使兩個次團體同時具體化他們的要求。如此，團體避免其他做決定發生的分歧，例如投票。

共識是很難達成的，因為它需要成員是彈性的。他們也必須了解徹底討論不同觀點應該導出意見的綜合，導致創新的、創意的和高品質的決定。需要積極參與、平均分配權力、花上龐大時間分析歧異的觀點，及合作綜合每個人首肯的意見。

因為共識解決爭議和衝突，它增加未來團體制定高品質的決策的能力。當團體成員感到他們參與決定並支持決定，他們可能貢獻更多資源執行決策。共識在制定重要的、嚴肅的、複雜的決定是有用的，決定的成功仰賴所有成員的忠誠。

簡單多數人投票

大多數團體用簡單多數人投票途徑，討論議題直到澄清議題，然後進行表決。

這種做決定有幾項優點，很快做決定。大多數決定不能保障所有成員能全力支持，即使團體裡成員對其他人不信任，藉著簡單多數人投票途徑，團體可以運作，此途徑在團體中使用的結果，成員間缺乏公開的溝通，成員不願意放棄喜愛的立場。

然而，簡單多數人投票的缺點很多，少數人的意見沒有得到保護。種族團體、女人、特定人種團體、男女同志，和行動不便的人接受許多簡單多數人投票的相反決定的衝擊。多數人投票通常將一個團體分成贏家和輸家，有時，輸家的數量接近贏家的數量，表現幾乎 49% 的表決。這些輸家可能覺得他們關心的議題沒有獲得注意，拒絕支持團體的努力，並引起破壞或推翻決定。危險性的多數的規則被少數解釋為控制和操作不公平的工具。因此，為了維持團體的效率性，使用多數人投票的團體應該創造一個氣氛，成員在裡面感到他們有最受關注的一天，並支持最後的團體決定。

三分之二或四分之三多數人投票

高百分比的多數人投票，例如三分之二或四分之三，基本上用在決定重要後果上。例如，美國制定修正案，高百分比的多數表決，通常政府決策單位用來通過特殊基金的緊急要求。

此投票型態是共識與簡單多數之間的妥協。比簡單多數花更多時間，因為需要更多表決票，但比共識花更少時間，因為不是每個人都必須同意。然而，少數人可能仍感到被大多數規則控制、被操縱。高比例多數人投票比簡單多數人通常擁有群眾成員強烈支持，但不能產生如共識一樣強烈支持。心理上，在四分之三多數系統下 76% 比 24% 表決輸的一方，比在簡單多數系統下在贏的一方占 51%，傾向與贏方一起進展。

重要決定需要所有成員實際上的支持，盡可能達到絕大多數同意是明智的。例如，如果一個部門的表決是 20 比 1，而不是 11 比 10，沒有讓全體成員得到授權的決定較沒有吸引力。

代表決定

因為大團體不能小心地辯論做所有的決定，許多團體委派較不重要的決定給專家、團體領導人或次團體。次團體包括行政上的、暫時的，或長期的委員會。然而，被委派的決定的種類必須完整定義，避免潛在衝突，限制被選出做較不重要決定的團體成員的主權。在許多團體中，當這些限制沒有釐清，衝突

和異議就容易發生。團體成員和領導者對於哪些決定應由領導者決定、哪些應由整個團體做決定意見不同。當領導者做決定的主權受質疑，整個團體應該處理此問題，否則，領導者可能被批評過度發展他的權力。

專家　權威可以委派給在團體中對特定領域最專門的人，專家可以重新審視議題、通知團體決定。重要的問題是決定哪位成員最有專門知能是很困難，個人知名度和權力常影響正確選擇時是最具專門知能的人。既然團體把決定留給單一成員，是沒有討論空間了。這可能限制專家會考慮的可執行的選項，最後，一個人做的決定可能不受到其他成員的支持執行它。

團體領導者　團體可能允許其領導者做決定，然而，在做決定時，領導者可能召開團體會議，說明議題，討論做成決定。大學校長或董事長常用這個方法尋找各種次團體的忠告和意見，最省時的方法是當領導者無須團體討論就做決定。此步驟在不複雜、不重要的議題上運作最好。雖然有效率，卻可能沒有效果。因為團體可能不了解議題，成員可能不同意決定，執行決策時保留資源。如果成員覺得領導者超出權限，他們可能用限制他主權或換掉他作為報復。另外，沒有團體的投入，領導者較不可能完全知道所有可行作為。藉著投入團體，領導者將聽到各種選擇方案，讓團體成員有機會表達他們的觀點，儘管如此，如果領導者的決定不受歡迎，執行的支持將受限制。

次團體　另一個代表決定途徑是授權次團體做決定，例如行政委員會或暫時的委員會。當次團體做決定，它應該考慮較大團體的觀點，因為不受歡迎的決定通常不受支持。如果次團體持續做決定不受歡迎，較大的團體可以藉著重新審視決定、改變次團體的成員身分、減少它做決定的權力，或遣散解散它。當團體在有限時間進行大量小決定時，次團體特別有效果。

多樣投票

　　如果組織之前有大量的變通方案，可能要採取一連串的投票，直到變通方案得到大量贊成票。多數人投票可以用各種方式完成。總統候選人選舉時，共和黨和民主黨會進行投票，直到一個候選人獲得多數。另一個途徑是縮小選擇量，例如，如果有五十個選擇，每個成員可以先投給五個選擇，獲得最多的十

個選擇考慮進入第二回合；這時成員投票給三個選擇。在第三回合前面考慮四個選擇，這時成員每個人投給兩個選擇。在第四回合和最後回合，考慮前面兩個選擇，成員投給一個選擇。在多樣投票型態中，成員在投票前對投票規則意見一致是必需的。否則，那些想要有卻沒有選上的選擇權在檢視投票結果時，會控訴團體領導者任意地、善變地排除他們喜愛的選擇。

平均個人意見

在緊急中，召集成員開會不太可能。在這局面中，團體領導者可能和每個單獨成員接觸獲得選票。選擇出來的方案是獲得最多選票的人。少於 50% 的選票可以通過提議，因為其他選票會分散各種選項中，此途徑也可以用在領導者必須做決定，但無法召開重要會議時。

然而，此途徑有許多缺點，沒有團體討論，許多成員可能不全然知道所有的議題、選擇方案，或提議後果。如此可能產生一個糟糕的決定，因為沒有告知投票人最少被告知的成員，最具專業知識者沒有參與投票。在很少的參與下，成員不可能對於執行決策承擔很多的義務。也有一個危險是，反對決定的次團體感到自己被摒除在外，可能盡力推翻決定，或阻止決策執行，另一個危險是執行表決的人可能影響成員投票的立場。

團體 vs. 個人做決定

理論上，在團體內做決定的任務應該遵照合理的問題解決步驟——解釋清楚問題、產生提議的解決方案、權衡提議解決方案的優缺點、選擇有最少風險和最多機會成功的變通方案，實際上，主觀的影響可以阻礙這步驟。

我們曾聽過有趣的、但不完全嚴肅的經驗，有關「搪塞的會議」、「不確定的結論」、「比蝸牛還慢的委員」。當團體做決定係基於更廣泛的資訊、更廣泛的專家優點，他們也懷疑團體內主觀的影響。在不知道這些主觀的障礙下，團體將不一定做出比個人更好的決定。

每位團體成員不只帶來他或她對做決定過程的客觀知識和專業，也帶來他或她主觀的經驗：獨特的態度、感覺、偏見和廣泛的興趣。這些不會在會議一開始就表現，但會在接下來的討論中被觸發。當做決定過程持續下去，個體逐漸偏向允許他們對其他人的干擾客觀的反應。

團體做決定是比個人做決定好或不好？當團體沒有互動就做決定時，就產生個人做決定。領導者、專家，或一群個體制定須由團體執行的決策。有太多證據顯示團體做決定通常較優，此結論甚至可以運用在由一個專家所做的個人決策。

幾個理由顯示為什麼團體做決定較好，透過團體互動，每個成員通常提出知識、能力和資源。個人獨自行動常缺乏資訊、技巧或需要的資源達到最好的決定。其他人在場時，一個人在工作表現上動機強烈，付出更多努力，更謹慎，提升工作的品質。人在問題上工作時，增加在團體中提議解決問題可能性；透過團體互動，成員擴展彼此的想法，發展積木途徑認清每個變通方案的正負面後果。因為認清別人的缺點比自己的缺點容易，其他人喜愛的變通方案的問題可以被解釋清楚和分析。另外，看待問題和任務不同的方法，導致個人不同的貢獻，當團體成員也參與做決定，他們將更同意、支持結果。

然而，應該注意的是主觀影響在實質上可以減少團體做決定的品質。一些團體成員也許選擇他們真實的意見，或隱瞞相關資訊，因為他們不想讓團體的其他人不高興。一個或數個成員可能開始提出許多討論，或太強烈陳述他們的意見，以至於其他人開始放棄自己、變得消極。對手不切題的爭論可能具有重要意義，對某些團體成員而言，贏得此爭論比達成做決定更重要。團體成員人際間的吸引力和排斥力也影響做決定；一些成員傾向支持吸引他們的成員致力的低品質的變通方案，他們傾向拒絕他們不喜歡的成員致力的高品質的變通方案，有時主觀影響的組合導致**團體迷思**。

團體迷思

Janis 第一次明白解釋團體迷思是研究美國總統顧問團的結果，在研究期間，他發現當意見不同者開始發聲反對那些顯得是團體共識的決策，就會發生

強有力的社會壓力。團體迷思是問題解決的過程，其中提議沒有經過嚴謹、小心的重新檢視變通方案的優缺點，對於表達反對的觀點沒有帶來大量社會壓力。團體迷思的發生一部分是因為團體的規範認為，支持團體道德比嚴謹地評估所有變通方案重要。另一個團體增加團體迷思的規範是成員應該保持忠誠，固守團體致力的政策，甚至當那些政策都沒有用時。

Janis 列了許多促進團體迷思的因素：

1. 成員有不受傷害的錯誤觀念，使得他們對選擇的做法過度樂觀。此錯誤觀念讓他們冒著危險，沒有回應清楚的危險警告。

2. 成員對團體的道德正確性有不問是非的信仰，導致他們忽略決定的道德後果。

3. 團體應用社會壓力，不認同任何短暫懷疑團體基本政策的成員，或不認同對多數偏愛的政策選項提出疑問的成員。

4. 團體合理化漠視警告和其他形式的負面回應，如果嚴肅看待此負面回應，會讓成員重新考慮有關沒有用的政策的基本假設。

5. 團體成員保持對反對團體的領導者的刻板印象，反對團體領導者不是被看作邪惡的誤以為是協商差異，就是又笨又軟弱，他們無法阻止團體達成目標。

6. 成員有時會假想「心靈防禦」（mind guard）角色，其中他們試圖保護他們的領導者或團體遭受可能讓他們懷疑過去決定的道德性和有效性的負面資訊。

7. 成員對他們的疑慮保持沈默，甚至把這些疑慮的重要性降到最小。透過自我審查，成員避免和團體共識脫節。

8. 成員實際相信在團體的每個人對團體的政策和計畫意見全然一致。

團體迷思產生粗劣的決定，團體限制討論和過去決定和政策一致的行動過程；結果，沒有考慮更不同的策略（其中一些是可行的）。甚至當風險、退縮和不打算發生的後果變得清晰，團體無法重新檢視選出行動過程。團體並不努力於從適合的專家得到成本效益資訊的可能策略。成員基本上尋找得到事實，傾聽支持他們偏好的意見，易於忽略他們不喜歡的事實和意見。團體無法解決

停滯不前的計畫，處理可預期的失敗，不花時間思考選擇的策略如何可能被政治反對者杯葛，或被官方的繁文縟節阻礙。

　　為了阻止團體迷思發展，團體需要預防它的危險，成員必須了解他們選擇的做法可能失敗，知道他們決策的道德後果。團體應該歡迎成員對基本政策的懷疑，實際上評估反對團體表達觀點的優缺點。成員應該勇於表達關於團體基本政策和策略的疑慮，團體應該歡迎增加解決反對的問題的創新策略。最後，團體需要一致地應用解決問題的策略，評估問題、產生變通方案、評估這些選擇方案，和選擇執行策略。

6.6 練習　我的團體迷思經驗

目標：本練習旨在協助你了解並應用在團體迷思的理論性材料。

1. 明確說明你有過的團體經驗，你相信團體走錯方向，但你無法表達自己的想法和意見。

2. 明白說明為何你無法表達你的想法和意見。

3. 你相信你不能表達自己的想法和意見的理由是和團體迷思一致或不一致？解釋你的觀點。

Note

7 自助團體

　　自助團體經由了解、幫助相同經驗者建構另一因
應變通方案,協助成員滿足其特殊需求,本章旨在說
明自助團體的目標,列舉他們運用的治療原則和討論
有效自助團體的理由。

修補過的心臟：範例

　　1951 年波士頓醫院心臟外科手術四位復元的病人，修補過的心臟（Mended Hearts）是心臟病人及其家人的國家組織。四位病人彼此分享他們對不確定未來的關懷，他們面對生活型態的痛苦與改變。他們集中在正面態度——處理福祉的新感受，他們對未來的計畫與希望，他們在「修補過的心臟」的快樂經驗，從這些經驗，他們推斷對話，有助於其他面臨心臟手術的病人，為了協助心臟手術的病人，Dwight Harken 醫生等人組成第一個修補過的心臟團體。他們採取「能活著和有助於他人真好」的口號。修補過的心臟於 1955 年正式組成公司，他們採用章程、細則，1960 年代當國內其他地區醫院開始執行心臟手術時，該地區便設立了被修理心臟分會，自 1960 年代心臟手術明顯增加，分會與成員也快速增加。

　　在執行心臟手術的醫院舉行代表會議，代表會議中，外科醫師和醫療專家將說明心臟疾病、外科和復元過程的觀點，其他會議將凸顯其他議題和主講者對運動、社會安全、營養、保險、受雇或有關主題，接著是答客問，會議開放給心臟病人、配偶和專家。

　　地方分會通常有各種心臟手術前的月報資訊提供，鼓舞人心的材料、成員心臟手術紀念日、地方性和國家性活動宣布。

　　修補過的心臟提供重要服務的是訪問心臟病人的受委派訪問者，在心臟手術前後給予支持、資訊和鼓勵。欲成為委派訪問者是已接受心臟手術，參與一系列專題討論會（八至十小時訓練），包括演講、角色扮演、討論訪問者須知，然後測試心臟功能智識、各種心臟問題、聯合會診方法。在他們自己訪問之前，準訪問者陪伴委派訪問者走訪醫院四周，此過程可以篩選潛在訪問者，能保證有效高品質的方案。

　　在研究修補過的心臟的衝擊，Borman 和 Lieberman 提出：

　　　我們發現修補過的心臟……指出被迫早期退休的病人似乎從修補過的
　　心臟訪問者的服務中獲益許多，同時，從即將進行心臟手術的觀點，從已
　　經驗過心臟手術的訪問最受歡迎。

 定義與特徵

各式各樣自助團體，有小的一般人民聯合會，與外在結構無關，其他是大團體，有組織的國家組織，各種自助團體，Lieberman 和 Borman 認為：

> 自助團體已成支持團體，如社會運動、如精神運動、世俗宗教、消費者參與系統，另一種附屬專業助人系統變通照護提供系統，如意圖性社區、展現生活方式的次文化實體、補充性社區、表達─社會影響團體、偏差和污名化的組織。

Hepworth 和 Larsen 依此界定自助團體：

> 自助團體包括分享一般情境、經驗或問題情境（如肥胖問題、酗酒、虐兒、少數族群、心理疾病病史、發展不利家長，或單親家長），相互尋求彼此協助，促進有關一般因子的因應能力。這些團體提供有利無須付費的幫助，是建立在成員的經驗而不是專家的專業知識。大多數生活管理和自我管制，自助團體成員之間通常具有有效溝通網絡，除規範團體會議，有機會打電話和面對面接觸。

自助團體強調同儕的團結而不是科層體制的治理，他們不理會在董事會、專業人員、消費者（在不同時代）成員，為完成團體目標，和接受、協助、分享、執行領導任務責任一般制度的不同。自助團體重視自主支持，從友誼和親戚關係的捐贈而不是政府經費基金贊助和公家經費。

Riessman 提出自助團體明顯的特徵如下：

- 非競爭、合作導向
- 反菁英、反科層體制
- 強調本土化、內在的：有問題、從內在了解許多經驗的人
- 一天同一次內你能做的態度，你無法立刻解決所有的問題
- 分享式的、解決領導
- 經由幫助別人獲得接受他人幫助的態度（助人治療原則）

- 了解助人不是買賣的樣態
- 對於變革能力是強烈的樂觀主義
- 理解小雖不是必然的美，它是起始之點和建立的單位
- 對專業主義的重要立場是炫耀的、純粹主義者、隱約的、神秘的。它是簡易的、非正式的
- 強調消費者，或 Alvin Toffler 在其著作《第三波》中提出「參與產品製造的消費者」，是生產協助與服務的消費者
- 理解助人是核心——知道如何接受助人、提供助人和幫助自己⋯⋯
- 強調賦能

在自助團體中彼此互助，他們感受到賦能，能自己控制各方面的生活。當協助來自外在（來自專家或專業人員）那是危險，因為可以助長依賴，與賦能適得其反，賦能促進動機、能量、個人成長和超越自助或接受協助的能力發展。

自助團體的分類

擇要說明自助團體的分類，闡述其不同和自助團體的重點，第一種是 Katz 和 Bender 的分類，其次是 Powell 的分類。

Katz 和 Bender 的分類

Katz 和 Bender 的分類如下：

1. 團體重視自我實現和個人成長，如酗酒匿名復原團體（為以前心理疾病）、賭徒匿名和體重觀察者。

2. 團體重視社會倡導；例如福利權利組織，抗議司機酒後駕駛母親協會（Mothers Against Drunk Drivers, MADD），身心障礙者權利委員會（The Committee for the Rights of Disabled）。Katz 和 Bender 指出倡導「代表寬廣的議題如立法，創造新的服務改變機構既有的政策等，或代表個人、家庭或小團體」。

3. 重視創造生活另類型態的團體，例如同性戀解放和特種宗教儀式如統一
   教派信徒。

4. 被遺棄的避難所或最低水平的團體，Katz 和 Bender 說明此型態如下：

　　團體提供絕望者避難所，如試圖在面臨生活和社會壓力下保障個人安
全，或身心瀕臨崩潰時保護自己，此類型團體通常在同儕成功了解問題者
緊密監督全力投入，生活在安置和掩蔽的環境。

　　藥物濫用組織是另一實例。

5. 複雜型態團體有二、三類特徵：喪偶者重視個人成長、倡導和提供社會
   事件。

Powell 的分類

Powell 將自助團體分爲五類如下：

1. **習慣困擾組織**：此組織重視特定和具體問題，包括酗酒匿名、戒煙者、
   暴飲暴食匿名、賭博匿名、減肥者、飲酒節制婦女、吸毒匿名和節食
   者。

2. **一般目的組織**：相對於習慣困擾組織，一般目的組織提出相當廣泛的問
   題和困境，如家長匿名（如虐兒家長）、情緒匿名（如情緒問題家長）、
   憐憫的朋友（經驗死亡喪失者），和成長（GROW），是一種經由相互協
   助避免心理疾病住院治療的綜合性方案。

3. **生活型態組織**：組織尋求提供支持，倡導不同社會成員者生活型態（社
   會主流團體無視於對立團體的差異），包括寡婦－寡婦方案，喪偶者，
   被收養者自由運動學會，家長和同性戀家長和友誼，國家同性戀任務力
   量，灰色豹，爲老年人倡導的代間團體。

4. **身障組織**：這些組織重視長期疾病和情境，有些人情境穩定，有些情
   況可能變得更糟，有些是疾病的末期。此類別包括今天做計數（Make
   Today Count）（爲疾病末期者與其家庭），肺氣腫匿名，喪弦俱樂部（Lost
   Chord clubs）（爲喉頭切除術者），中風俱樂部，修補過的心臟，脊髓露

出體外癱瘓症學會和聽力障礙自助團體。

5. **重大其他組織**：此組織是家長、配偶和有困擾者的親密親戚。通常，重大其他組織的成員，萬不得已的照護者，其他重大失功能行為，經由分享他們的感受，他們獲得慰藉，在分享過程，他們學到新資源、新途徑，此組織包括 Al-Anon、Gam-Anon、堅韌愛、心理疾病國家同盟等組織。

 ## 自助團體的利益

許多直接服務自助團體強調：(1) 承認團體有問題，(2) 證明重述他們過去問題的經驗和處理未來問題的計畫，(3) 當成員覺得緊急（如酗酒、虐兒）時，成員要求團體的其他成員陪同，直到緊急事件平息。

此顯示自助團體的成功有許多理由，成員了解協助他們幫助他人的內在問題，已經經驗到痛苦和問題的後果，他們深受激勵，獻身其中發現方法協助自己和罹難的友件。參與者從助人治療原則獲益，亦即，助人從協助他人獲得心理的獎勵，幫助他人覺得自己是善良的和有價值的，將自己的問題放入願景中，其他人的問題可能是嚴重或更嚴重。

有些自助團體（認知到無能的兒童父母或成人）籌募經費或運作社區方案，許多有個人問題的人以其他人利用社會代理人同樣的方式利用自助團體，自助團體的額外益處是他們一般運用最低經費，如前面所述，自助團體通常賦能其成員，許多團體現在依然存在。

許多有問題行為的人（如虐兒）幾乎沒有朋友和親戚可以幫他們獲得協助，社會關係是孤立的。加入自助團體的人覺察到：照顧經驗到相同問題者是獲得無限支持的來源，Hepworth 和 Larsen 提出自助團體對成員的益處如下：

1. 有分享一般問題或關注他和為他接納的參照團體。
2. 獲得建立在經歷到同樣困難並成功因應所建構知識的希望上。
3. 面對迎面而來的問題，並將其他成員面臨挑戰視為他們的責任。
4. 將問題放入願景，並運用與他人分享的經驗所獲得的知識技能。

Borman 發現直接服務自助團體的五項心理治療因子：

1. **認知結構**：成員發展對他們及其問題的新觀點。
2. **希望**：當成員了解其他人生活中的相同問題獲得改善，他們發展新希望。
3. **利他主義**：為協助他人感到自己是良善的。
4. **接納**：成員不覺得其問題是被拒絕或可恥。
5. **普遍性**：成員面對問題時是不孤獨的。

Kurtz 提出自助團體研究結果：

　　參與自助團體有用的結果包括減少精神病症候學，減少利用專業服務，增進因應技巧，提升生活滿意度和減少住院，與健康有關團體成員提出他們有較好的適應，較好的因應，高度自尊，改善對生病的接納。

7.1 練習 自助團體的優、缺點

目標：本練習協助你對自助團體的優、缺點的了解。

1. 晤談參與過自助團體的人（如果你自己已參加過，可以回答練習中的問題，分享你個人的經驗），多數校園中已有自助團體，如飲食失序團體，同性戀團體，反對物質濫用團體，學生諮商中心通常是接觸有利自助團體的重要來源，敘述你研究自助團體的目標。
2. 說明自助團體的活動。
3. 詢問你晤談對象對自助團體優、缺點的看法，並寫下記錄的資訊。

社會工作者的聯繫

　　因為自助團體通常比一對一的諮商或團體治療對問題行為的處遇有效，最重要的是社會工作者有結構的聯繫。社會工作者覺察到自助團體對社區是有利的，如此他們可以成為提供案主適當參考資料的代理人或個案管理人。社會工

作者需要了解自助團體如何運作其功能,他們才能同心協力的工作,而不是在方案上相互競爭。

社會工作者在自助團體另一重要功能是充當諮詢者,自助團體的迷思是反專業。實際上,許多人一開始是一至多位專業人員的協助,接著是持續接受專業諮詢。專業人員提供支持和組織議題,獨特環境成員的資源,資金籌集人活動,建立改變立法努力,社會倡導努力改變代理機構的服務政策上的諮詢。Maguire 已經提出專業協助自助團體的方法,如下列部分:

1. 協助安排會議地點。

2. 協助地方經費。

3. 介紹團體成員。

4. 安排或提供成員和領導者的訓練。

5. 接受團體的推薦。

6. 協助提供團體在專業社區和社區內的可信性。

另一個重要功能是,社會工作者能服務的是幫助形成社區內必要的自助團體,Hepworth 和 Larsen 指出:

> 參與者也能服務如同資源稀少,適當的自助團體並不存在的組織者,適當表現潛能與案主一起工作,實務工作者可以激勵他們,協助他們所需要的,為建立地方分會,接觸國家或區域自助團體組織。假如沒有國家組織,實務工作者可以充當組織地方團體的觸媒者和諮詢者,招募成員,選出地區領導是必要的。發展目標和細則,安排設施,計畫點心,發展組織會議。

開始自助團體

自助團體的開始與任何團體的開始是一樣,假如有國家組織,接觸此組織,依據指引獲得資源建立地方分會是極其重要。假如沒有國家組織,可能必須從「起草」開始以回答下列問題:

自助團體實例

組織	服務焦點
美國虐兒家長	為虐兒家長
被收養者自由運動學會	為被收養者尋求原生父母
酗酒匿名	為成年酗酒
美國糖尿病學會	為糖尿病，和家人與朋友
美國睡眠暫停呼吸學會	為睡眠暫停呼吸，和家人
燙傷聯合支持團體	為燙傷罹難者
末期兒童癌症學會	為癌症幼兒家長
聯合雙胞胎國際性組織	為雙胞胎家長
發炎性腸道疾病組織	為發炎性腸道病人及其家人
關注聯合家長	為領養兒童家長
憂鬱匿名	為憂鬱的人
離婚照護	為離婚的人
情緒匿名	為情緒困擾的人
腦炎支持團體	為腦炎患者及其家人
家庭匿名	為藥物濫用親戚與朋友
財富社會	為排除犯規的人及其家人
Gam-Anon	為賭博家人
灰色豹	為兩代之間的團體
皰疹匿名	為皰疹病人及其家人朋友
高危險群媽媽	為經歷高危險群或問題懷孕的婦女
陽痿世界學會	為陽痿男性及其配偶
為今日計數	為癌症病人及其家人
性騷擾者匿名	為性騷擾兒童的男人
國家婦女組織	為婦女權利
飲食過度匿名	為體重過重者
家長匿名	為虐兒家長
性沈溺（Sexaholics）匿名	為性自我破壞行為
羽翼基金	為亂倫精神有過創傷的人

資料來源：Barbara White & Edward J. Madara (1998), *The Self-Help Sourcebook* (6th ed.) (Denville, NJ: American Self-Help Clearinghouse), describe more than 800 self-help groups.

1. 團體目標是什麼？

　　2. 應該提供什麼服務因應目標？

　　3. 成員標準是什麼？

　　4. 成本是什麼，例如應付款如何處理？

　　5. 團體會議在何處？

　　6. 如何接觸潛在性成員？

　　7. 加入和離開團體的程序？

　　8. 團體應該有何組織結構？

　　這些問題不只是專家應該回答，當關心、激勵個體面對問題滿足達成這些問題的答案時，自助團體才能運作得最好，多數自助團體已發展為環境保證而不是從開始小心計畫。

　　對這些問題的評論，通常問題的本質將決定如何接觸成員，例如，假如以前心臟手術病人希望開始被修理心臟分會，他們應該首先接觸心臟手術，解釋團體決定是否外科手術希望在醫院成立被修理心臟地方分會，外科醫生提供病人面臨心臟手術是有價值的資源。為其他團體準成員可以有各種方式接觸，收音機和電視宣布，教堂建築物上告示，和社會服務代理人，提供服務的傳單，挨家挨戶懇切地要求，寄給標的團體的傳單，地方報紙的告示。

　　通常，會議最好在公家機構、企業、教堂、私人機構進行，假如在成員家中舉行，成員最後可能認為一般例會帶來不便，在個別成員家中輪流開會也不是好主意，因為不斷安置新地點帶來困擾，新成員可能覺得受挫，不斷改變他們可能中途退出會議地點。

　　在開始自主團體過程，Lieberman 和 Borman 指出：

　　　　其中摸索有曲折過程，試驗各種方法，改掉一些方法再發展新的，改變許多發生在眼前的 (1) 組織大小；(2) 組織結構；(3) 方案重點；(4) 成員特質；(5) 領導特質；(6) 專業人員與機構的連結；(7) 經費資源的支持。

線上自助團體

　　個人電腦是克服傳統參加團體障礙的工具,障礙包括:沒有可用的地方自助團體,想旅行沒有時間和交通,嚴重身體殘障限制,條件不足。超過成千自助團體經由電子郵件、聊天室、網際網路。個人電腦是殘障者學習的重要資源,提供患病者和專業者資訊。常常被遺忘的人口,回家的照護者可以利用電腦發現特殊的資訊與迅速支持。

　　有些自助團體(諸如阿滋海默症協會),設計全球資訊網網頁提供各種文獻超連結(文件超連結強調文字畫面,以滑鼠、關鍵字點選,無須鍵打要件或網址,直接連接即可)。

　　自助團體有四種形式線上支持網路:(1) 聊天室;(2) 公布欄;(3) 電子信箱;(4) 自動化的分散式郵件系統。聊天室是重要空間,在特定時間開放,個人可以在短時間內相互回應,郵寄資訊和接受回饋。公布欄一天二十四小時開放,個人可以在任何時間郵寄資訊並獲得答覆,電子郵件可以任何時間郵寄信件並獲得特定人的回應。自動化的分散式郵件系統,允許大團體的個人呈現和接收到資訊和消息。如此,有些電腦輔助舉行團體會議,亦即,任何人在特定時間參與會議和討論互動,其他團體會議需要成員郵寄訊息給任何時間會議的其他成員。

　　電腦—中介服務有許多益處,他們提供各種不同支持,他們能夠為從專業辦公室回家做交通服務,他們可以提供幾乎沒有人性服務地理區域的個人服務,他們提供匿名者分享面對面情境的關注,開始購買電腦,線上服務不貴的。

　　電腦—中介服務也有一些缺點,電腦—中介服務缺少清晰有效的領導,可能誤導或潛在傷害性的互動,例如弱勢族群他們在網路上遇見性掠奪者。

酗酒匿名（AA）：自助團體

在 1929 年，Bill Wilson 是證券分析師，當證券市場崩盤時，他虧錢陷入酗酒。幾年後醫生警告他再繼續喝酒，健康和生命將瀕臨危險，他接受精神治療，承諾戒酒。他已經發現可以與其他酗酒者討論協助他清醒，其中之一是 Robert Smith，一位醫生和酗酒者，他們一起建立酗酒匿名，組成治療酗酒自助團體。

酗酒匿名強調：(1)允許喝酒問題者加入，(2)證實酗酒重述過去經驗與未來的治療，(3)其他團體成員的支持，酗酒者一有緊急事件須即時陪伴直到緊急消除，今日AA在國內已有許多分會。

復原一詞係因為AA相信沒有事情像酗酒是須永久性復原的，地方分會（通常每個分會有十人到三十人）每週一兩次會議討論。這些團體如傳統團體治療，無須受過訓練之專業領導者。

Bill 和 Bob 醫生，他們是在 AA 認識的，到他們死前他們還是匿名的，地方分會仍遵照他們開創的處遇程序，為了戒酒分享彼此的經驗。

AA 仍被廣泛認為是處遇途徑協助戒酒的最好機會，證實其價值是許多助人團體與方案是建立在 AA 模式上——體重控制者、毒品家庭匿名、喪偶者、債務人、賭徒匿名、情緒匿名、肺氣腫匿名等。

資料來源：Alan Gartner & Frank Riessman (1980), *Help: A Working Guide to Self-Help Groups* (New York: Franklin-Watts), p.8.

酗酒匿名（AA）會議

AA是個有名的人類組織，其分會涵蓋美國及社會各地，比起其他許多組織是較有照護和關照其他成員的單位，團體成員一起共事解救他人性命，維護尊嚴和價值感。與其他治療師和方法相比較，AA已經幫助許多人克服酗酒問題。

AA在會議中完全是志工捐款支持，沒有經費，每一分會是自主，在紐約不受外在指揮中心控制，在分會沒有科層體制，唯一的辦公室人員是秘書，此人在會議中選擇主席，安排會議，看看建築物是否開放，椅子排好否，茶水備妥否，團體秘書只有在有限時間守住辦公室，一兩個月後秘書責任轉換到另一位成員。

在AA成員唯一要件是戒酒，所有其他變數（如經濟地位、社會地位等）都不算在內，只要不打擾會議，成員喝醉時可以參加開會。

AA在各種地點開會——教堂、寺廟、私人家中、工商業辦公室、學校、圖書館，或旅館宴客室，地點是不重要的。

當新進人員首次到達，他通常發現別人幫他拿好椅子，擺好煙灰缸，將文件放在桌上，泡好咖啡。其他成員在小團體彼此聯誼，有人易於介紹自己或其他人彼此認識，假如羞於單獨參加第一次會議，他可以請AA或其他人帶人來參加會議介紹自己認識別人。

當會議開始，每個人依圓桌、椅子成圓形坐下來，秘書或主席和主講者坐在主席位置或舞台前。

主席開始一陣沈默，接著與宗教宗派無關的團體禱告者的朗誦，主席閱讀或簡短的敘述AA，和閱讀AA書本的段落（說明AA原則和個案實例）。

主席通常詢問是否有人第一次、第二次、第三次參加，要求新成員依據下列自我介紹：「哈囉！我是某某，這是我第一（或二、三）次參加會議。」不想自我介紹就沒有壓力，新成員是AA的新血，在成員眼中是會議最重要的人（所有長期會員想起他們第一次會議是如何驚恐和拘謹）。

假如是小團體，主席要求長期會員自我介紹說說話，假如是大團體，主席要求長期會員志願者說幾句話自我介紹。每一位成員幾乎會說：我是某某，我酗酒，說說自己的思想與感受（除非他們選擇如此說，否則不必說自己是酗酒）。每一位成員遲早會說，想起自己是沈溺酗酒中終身與酗酒疾病搏鬥，自我

介紹通常會說他們感受到如何是有助新進成員，他們通常可能談及第一次會議，或第一週沒喝酒了，或設計讓新進人員覺得舒適的事情，一般建議新進人員在會議後取得其他成員電話，想喝酒時可以打電話給他們，AA 認為如此協助對其復原極其重要，組織相信成員唯有透過獲得關心他們、了解他們所處的掙扎的人之協助，才能清醒和成長。

AA 成員希望新進人員在任何時間或晚上想喝酒時打電話給他們，成員真誠地相信經由自助助人得以清醒和成長。成員指出假如任何事情都無效時，此電話是新進人員抵抗首次喝酒發球進洞得分，他們亦告訴新進人員當孤獨時打電話聊天是好事。

在他自己的話中，新進人員解釋 AA 如何協助他們：

這是我的經驗，當我跌入谷底打電話尋求 AA 的協助，空軍辦公室人員告訴我有關 AA，四位醫生都不了解我，生平第一次，我告訴真正了解我問題的人，帶我參加首次會議。清醒但沒有人太穩定，真的很驚奇，回家之後我再也沒喝酒了。隔夜也抵擋過去，仍然口渴，第二次發生神蹟，第三天早上，太太上班去，兒子上學，我一人孤單，突然比以往還想喝酒，我試著走走，沒用，情緒更糟，我試著看書，無法集中，我的確絕望，雖然我不習慣打電話尋求協助，我打電給 Fred，酗酒匿名者他說過他是已退休了，隨時歡迎我，我們說了一下話，他看出我們電話中不足以說清問題。他說：「我有好主意，讓我打電話，十分鐘將回你電話，你能等那麼久嗎？」我說可以，他八點回電話，邀請我到他家，我們無所不談，一起出門吃三明治，最後我渴望喝酒不見了，隔天我變好，現在我已經四天不喝酒了。[1]

如此討論之後，主講者可能描述他們喝酒的生涯，喝酒如何殘害他們的生命，他們如何被介紹到 AA，他們一天中如何掙扎清醒，AA 如何幫助他們，他們現在的生命是如何。

在結束會議時，主席可能要求新進人員，他們是否希望說些話，如果不想說也可以。沒有人被逼自我揭露他們不想說的。會議通常由主席宣布結束（捐獻袋傳遞過後，新進人員無須捐款，直到第三次會議才捐款，如果沒能力捐款，不必捐款）。團體站起來通常手牽著手，合唱「主禱文」（Lord's Prayer），不想參加禱告者不會被逼迫跟著做，會議之後大家彼此互動，此時是新進人員認識新朋友交換電話號碼。

AA 是各界人士的橫剖面，強調匿名，每位成員責任是尊重每個人代表的匿名，對匿名的關注在 AA 兩種會議的主要理由，開放或封閉，在開放會議中歡迎任何人，在封閉的會議中只有酗酒者，酗酒者如果在開放的會議中覺得不舒服，封閉的會議是另一類變通選擇。

成員在 AA 不必相信神可以協助他們，許多人已經迷失很久或從不相信神，AA 是相信神，堅持信仰可無限的協助復原，當她的資源已到盡頭，信仰可以提供無限的權柄、希望和支持。

AA 如何提供協助？新成員在被拒絕、孤單、誤解、罪惡感、難堪等負面感受的歲月之後，他們被同樣困境的人所理解，替代了拒絕，他們是受歡迎的。他們看到酗酒者現在已清醒、明顯的快樂和正在復原過程。它給他們希望，他們無須酗酒度日，他們無須酗酒亦可享受人生。他們發現別人真誠關心他們，想要幫助他們，有知識技能協助他們。在會議中他們看到提起個人問題

並公開討論，提供建議給遭遇同樣問題的人，他們觀察到毫無困窘的提起無法說出的問題，其他人傾聽、給予尊重和關懷，此接納逐漸引導新進人員分享個人問題和接受建設性解決問題的建議。此揭露引導個人深入了解他們和公開討論深沈的個人感受。以支持其他成員，新進成員學習如何抗衡其強烈的喝酒欲望，經此過程召喚其他成員。

新進成員學習 AA 是避免喝酒的媒介，AA 以 (1) 提供舒適和輕鬆的環境，(2) 成員彼此協助，發現減少日常生活遭受的壓力，減少強迫人喝酒的壓力。AA 會議和成員成為避風的安全港口，AA 協助成員制訂計畫從負面思考轉向正面思考。成員思考愈積極，愈能免於壓力，一開始愈覺得自己不錯，愈能減少酗酒的壓迫，較能有效採取積極行動解決其問題。

---

[1] Clark Vaughan (1984), *Addictive Drinking* (New York: Penguin Books), pp. 75-76.

7.2 練習 通過線上自助團體能力測試

目標：本練習讓你熟悉線上自助團體。

利用網際網路，試試三個自助團體網頁，建議網站如下：

酗酒匿名：www.alcoholicsanonymous.org

成人兒童酗酒 www.adultchildren.org

美國預防自殺基金會 www.afsp.org

賭徒匿名 www.gamblersanonymous.org

飲食過度匿名 www.overeatersanonymous.org

過度依賴性行為 www.sa.org

摘要說明發現的三個自助團體網站。

8 社會工作與家庭 *

　　本章以概觀社會工作與家庭為開始，旨在說明生態圖和家譜的評估技巧。本章摘要三個主要的家庭治療途徑，提出重要基本團體工作的概念運用在家庭團體與模擬的家庭情境。

---

* 本章前面材料家庭治療部分來自 Zastrow (2003), *The Practice of Social Work* (7th ed.) (Brooks/Cole)。

家庭是許多小團體類型其中之一，社會工作服務的重點常常是家庭，彼此互相依賴的系統。人們面臨的問題通常受到家庭動態影響，依次受到更廣社會文化環境影響。因為家庭是互相影響的系統，任何成員的改變將影響所有成員。例如，孩子感受到先生和妻子間緊張關係，而表現令人困擾的行為，只是治療孩子們的行為將無法解決家庭問題的基本面。

　　另一個重點放在家庭上而不是個人，其理由是在治療過程中需要其他家庭成員的參與。他們可以幫助確認家庭模式。另外，一旦成員知道家人各種行為的關聯性，整個家庭可以重新建立起更健康的模式。例如，家庭成員可以施壓給酗酒的母親，讓她承認她的問題。他們提供她努力戒酒的重要情感支持，當她喝酒時，他們也需要諮商（或從自助團體中被支持），幫助他們處理自己的問題。

 ## 各種家庭形式

　　Coleman 和 Cressey 認為在每種文化中，家庭是一個社會機構，所謂家庭是「一群由婚姻、血統或扶養關係一起住在一個普通家庭的人」，此定義不包括他們自己是家人的生活安排，如以下所述：

- 先生和妻子多年在家扶養的兩位認養小孩
- 兩個戀愛關係的女同志，扶養其中一位在異性戀婚姻中離婚收場所生的孩子
- 祖父母因父母生病或濫用藥物而扶養孫子
- 家中另一配偶住在離家遠處──可能是因為服兵役住在國外，或因監禁
- 家裡有一個孩子有嚴重、完全的認知障礙，住在治療機構
- 一對男女因戀愛同居好多年，但沒有正式結婚

　　世界上有各種不同類型的家庭，家庭中有不同文化形式。在某些社會，夫妻分居不同的房子；在另外社會，他們在小孩出生後分居住幾年。在某些社會，允許先生不只有一位妻子；在有些國家，允許妻子有一個以上的先生。有些文化允許（文化鼓勵）婚前和婚外性行為。

　　有的社會上成人和小孩一起住在大社區；有的社區是孩子與成人分開撫養；有的文化中，代理父母（而不是自然父母）撫養孩子。有的社會鼓勵特定的男／女同志的形式，有的承認男／女同志，如同承認異性戀和婚姻。

　　許多文化，父母安排婚姻；有的社會中，嬰孩在出生前可能已經被婚配（如果嬰孩不是預想的性別，就取消此婚姻）；有的社會不承認自由戀愛。有的文化預期年長的男人娶年輕的女孩子；有的文化期待較年長的女人和年輕男孩子結婚。多數社會禁止近親結婚，但有些次文化鼓勵兄弟姊妹或一等親的表親結婚；有的文化期望男人娶他伯叔的女兒，而其他人堅持娶他舅舅的女兒。有的社會中，結婚的男人送一個實質上的禮物給丈人；有的社會，丈人送給新郎一個實質的禮物。

　　家庭模式確實有各式各樣，在每個社會的人強烈覺得他們特定的模式是正常、適當的，許多人視此模式為神聖的法令。若建議改變他們特定的模式，會受懷疑和防備心看待，且常常被尖銳地批評改變是不自然的、沒有道德，且對家庭的生存是一種威脅。

　　雖然各有不同，社會學家注意到大多數家庭系統可以被分類為兩個基本型態：延伸家庭和核心家庭。**延伸家庭**包括住在一起的許多親戚，如父母、孩子、祖父母、曾祖父母、阿姨、叔叔、姻親，和表兄弟姊妹。延伸家庭在工業前的社會是普遍的，成員在他們彼此間分配各種農業、家庭和其他責任。

　　核心家庭包括住在一起的一對結婚夫妻，和他們的孩子。核心家庭型態起源於延伸家庭，延伸家庭傾向在農業社會具多功能，且當需要許多幫手的時候；核心家庭符合複雜的、工業化的社會需要，因為較小空間和潛在的地理動線，讓核心家庭更簡單適應改變狀況——如需要搬家、獲得更好工作。

　　雖然核心家庭仍是美國、加拿大和許多其他工業化國家中普遍的家庭型態，但社工和其他專業助人者把核心家庭看作我們社會應該努力建構的理想模式是錯誤的，許多其他家庭的形式在我們社會仍存在，如下列例子：

- 沒有小孩的夫妻，太太成為患有老年癡呆症並和他們住在一起的媽媽的基本照護者
- 兩個男同志有承諾的關係，每人對前妻的兩個小孩有監護權

- 沒有小孩的夫妻決定不生小孩
- 三個小孩的單親家長
- 混合家庭，已婚夫妻生有一子並與離婚的孩子都住在同一個家庭
- 未婚夫妻試婚住在一起

過去幾十年裡，美國在婚姻安排和家庭形式上有更多的不同趨勢，跨種族婚姻、不同年齡層和文化的結婚伴侶、跨種族領養、單親家庭和混血緣家庭的數量增加。雖然有些社工個人可能評斷這些形式中的一些是錯誤的，他們不應允他們個人信念，減少提供此類家庭單位專業服務的質與量。與相同文化背景的家庭一起工作的社工，也必須學習那些背景，了解家庭運作的習慣準則。

有些家庭型態被歧視，像是單親家庭、有小孩的男／女同志伴侶。

8.1 練習 我的家庭組成和優點

目標：本練習旨在協助你辨認你的核心家庭成員和家庭優點。

1. 詳細說明你核心家庭成員的名字和大概年紀（這可能包括阿姨、叔叔、祖父母、領養的小孩等等）。同時簡要描述每個成員（如：Jim Ryberg 是我爸爸，四十七歲，是卡車司機，是一個虔誠天主教徒）。
2. 詳細說明你家庭的優點（不必說明家庭目前的難題，將在下一個練習著墨）。考慮此優點，如社區的榮譽、成員的健康、運動模式、彼此照顧、教育程度、財務來源、其他人的支持、宗教價值觀、家人一起進行的有趣活動、家庭假日的儀式等等。

家庭的社會功能

工業社會中家庭執行下列必要功能，協助維持社會的持續性和穩定性：

1. **人口的取代**：每個社會有些取代成員的系統，實際上所有社會認為家庭是生產孩子的單位。社會界定家庭單位生育伴侶足以維持社會安定的權

利和責任，即使它們在不同社會有不同定義。

2. **照顧幼兒**：孩子需要照顧和保護，至少直到青春期為止。家庭是扶養孩子的基本組織；現代社會逐漸地發展支持性組織，幫忙照顧幼兒——例如，醫療服務、安親中心、父母訓練計畫，和住宅治療中心。

3. **新成員的社會化**：孩子為了成為社會上有生產力的成員，他必須社會化融入習俗中。孩子被期望學習語言、社會價值觀和道德觀，在社會準則中有適當穿著與行為，家庭在社會化過程中扮演重要角色。現代社會，許多團體和資源參與社會化過程。學校、大眾媒體、同儕團體、警察、電影、書籍和其他紀錄性文件有重要的影響（有時這些不同的影響，因為倡導相反的價值觀和態度發生衝突）。

4. **性行為的規範**：無法規範性行為，因為嫉妒和剝削導致個體間衝突。每個社會中，家庭裡有規範性行為的規則，例如，大部分社會有亂倫的禁忌，大部分社會不贊成婚外性行為。

5. **情感的來源**：人類需要情感、情緒支持與從別人獲得正面的肯定（包括贊同、微笑、鼓勵和成就感的增強）。沒有如此的情感與承認，我們的情緒、智力、身體和社會成長會遲鈍。家庭是獲得情感和承認的重要來源，因為家庭成員通常看待彼此是生命中最重要的人，從家人關係中獲得情緒和社會的滿足。

家庭問題和社工的本質

　　家庭發生層出不窮的問題，家庭問題範例的表格列出一些問題。

　　家庭出現問題時常常需要社會服務，社工提供問題家庭的服務有各種各樣的種類和形式，我們可以將之分為兩大類：家庭內服務和家庭外服務。

　　家庭內服務是預防性，雖然不是所有的服務提供給家庭內，它們是特別設計成為幫助家庭住在一起。它們包括財務支持、保護性服務（保護孩子或弱勢成人受虐或忽視）、維持家庭服務（在家庭場所內的嚴厲危機干涉，孩子處在嚴重危機中，需要改變成領養照護狀態）、安親（提供給照護孩子或年長老人

的扶養人喘息片刻，否則扶養人會受不了，或准許他們在外工作）、主婦服務（相同的目的），和家庭生活教育（通常由傳統家庭服務機構提供課程，涵蓋主題包括孩子發展、養育技巧、溝通議題等等）。顯然社工不能提供所有服務，但工作者必須知道當需要時哪裡可以找到這些服務，如何幫助家庭獲得。

另一方面，家庭外服務，是當家庭不再完整時必須運作的服務。顯示家中發生了不對勁，因為任何破碎家庭會成為超越家庭疆界的悲劇：家庭成員通常受到指責，更大的系統（社會環境，和提供受困擾家庭的支持程度）也許會受到懷疑。家庭外服務包括收養照護、領養、眾人之家、組織照護（例如，居住治療中心），和司法系統（提供不同種類的組織照護，監禁或坐監，觸法的家庭成員）。

為實現服務，社工參與各種角色（例如，代理人、教育家、提倡者、支持

 家庭問題範例

離婚	虐待老人
酒精或藥物濫用	家中賺錢者失業
預期外的懷孕	財務管理危機
破產	一個或更多成員嚴重車禍受傷
貧窮	有嚴重認知障礙的孩子
末期疾病	一個或多個成員監禁或在收容所
慢性疾病	一個或多個成員強迫性賭博
死亡	犯罪受害人
拋棄	賺錢者強迫退休
空殼婚姻	照護年長親人
一個或更多成員的情緒問題	孩子牽涉犯法或犯罪活動
一個或更多成員的行為問題	成員得到愛滋病
虐童	逃家的青少年
忽視兒童	一個或更多成員的性障礙
性虐待	不忠實
配偶虐待	不孕

者、調停者），以下例子說明一般的服務和重要角色。

■ Mark Schwanke，三十二歲，有愛滋病；Seely 小姐，社區中擁有支持
愛滋網路的社工，提供 Mark、他太太（後天免疫不全症候群病毒陽性
者），和他們兩個小孩個案管理者各種服務。這些服務包括醫療資源和
照護、居住、諮詢、支持情感服務和財務輔助，因為對愛滋病患和愛滋
帶原者的歧視，Seely 小姐必須主張該家庭的利益，保證他們得到需要
的服務。

■ Beth Roessler，十五歲，承認犯下六起搶劫案件；Steve Padek，一位少
年緩刑官員及社工，是少年緩刑官員。Padek 先生提供服務給 Beth 和她
離婚的媽媽，一星期和 Beth 開一次監督會議，監視她在學校的表現和休
閒活動，聯繫 Beth 媽媽與失婚父母團體，和 Beth、她媽媽執行幾個諮
商會議，調停她們母女的衝突。

■ 為了 Amy 的媽媽（Pat）和她的愛人對 Amy 的身體虐待，三歲大的
Amy Sund 的 阿姨和保護服務接觸，調查員確定這起虐待；Amy 身上
有淤青和繩索勒痕。保護服務指定這件案子給家庭保護服務，而不把案
子送上法庭。Maria Gomez 是在家庭保護的社工，在之後的九十天裡和
Pat Sund 及 Amy 碰面。Pat Sund 和她愛好虐待的愛人終結彼此的關係，
透過社會服務部門接受兩年期的財務補助計畫，並登記一個職業訓練計
畫。當 Sund 小姐參加職業訓練計畫時，Gomez 小姐給 Amy 安排孩童照
護。Gomez 小姐鼓勵 Sund 小姐加入父母匿名的地方分會，她也去了（父
母匿名在第一章有說明）。假如保護家庭服務無法獲得或不成功，Amy
會被安置在領養家庭裡。

■ 二十七歲的 Cindy Rogerson，有三個幼兒。她受到先生嚴重毆打，而聯
絡希望之家，一個受毆父母和她們孩子的收容所。Sue Frank，一個收
容所的社工，為 Rogerson 和她孩子安排庇護所。因為最大孩子正在上
學，Frank 小姐安排他繼續上學。Frank 小姐在收容所提供給 Rogerson
小姐一對一的諮商，幫助她開拓選擇，告訴她潛在的資源，也許不知道
Frank 小姐也為收容所的居民和非居民帶領團體，這是 Rogerson 小姐在

收容所需要參加的團體。兩週半後，Rogerson 小姐決定回到先生身邊。Frank 小姐說服 Rogerson 小姐在回去前，給她先生一個最後通牒——他必須和她從社區裡的家庭服務機構一起接受家庭諮商，且必須參加社區施暴者的團體課程。Rogerson 小姐不情願地同意。在 Frank 小姐激勵下，Rogerson 小姐了解回去和她先生一起住，他又打她時，或他退出家庭諮商或施暴者團體時，她將直接離開他。

■ Katy Hynek，七十六歲，有阿滋海默症。自從三年前她先生去世後，她是一個人住在自己的房子。她的醫師和社會服務部門的成人服務聯絡，要求應該執行評估住處安排。Linda Sutton 社工做這項評估，決定 Katy Hynek 不再適合單獨居住了。Katy 的兒子 Mark 和媳婦 Annette 同意讓 Katy 搬來和他們一起住。在接下來的十九個月中，Sutton 小姐定期和 Hynek 家人聯絡。正如疾病通常會發生的，Katy Hynek 的身體和狀況持續惡化。Sutton 小姐聆聽 Mark 和 Annette 的關心，試著回答他們有關疾病的問題。她提供建議幫助他們處理 Katy 狀況的變化。當 Katy 狀況惡化時，Sutton 小姐安排 Katy 在白天參加一個成人日間照護中心，部分因為 Mark 和 Annette 的喘息照顧。在十九個月的尾聲，Mark 和 Annette 要求和 Sutton 小姐面談，討論把 Katy 安置在護理之家的可能性，因為她的狀況已經惡化到她現在需要二十四小時的照護（例如，她在半夜起床，並在小房間迷路；她現在也失禁了）。安置 Katy 在護理之家的優缺點被明白說明且討論。對 Mark 和 Annette 來說，做這個決定是極度情緒化和痛苦的。在和 Sutton 小姐對整個情況小心討論後，Mark 和 Annette 決定他們除了尋求護理之家安置外，別無選擇。Sutton 小姐給他們三間他們拜訪過的護理之家的名字，然後他們選擇其中一家。

 家庭評估

家庭社工運作最受到注意的兩個區域是家庭評估和家庭治療，本節我們把重點放在家庭評估。

評估家庭有各種方式，執行家庭和其成員的社會史是廣為使用的途徑，而有關家庭評估，近年來大為討論的有兩種技巧：生態圖和家譜圖。

生態圖

　　生態圖（圖 8.1）是紙筆評估工具，用在特定的困擾，和個案介入計畫。生態圖，是個案在他社會環境的家庭圖，通常由社工和個案共同描繪。它幫助雙方達到個案家庭生活、家庭與團體、社團、組織和其他家庭與個人的全面或經濟的觀點。生態圖被用在各種情境中，包括婚姻和家庭諮商，收養和領養照護家庭的研究上。它也被用在輔助傳統歷史和案件紀錄上，生態圖是記錄基本社會資訊的速記方法。此技巧藉著特定時間提供重要的互動之瞬間觀點，幫助個案和工作者獲得個案問題的看法，Ann Hartman 是此種工具的主要發展者。

　　一個典型使用一組圓圈和線條的家庭圖表的生態圖，用來說明家庭的環境背景。生態圖使用者可以創造他們自己的縮寫和圖徵，但大部分通常使用的圖徵表示在圖 8.1。

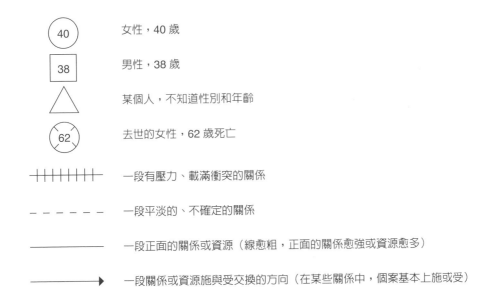

圖 8.1　在生態圖通常使用的圖徵

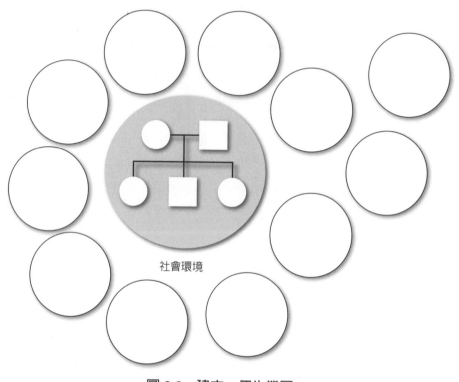

社會環境

圖 8.2 建立一個生態圖

　　首先，在一大張空白的紙中心畫出一圓圈（代表個案的家庭），在圓圈中詳細說明家庭的組成，然後其他圓圈在家庭圓圈四周畫出來。這些圓圈代表其他系統——也就是說，團體、其他家庭、個人、組織——與家庭正常地互動。

　　畫出的線說明個案家庭成員和這些系統的關係，箭頭表示能量的流動（施與受的資源，家庭成員和重要系統間的溝通）。**圖 8.3** 表示 Wilbur 家庭案例的生態圖。

　　生態圖的主要價值，是協助工作者和個案雙方從系統和生態的觀點看待個案的家庭。有時，正如 Wilbur 的案例，個案和工作者對情境社會動態的問題獲得更深理解。

　　簡而言之，生態圖對於工作者和個案雙方都受用，對工作者而言，一個完成的生態圖圖表，展現個案家庭和其他系統（團體、其他家庭、個人、組織）

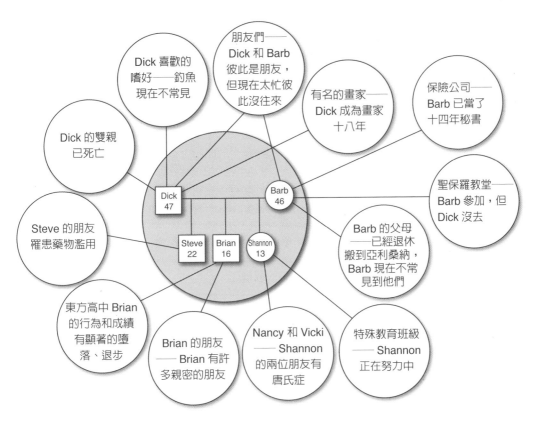

圖 8.3　生態圖範例：Wilbur 家庭

正常地在特定時點重要的互動。此圖表使工作者更了解影響家庭的環境因素，然後圖表幫助工作者在家庭環境系統產生問題動態的假設，工作者之後可以藉著詢問家庭成員有更進一步探索。一旦詳細說明問題動態，工作者可以把注意力集中在幫助家庭成員產生策略，解決問題的動態。

　　同樣地，對個案家庭成員來說，生態圖幫助他們詳細說明、了解他們家庭環境系統的問題的動態，一旦詳細說明後，家庭成員產生策略（和他們的工作者一起）解決動態的立場。

8.2 練習 我家庭的生態圖

目標：本練習旨在協助你學習如何建構一張生態圖。

1. 畫一張你家庭生活重要日子的生態圖，此事件也許是令人快樂的（可能是一場婚禮）或是一個危機。

2. 簡略描述表現在你生態圖的重要事件，人們扮演的角色，和其他你指出的重要因素。

 ## 使用生態圖的案例：Wilbur 家庭

東方高中的學校社工 Mary Timm 聯絡上 Barb 和 Dick Wilbur，Wilbur 家排行第二的兒子，Brian（十六歲），在學校中夾克裡帶一把刀，呼吸測試有酒精味，Wilbur 家人很震驚。他們同意和 Timm 小姐會面，討論這些事件，Brian 也在場。

在會議時，Timm 小姐問 Brian 為何他要帶一把刀到學校，一開始，他拒絕回答。Timm 小姐注意到紀錄顯示他曾得到的成績大都 B，但現在他的成績通常是 D 和 F。Wilbur 先生和太太也嚴厲問 Brian 發生什麼事。他們說學校通知他們，他明顯地在學校上課時喝酒。漸漸地 Brian 哭溼了眼，他斷言他的父母工作太忙碌，也太忙於照顧他的哥哥 Steve，和他的妹妹 Shannon。

一開始，Wilbur 先生太太很驚訝，他們指出他們非常愛 Brian，漸漸地他們顯露他們太忙於照顧另外兩個小孩，以至於這幾個月被 Brian 欺騙。Shannon，十三歲，有唐氏症，需要大量的個人注意，尤其是她課程的工作（Shannon 參加特別教育課程）。

問到 Brian 他從哪裡拿到刀子，他遲疑地指出他的哥哥 Steve，給他刀子作為保護。Brian 補充說，他覺得攜帶刀子沒什麼不對，Steve 就常常帶著一把手槍。另外，Brian 說 Steve 慫恿他帶刀子到學校，因有不滿 Steve 的人說可能會跟蹤 Brian。Timm 小姐問 Wilbur 先生太太他們是否知道這些事。Barb 和 Dick 建議在這一點最好原諒 Brian，Timm 小姐與 Brian 約了稍後再會面，他便離開

了。

　　然後 Barb 和 Dick 雙方變得眼眶溼潤，他們指出他們面臨思慮已盡，雙方全職工作，在這幾年 Steve 和 Shannon 已得到許多注意，他們現在沒有時間花在他們之前的朋友上。另外，他們變得愈吵愈兇。他們感覺到家正在分裂，作為父母他們是失敗的。他們也透露 Steve 有酒癮和海洛因癮而且好多年了。他曾接受三次住院治療，但總在離開治療後很快回復使用酒和海洛因。他們不知道 Steve 哪裡拿到錢花在海洛因癮，他們害怕他也許在進行海洛因買賣。他未曾持續做好正職工作。因為他在工作出現酒精中毒現象被解雇，目前他兼職酒保的工作。

　　Wilbur 夫婦害怕除非趕快做些事，否則 Brian 會步上 Steve 的後塵。他們補充說，他們曾仔細考慮要求 Steve 離開家裡，但不願如此做，因為覺得只要孩子想在家，提供孩子一個住所是父母的義務。

　　在此點上，Timm 小姐提議圖解可有助他們目前的難題，Wilbur 夫婦和 Timm 小姐一起畫生態圖，如**圖** 8.3。

　　在繪圖中，Timm 小姐問到提供 Steve 住所是否對他有幫助，或是否成為給他權力繼續吸毒和不負責任的原因。生態圖幫助 Wilbur 夫婦明白，因為全職工作，並且用他們睡覺之外的剩餘時間照顧 Shannon、Steve 和 Brian，他們漸漸地變得情緒和身體都很累，而不能處理問題了。在過去幾年中，他們停止社交活動。Wilbur 夫婦要求 Timm 小姐解釋她指的「給 Steve 權力」繼續吸毒和不負責任是什麼意思。Timm 小姐做出解釋，並指出「冷酷的愛」方法也許是一個選擇（在這個案例中，冷酷的愛方法包括如果 Steve 繼續酗酒和吸食海洛因，Wilbur 要命令 Steve 住在別處）。Timm 小姐也給他們一本小冊子，裡面描述授予權力和冷酷的愛。他們約好下星期會面。

　　接著幾週，Timm 小姐持續每週和 Wilbur 夫婦見面，並個別與 Brian 見面。Wilbur 夫婦最後決定用冷酷的愛方法對待 Steve。Steve 離開了，但繼續喝酒、吸食海洛因。然而，靠他自己生活顯得稍微有益，因為他現在有一份可以維持付清帳單的全職工作。因為 Steve 離開家，Barb 和 Dick 可以花更多時間在 Brian 和 Shannon 身上，而且他們又開始和以前的朋友們社交。

家譜

家譜是藉著描繪超過三代以上的家庭，調查個案的起源或個案家庭呈現的問題。個案和工作者通常聯合建立家譜，即爲實際上的家族樹。Bowen 是此技巧的最初發展者，家譜幫助工作者和家庭成員檢視問題的情緒和行爲兩代間來龍去脈的模式。模式傾向一再重複，其中一代中發生的事也常常發生在下一代。家譜幫助家庭成員發現了解家庭關係模式。

圖 8.4 顯示經常使用的家譜圖徵，圖徵至少同時提供一個可見圖示給三代的家族樹，包括：成員是誰，他們的名字、年紀、性別、婚姻狀態、手足地位等等。包括相關另外資源項目，例如情感困境、行爲問題、宗教痛苦、種族起源、地理位置、職業、社經地位和重要生活事件。家譜的用途描述在圖 8.5 的 Kull 家庭案例中（詳細案例看下一個方塊文章）。

總之，家譜對工作者和個案雙方都有用，對工作者來說，一個完成的家譜生動地指出兩代之間的家庭動態。如此一個圖譜允許工作者更了解影響個案家庭的兩代間模式。家譜接著幫助工作者假設從上一代開始產生問題模式，工作者可以經由詢問家庭成員更進一步探索。一旦確定問題動態，接著工作者可以將注意力集中在協助家庭成員產生解決這些模式的策略上。工作者應該也使用優勢觀點，易言之，他們也應該把重點放在幫助家庭成員確定兩代間的模式，幫助家人面臨挑戰的對策（此對策包括長壽、高等教育成就的層次、重視練習好的健康模式、低離婚率，和高層次的建設性社會參與）。

同樣地，對個案家庭來說，一個家譜幫助他們確認、了解有問題的兩代模式和對策。一旦確認這樣的模式，家庭可以開始產生策略（和他們的工作者一起），打破這些模式。

生態圖和家譜有一些相似處，擁有兩種技巧，使用者在家庭動態上會有更深刻的了解。兩個方法使用的一些圖徵是相同的，然而還是有不同。生態圖把注意力集中在家庭與團體、資源、組織、社會、其他家庭和其他個人的互動上。家譜把注意力集中在兩代間的模式，特別是那些有問題的或失能的模式。

21	男性，21 歲	23	女性，23 歲
m 92	結婚夫妻，1992 年結婚	s 91; d 93	夫妻，1991 年分居，1993 年離婚
8　3	結婚夫妻有兩個孩子，一個 8 歲女兒和一個 3 歲兒子	92　4	未婚男女，從 1992 年住在一起，有一個 4 歲兒子
33	確認的女性個案，33 歲	27	確認的男性個案，27 歲
67	死亡男性，67 歲去世	32	死亡女性，32 歲去世
	結婚夫妻，太太懷孕		結婚夫妻，領養一個女兒

圖 8.4　通常使用的家譜圖徵

8.3　練習　我的家庭的家譜

目標：這個練習被設計為輔助你學習如何建構一個家譜。

1. 畫你的家譜。

2. 詳細說明傾向在你家庭一再重複的重要模式。

3. 確認你家庭中任何易於重複發生的不正常模式，對每種確實是不正常模式而言，詳細說明可以停止重複此模式的行動方案。

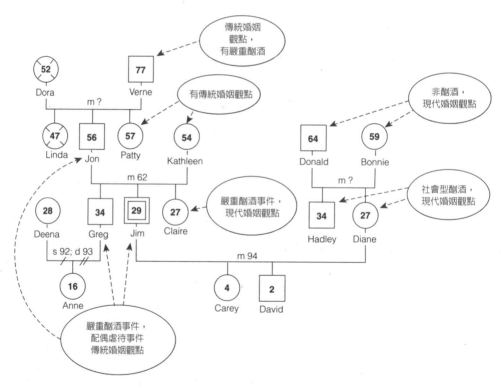

圖 8.5　家譜樣本：Jim 和 Diane Kull 家庭

使用家譜的案例：Kull 家庭

岩石郡轄區律師辦公室提交岩石郡家暴方案給 Jim Kull，他兩個晚上之前被逮捕，因為他太太 Diane 的身體和臉上被揍了幾處嚴重的瘀傷。Kris Koeffler，一位社工，曾和 Kull 先生有一次新進人員面談。Kull 先生是非自願性個案，且不願討論此事。Koeffler 小姐告知 Kull 先生他有權不討論，但如果他選擇不討論，她有義務告知轄區律師他拒絕服務。她補充說，在此案例轄區律師通常向法庭訴諸毆打告訴，這可能使他入獄。

Kull 先生不情願表示，他和太太曾意見不合，結果她甩他巴掌，他藉著捶她幾拳來保護他自己。他補充說，昨天當他在監獄裡時，他獲知她帶著孩子離家，現在待在婦女收容所裡面。他更擔心，她可能會和律師聯絡尋求離婚。

Koeffler 小姐詢問有關「意見不合」的詳情，Kull 先生指出，他喝了一些啤酒後回家，晚餐冷了，他責備 Kull 太太沒有打掃屋子。他說 Kull 太太開始大聲咆哮，最終導致他們互推、互相打鬥。Koeffler 小姐接著詢問是否以前有發生過這樣的事。Kull 先生指出「有幾次」，然後說身體上傷害他太太是使她變得表現良好的唯一方法。他指出他身為木工整天工作，但他太太坐在家裡看連續劇。

他感到她沒有做到「公平的分擔責任」，他認為家裡通常看起來像「豬圈」。

Koeffler 小姐問 Kull 先生他傷害太太是否感到公平，他回答：「當然！」接著說他爸爸常常告訴他「對太太和孩子是不打不成器」。Koeffler 小姐問他，當他是孩子時，他的父親是否有時候會虐待他。他說他厭惡他父親曾經虐待他和他母親。

Koeffler 小姐接著建議他們一起畫「家族樹」，焦點放在三個區塊：酗酒事件、身體虐待事件、傳統和現代性別的刻板模式。Koeffler 小姐解釋，傳統的性別刻板模式包括先生是重要決定者、太太順從他、基本上他對家內任務有責任，現代的性別刻板模式包括先生和太太之間的平等主義關係。開始的不情願後(有關他表達關於這樣一棵「樹」如何幫助他得回他的太太的困惑)，Kull 先生同意合作畫這樣一棵「樹」。**圖 8.5** 是表現結果的家譜。

家譜協助 Kull 先生了解他和太太是來自不同價值觀和習慣的家庭系統。在他的家庭裡，男性嚴重酗酒，對婚姻有傳統看法，施以身體暴力與配偶互動。Kull 先生進一步補充說，他的父親也在他的兄弟姊妹還小時對他們身體虐待。在詢問中，Kull 先生提到他常常賞孩子

耳光，「一兩次」攻擊他們，Koeffler 小姐問 Kull 先生，他對重複他討厭父親使用的相同虐待太太和小孩的模式感受如何，他流下眼淚，說「不好」。

Koeffler 小姐和 Kull 先生接著討論他可能採取的行動方案，改變他家庭的互動，他如何採取可能的最好方法要求他太太和孩子回家，Kull 先生同意參加酗酒者匿名（AA）協會和施暴者的治療團體。在參加每週一次會議一個月後，他聯絡他太太，並要求她回家。Kull 太太同意回家，如果他停止喝酒（因為大部分的虐待發生在當他喝醉時），如果他同意繼續參加團體治療和 AA 協會，如果他同意和她前往諮商。Kull 先生立即答應（Kull 太太的父母從不喜歡她先生，表達他們的不贊同）。

在一開始的幾個月，Kull 先生表現最好的行為，家庭相當和諧。有一天，他生日，他決定工作後停下來喝一些啤酒，他喝醉了。當他終於到家時，他開始言語上和肢體上虐待 Kull 太太和小孩。對 Kull 太太來說，這是最後一根稻草。她帶她的小孩到她父母家，他們待在那幾天，直到他們可以找到並搬進一個公寓裡。她也提出離婚，並成功離婚。

乍看之下，這件案例並不成功。事實上，許多社工的案例都不成功，然而，Kull 先生了解到他獲得並付諸行動特定的不正常的家庭模式。不幸地，他沒有準備好做出持久的改變。也許在未來他更能承擔義務，目前他又恢復嚴重酗酒。Kull 太太和孩子為了更安全，現在可以開始打破虐待的循環圈。

家庭治療

提供給家庭的許多社會服務之一是家庭治療（也叫作家庭諮商），有關家庭治療社工已經發展大量文獻。本章接下來的部分把重點放在家庭治療上，雖然社工與家庭除了家庭治療外，還包括許多方法和服務，但是社工運作家庭治療的重要性需要延伸此途徑。

家庭治療——那是什麼？嚴格來說，它是團體治療的分支，以幫助處理家庭在互動上、行為上和情緒上每天生活問題行為為目的。問題包括婚姻衝突、父母與小孩的互動問題、與曾祖父母或其他親戚之間的衝突。家庭治療處理廣

泛多樣的問題：家庭暴力、溝通問題、家庭成員間對於藥物使用和濫用的意見分歧、門禁時間、學校表現、金錢管理、性價值觀和行為、家庭任務的表現、處罰孩子的方法，以下是一個典型的情節＊。

George 和 Martha Sitzke 忍無可忍了，他們再也不知道如何處理他們十六歲的女兒 Sharon。她不願意配合任何事，她剪平頭，把剩下的頭髮染成彩虹色，學校中大部分的科目被當，不管告訴她什麼她都在外過夜。誰也不知道她正可能做什麼——酒精、藥物、性或更糟的事。不只那樣，她在家是個恐怖分子，他們感到她是尖酸的、好爭辯的、有敵意的。

Sitzke 家庭終於承認他們對 Sharon 已經失控了，他們不了解正在發生什麼事，但他們知道自己需要幫助，他們帶她到地方精神健康診所，並要求諮商，他們必須做一些事。

Sitzke 的家庭故事是社工被要求幫助各種家庭處境實例當中的一例，常有的脈絡是自成一個團體的家庭有問題。社工應用介入知識和技巧協助此家庭，或同樣家庭，解決其困難。家庭治療觀點包括：看待家庭內的任何問題為一個家庭團體的問題，而不是任何**個別**成員的部分問題，此加強了團體導向概念在家庭治療的運用。

把家庭當團體的幾個相關方面是這裡討論的目標，第一個是語言溝通，包括溝通的各種方法，第二個是非語言溝通。強調語言和非語言溝通的一樣重要性。在此表示的第三方面包括家庭團體準則，第四方面是家庭成員常假設的角色。設定個人和團體雙方的目標，是與家庭工作的第五方面，一些一般團體衝突、問題和解決策略的確認是第六方面。最後，強調三個特定家庭治療方法，解釋兩個特定技巧。

我們將藉著重視家庭治療的評估階段為焦點，因為它是發現和最容易檢視家庭動態和互動的方法。

＊本章其他部分是 Karen K. Kirst-Ashman 哲學博士，美國 Wisconsin-Whitewater 大學社會工作學系教授所寫。

 語言溝通

　　溝通，包括語言和非語言，在團體功能上是很重要的。有效的溝通意指傳送資訊的相互了解。Satir 總結有效溝通的意義：它包括肯定陳述你的個案，澄清並要求接受性的回饋。這本是難以做到，因爲太多家庭和其他團體中的干擾和誤解。傳送者也許在他或她的訊息上是模糊或不正確的，打擾和分心可能減損溝通的過程，同時接受者可能不專心、不能了解或扭曲傳送者所說的。

　　家庭治療中的一個焦點是在家庭內的溝通模式，Scherz 反映「家庭內的溝通是透過執行規則和角色、確認分化的過程、任務的管理、衝突和解決之道，簡言之，引導生命的議題」。家庭的語言溝通模式包括誰說得最多，誰說得最少；包括誰對誰說，誰聽從誰，它們也反映涉及家庭成員關係品質的精緻與否。

　　例如，一個十七歲的兒子問他父親：「爸爸，我下星期六晚上可以開車嗎？」正在撰寫兩天後到期的有關退稅的爸爸回答：「不行，Harry。」Harry 解釋這個意思是他父親是個權威的暴君，不相信他可以擁有家庭的車子，Harry 氣惱跺腳。然而，爸爸眞正的意思是他和媽媽這星期六需要車子，因爲他們要帶他們最好的朋友，Jameson 夫婦，出去慶祝他們二十週年的結婚紀念日。爸爸也考慮過也許 Jameson 夫婦不介意開車。或者也許他和 Harry 可以想出一些方法共用車子。無論如何，爸爸眞正的意思是他忙於稅務表格而沒空談論此事，卻較願意在晚餐討論。

　　這是一個無效溝通的好例子——資訊模糊不完整，雙方都沒有釐清他的想法或給對方回饋。家庭常發生數不清的各種無效溝通型態，這有賴社工幫助澄清、解開和重建溝通模式。

溝通的方法

　　Perez 引用任何或所有家庭在特定日子可能使用的「五個溝通的方法」，它們包括共鳴、譴責、順從、理智化和冷漠，評估一個家庭如何使用這些溝通方法，可以清楚提示哪裡需要改變。

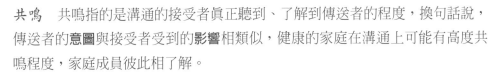

共鳴　共鳴指的是溝通的接受者真正聽到、了解到傳送者的程度，換句話說，傳送者的**意圖**與接受者受到的**影響**相類似，健康的家庭在溝通上可能有高度共鳴程度，家庭成員彼此相了解。

譴責　譴責包括家庭成員嚴重地批評、抱怨、負面判斷，或一致行為下嘮叨對方，如此的互動不只發生一兩次，而是形成一個慣性的模式。此模式可能與任何家庭成員有關，一個人可能典型譴責特定的一個個體，或一個人可能典型譴責所有其他人。同樣地，家庭成員可能譴責特別的一個人，或者兩個或三個成員可能譴責一個或更多人。

　　形成譴責模式的人通常用譴責來增加他的自尊，譴責或批評另一個人使人的品質和行為顯得更優越。例如，以一個經過五十五年常常譴責先生的八十歲女人做例子：他八十四歲。她常嘮叨他是怎樣的一個酒鬼，保不住工作。然而，他已經超過四十年不碰酒精。另外，他這些年大部分工作是木工。當這女人批評她的先生，因為這些發生超過四十年前的行為，她使自己感覺更好。如果他不好，經過比較，她是比較好。

順從　當一個人感到受壓迫、有罪惡感，或者他或她無法屈服於另一個人的意志時，便發生所謂的順從。此人無法感到夠有價值或有價值感，對於他或她的權利和需要無法肯定。Perez 總結順從的情境，說：「順從的人，像是譴責的人，是很難和他住在一起的。他或她不適當的感覺讓家庭成員在經常的壓力下支持、引導、指導和帶領他。再次，當依賴壓力變得太大時，家庭成員可能反應譴責。」

理智化　理智化指的是把所有溝通放在嚴格邏輯性、理性的範疇的過程上，任何情緒的存在被否定或被壓迫。一個理智化的人喜歡理智地評估問題，並盡快建立解決方案。他不希望非邏輯性的情緒干擾處理、控制實相的過程。然而，訴諸理性的人通常面對**每個人**都有情緒的問題。常被壓抑的情緒可能形成，在不適當的時機無法控制地爆發，爆發情緒甚至可能導致暴力發生。

　　當訴諸理智者無法達到其他家庭成員的需求時，其他理智化的問題會發生。一個理智化的人似乎可以是冷酷、無愛心的。理智化鼓勵男人成為強壯、沒有感情的決定者之傳統性別角色刻板印象。對那些被教養表達情緒的女人來

說，常常變成關係的問題。一個典型的情節包括，一個女人從理智化的配偶中尋找愛和情緒的表達。

例如，一位直截了當表示他沒有情緒的男人，他說他總是快樂。他太太用問題回答：「好，那麼，當你對我大叫時你是什麼呢？」

男人遲疑地回答：「那麼……我瘋了。」此女人她自己微笑。她已經有些進展，她已經複製她伴侶的所有情緒曲目。

冷漠　冷漠包括明顯持續不關心、不在意一個或其他的方法，且顯得冷淡。兩個在家庭通常表現冷漠的方法是透過「科學」和「忽視行為」。一個或更多家庭成員可能不討論或反映一個或更多其他的家庭成員。

冷漠可以是溝通的一個強有力、操縱性的方法，一個忽略青少年女兒的母親可能傳達幾個訊息給她。可能女兒感到她母親不夠關心她擴展其能量，或也許母親為了某些原因對她生氣。

被忽略是痛苦的或惱人的，例如，拿一個非常情緒化沒有安全感的新婚女人為例。在結婚開始幾週，她一天問她先生十幾次他是否愛她。最初，他回答：「親愛的，是的，我愛你。」然而，他很快對於她經常再確定的需要感到厭煩。他開始不管她、忽略她，她是討厭了，她需要學習她一直發問產生她想要的相反效果。因為她感到更安全的需要，致使她先生離開了她。

8.4　練習　我家庭有問題的語言溝通

目標：本練習旨在輔助你辨認你家有問題的語言溝通模式。

重讀前一段的材料，然後總結你家有問題性的語言溝通模式。

非語言溝通

非語言溝通和語言溝通一樣重要，它包括傳達有關個人想法和感覺的資

訊的臉部表情、聲音語調，和身體位置。第五章詳述非語言溝通在團體的重要性，家庭團體也不例外。因為非語言行為提供傳達訊息的主要方法，所以有效的溝通是基於與語言溝通同等重要、適當、正確的非語言訊息。

一個評估訊息的特別重要的面向是，它們是否是一致或非一致。Satir 提出：當兩個或更多訊息跟彼此的意義矛盾時，溝通是非一致的。換句話說，訊息令人困擾，家庭中矛盾的訊息會干擾有效的家庭功能。

第五章描述非語言訊息如何與語言訊息矛盾，這些矛盾的訊息也發生在家庭中。例如，一個最近喪夫的女人在臉上咧嘴笑，說：「我很難過 Frank 過世了。」這些話表達的資訊，指出她很傷心。然而，伴隨著身體的表達顯示出她很快樂。對這情況來說，她的話在社會上是適當的。然而，在這個特別的例子裡，她被視為「老卑鄙小人」，並開心地成為大筆壽險政策的受益者。

雙重訊息反映寡婦的語言和非語言行為，提供家庭簡單、清楚的潛在問題溝通的輪廓。然而，一致性絕不是非語言溝通唯一的重要面向，所有非語言溝通的原則可以用在家庭內的溝通。

8.5 練 習 我家庭中有問題的非語言溝通模式

目標：本練習旨在輔助你辨認你家非語言溝通模式。

重讀前一段的材料，然後總結你家有問題的非語言溝通模式。

家庭團體準則

第四章定義準則為在一個團體具體說明適當的行為規則，它討論所有團體的清楚與含蓄的準則或規則，家庭有規則。Janzen 和 Harris 定義此規則是「影響家庭行為的關係協定」，他們注意到：常常最有力的規則是那些不清楚、口頭的表示。家庭重複執行這些含蓄的規則，是家庭團體成員雖了解但從不討論的。

像其他團體一樣，在家庭內建立準則，允許整個家庭和每位個體成員有效且有成果的執行功能是重要的。例如，家庭 A 有相對保守的準則，統御溝通和人際之間的行為。雖然準則允許家庭成員間經常性的愉快談話，但總是在表面層次，下雪的多天氣候或在花園裡成長的新種南瓜，是對話可抨擊的對象。然而，從沒有提起個人的事。禁忌主題包括人和有關感覺、人際間關係，或關於職業或工作的選擇。例如在一個場合裡，一個朋友問到女家長她的兒子和媳婦會把他們快出生的第一個寶寶叫什麼名字。在她臉上出現一陣震驚的臉色，她回答：「噢，天啊，我從沒問過，我不想干涉。」

　　另一方面，家庭 B 不同的準則掌理彼此的溝通和行為，幾乎每件事情都討論和辯論，不僅在核心家庭成員中，幾代間亦是。把個人節育的方法、墮胎的立場、死刑的意見，和政治作為討論、促進情感的議題。家庭成員常常討論他們的個人關係，包括誰是最受疼愛的孫子，誰總是易於和 Harriet 老阿姨爭執，這家庭是如此開放，以至於聖誕節禮物的價錢標籤還留在上面。

　　掌理家庭 B 的行為規則和家庭 A 的行為規則是非常不同的，然而，每個家庭裡所有成員認為他們的家庭行為是正常的，在此規則下覺得很自在，每個家庭的成員可能發現無法相信家庭如果像其他樣子。

　　然而，有問題的家庭最常見的家庭規則是：不允許家庭或個別成員有效、有成果的運作。團體工作原則表示，只有幫助團體有效運作的團體準則應該被發展和允許。同樣的家庭亦是，無效的準則需要了解和改變，正面、有益的準則需要發展和支持。

　　下列例子是一個家庭有含蓄、沒有價值和無效的運作準則，此準則是家庭中沒有人抽煙。一個先生、太太、四個孩子和兩對祖父母組成這個家庭。雖然從沒討論過，但大家了解是沒有人曾經或願意抽煙。有一天，先生發現幾根煙屁股在他太太車子的煙灰缸裡，他覺得奇怪，但沒有說什麼，之後過了幾個月，他常常發現煙屁股在同一煙灰缸裡。因為這家庭裡沒有人會抽煙，他推測這煙屁股屬於另一個人。他假設他太太和另一個男人有婚外情，使他很震驚。然而，他沒有說什麼，並因沈默而受苦。他與太太的關係開始毀壞。他變得繃著臉、口出惡言，且常常有衝突。最後，在一次衝突，他透露他對煙屁股和她

外遇的想法和感覺。他的太太表達震驚和不相信。事實是她抽煙，但只有當沒有其他人在旁邊時，她單獨的主要時間是當她開車來回工作時。她利用這個時間抽煙，但有時她忘記清空煙灰缸。她告訴他整個故事，他釋懷了，他們的關係獲得改善，增進彼此感情。

　　此例子說明一個不適當的準則如何幾乎毀了一個家庭的關係，在一件簡單的事，如太太是「秘密抽煙者」具有毀壞一個婚姻關係的潛能。此關係之間，溝通一個簡單的糾正即可以解決此問題。有趣的是最後整個家庭獲悉這件事，太太仍然抽煙，但堅持私底下這麼做。這家庭現在有效地運作，通過修改過的家庭規則——接受抽煙。

　　準則對家庭很重要，一如它們對其他團體很重要。一個團體工作者需要注意團體準則，監控它們，並確定它們對團體運作是有益的。否則，提供治療給家庭的社工需要辨認家庭準則，評估它們，並在需要時開始改變，增強家庭運作。

8.6 練習 我家庭中的功能性和問題規範

目標：本練習旨在協助你認清家庭中的功能和問題規範。

1. 說明你家庭中的功能性規範。

2. 詳細說明你家庭中疑難的準則。

家庭角色

　　角色是「對居於特定地位的個人，文化上要求決定的行為模式」或關於其他人的階級。在家庭中，此規則通常包括為家庭有利的運作行為。例如，父母角色要求有助支持、指導和撫養小孩的行為。同樣地，父母可能藉在外工作，為家庭賺取財務來表現工作角色。另一方面，孩子可能在學校表現「學生」的

角色，在家庭任務中表現「助手」的角色。

除了正式的社會上接受的角色外，家庭成員可以有各種不同的非正式角色，常常有關個人人格和在家庭成員間互動的模式。例如，角色可以包括麻煩製造者、受壓抑者、卓越的明星、責怪所有事的人（代罪羔羊）、完美的愛孤獨者、老戰斧，或敗家子。

在家庭中可發現廣泛的角色，一個家庭注意到羊群裡的白羊。核心家庭包括一對父母親，三個小孩，兩個女性和最年輕的一個男性，所有家庭成員現在是成人。除了最年輕的男生外，這個家庭所有成員喜歡喝酒、派對、分擔罵髒話；另一方面，最年輕的是基本教義派的牧師──羊群的白羊。

因為每人和每個家庭是獨特的，並沒有哪個角色是最好的準則，每個家庭必須評估角色的獨特結構，如何對家庭優缺點運行。

Holman 強調「工作者必須檢視如何執行角色，它們是否有達到家庭的需要」，並且提出一系列的問題探索：

每個家庭成員居於什麼特定的角色？

扮演的各種角色有為家庭利益一起好好運作嗎？

角色是模稜兩可、累贅或無意義的嗎？

家庭角色的彈性，家人較能調適危機情境？

家庭的角色有適應基本社會準則嗎？（例如，社會不會赦免一個罪犯角色。）

家庭角色有扮演增進家庭自我價值的感覺和福祉的功能，或減低此感覺嗎？

8.7 練習 我家庭成員中功能的角色和問題的角色

目標：這練習是被設計來輔助你辨認你家庭劇本中的功能角色和問題角色。

1. 重讀前面的段落。詳細說明你家庭劇本成員的功能角色。

2. 詳細說明你家庭成員可能扮演的問題角色。

個人和團體的目標

　　對任何團體而言，建立目標是重要的，為了給它自己方向並給成員動機（看第四章），同樣的基本理由應用在家庭上。Minuchin 強調評估家庭的家庭治療的重要性，且在這評估的基礎上，建立治療的目標。他繼續說，基本的目標是幫助整個家庭運作得更好。他認為：「雖然個體不必忽視，治療者的焦點是在增進家庭系統的經營上。」

　　Janzen 和 Harris 強調家庭治療中問題共識工作的重要性，問題的共識包括家庭的成員和治療師達到有關治療中解決什麼問題的共識。Janzen 和 Harris 強調社工應該盡其努力，開始評估所有家庭成員的資訊，家庭成員可以對問題有不同的看法，每個人可以在心中有不同的個人目標。如果這些個體觀點沒有清楚了解與家庭目標合作，一些成員可以被排除在治療外。家庭成員的個人目標和家庭團體的目標之間愈一致，成員愈可能被治療吸引。為了被激發參與治療，每個人需要感到家庭目標和他的個人目標相關聯。

　　例如，一對夫妻來大學診療訓練中心，帶著他們四歲的兒子 Jimmy（有發展性障礙），為了未來教育和治療評估。診療中心評估整個家庭在身體、情緒和心理需要的基礎。因此，身為全部評估的一部分，其他家庭成員和他們的關係也要被檢視。

　　母親是一位苗條、漂亮、極度安靜的二十八歲女人，她是合作的，極其希望做任何事幫助她的兒子克服其殘疾。父親，一個高的、英俊、優雅的三十歲男人，表示強烈的合作渴望。因為他非常外向，而她很安靜，他幾乎占了所有的談話。社工開始談論有關父母的關係，其是所有評估和治療計畫過程的一部分。Jimmy 大部分的廣泛身體和心理評估已經完成，Jimmy 的父親排除所有有關婚姻關係的談話，好像這是不重要的程序事件。

　　本質上，這父親說他很感謝中心職員所做的所有努力，其他事都很好。一如往常他占據所有的談話。社工提出一個論點，要求 Jimmy 的母親描述她有關他們關係的感覺，但她的先生開始幫她回答。社工溫和地打斷，並詢問她是

否可以自己回答這個問題。太太猶疑了，視線移到地板上。然後她衝出口說：「我再也沒辦法忍受了，我想要離婚！」她的先生嚇壞了，社工看起來震驚。之前，他們都沒有發現她強烈感受的跡象。

更進一步探索，發現了這對夫婦關係的幾個問題，Jimmy 的母親感到窒息，有關她認為她先生所謂的傲慢、武斷的態度。經過他們八年的婚姻生活，她感到她不可以說出她的意見或個人表現，她討厭獨力負責家事。這些年她懷有野心，想成為一個合法的圖書館員。然而，因為她自己安靜的個性和她的不安全感，她從未能自信表達她的想法。

另一方面，她的先生感到她需要保護和指引，許多次他變得厭倦承擔做出所有決策的責任；他常常希望他太太願意多一點果斷，但他不覺得她的本質做得到。一方面，當她終於表達出她真正的感覺時，他感到放心。

進一步的討論透露他們雙方都覺得可以放心的公開他們的感覺，並聽到對方的真正感受。治療期間幫助建立新的溝通和行為模式。回饋之後，先生變得覺察到幫他太太回答問題是如何變成一個習慣。他的太太也變得覺知她需要更果斷，且不要依賴她先生為她回答。他們開始建立更平等的關係，且討論如何更公平地區分家庭雜事和照顧小孩的任務。當他太太開始訓練成為一個合法的圖書館員，先生給她真正的支持。不只是他為她發展其個性而驕傲，他也感激她願意為家庭帶來額外的收入。

經驗案例確定每個家庭成員對目標設定的過程中，個人付出是多麼重要，另外，家庭團體目標可能完全錯失重點。如果 Jimmy 的母親沒有被詢問其意見，並主動表達出來，真正的家庭問題可能仍然被隱藏起來。適合的目標並沒有建立溝通和行為模式，考慮到表達強烈的感覺，家庭似乎很可能沒有有效地運行，則 Jimmy 的治療計畫還在受苦。

隱藏議題

此例子也可以被使用描繪有關目標設定的觀念，稱之為隱藏議題。隱藏議題是一個團體成員擁有個人的目標，但其他團體成員不知道，且干擾團體目標的達成。此不被知道的個人目標對團體和團體過程雙方具毀滅性，在前一個例

子裡，太太有一隱藏議題，包括她秘密希望變得獨立，並追求一個職業。為了讓家庭有效地運作，隱藏議題必須表面化並加以解決。

8.8 練習 我家的個人目標、團體目標和隱藏議題

目標：本練習旨在協助你認出個人目標、團體目標和隱藏議題的重要性。

1. 簡短地總結你家庭中每個成員的個人目標。
2. 詳細說明你家庭中的團體目標。
3. 家庭中有一些成員有隱藏議題嗎？如果是，詳細說明你知道是的哪些人。

家庭衝突、問題和解決之道

　　第六章定義衝突為「有關歧異想法或有趣的敵對狀態或行動」，它指出衝突在任何團體是無法避免的，且許多時候它們是正向的、需要的。團體包括家庭是由獨特的個體組成的，每人都有個別的意見和理想，衝突可以表現其想法的公開分享，可以當作增進溝通、增強親密關係、解決不滿的機制。

　　Thorman 指出，雖然每個家庭是獨特的，家庭中衝突和問題傾向群聚在四個主要分類中。第一，先生和太太有婚姻問題。第二，父母和孩子之間存有困難。第三是個別家庭成員中的個人問題。最後，外在環境強加家庭壓力。

　　家庭問題不必清楚地落在某範疇中，常常家庭經驗多於一個範疇的問題。這些問題範疇並不互相排除，常常一個問題將緊密地和另一個問題相關。例如，考慮身為百貨公司管理員和維持他家庭的基本生計的太太和母親。她過去十一年工作的商店突然破產，並離開商業。雖盡其努力，她仍無法找到另一個有類似責任和薪水的工作，可以考慮是因為環境壓力下的家庭問題。然而這對太太和母親來說，也是一個個人問題，因為她失去工作且不能找到另一個工作，自我價值感嚴重減弱。結果，她胡思亂想，脾氣暴躁很難同住在一起，她所經歷的環境壓力讓她有困難，是與她的小孩和配偶有關，整個家庭系統完全

被打亂。

接下來的章節將檢視四個問題範疇中的每一個，提供一些治療的方向。

婚姻困難

溝通困難表現婚姻關係中衝突的主要原因，其他主要衝突來源包括對孩子的意見不合、房事不合、休閒時間和金錢衝突，和不忠誠。本研究提供一些線索，當評估家庭裡一對婚姻夫婦的關係，實務工作者需要說明的領域。

例如，Bill 和 Linda，雙方在他們約三十五歲時，有過溝通上的問題。他們結婚約一年。這婚姻發生在一段長期充滿爭吵的約會以後。基本壓力的來源是 Linda 想要婚姻的永久承諾，但 Bill 不願意做這樣的承諾，考慮到 Linda 威脅離開他，Bill 終於決定結婚。

在結婚之前，另一個困難的來源是 Bill 和 Linda 相處所花費的時間。他們個別擁有一間公寓，並分開住。Bill 忙於一個瘦身計畫，在一個健康俱樂部一個星期工作四個晚上，包括每個星期五。Bill 在俱樂部也有許多親密的朋友，他享受和他們在一起的時間。Linda 很生氣當她沒有在俱樂部時，Bill 限制和她在一起的時間到只有幾天。然而，他主要的關心議題讓 Bill 仍然無法做出承諾，Linda 感到一旦他們結婚，這些事會改變。

在結婚之後，事情並沒有很多改變。雖然 Linda 和 Bill 現在住在一起，他仍然和他的朋友在俱樂部工作，一個星期四天，而 Linda 仍然很生氣。在討論時雙方表達他們的感受。Linda 說：「我討厭 Bill 花所有的時間在俱樂部裡，我討厭讓他指定他想和我在一起的時間，我覺得他把我的時間放進一個小角落。」

Bill 回答：「我的健康狀態對我很重要，我愛在這俱樂部工作。我應該怎麼做——每天晚上在家，然後變成看電視的沙發馬鈴薯？」

評估這對夫妻溝通的方法是評估意圖（說話者想要對接收者溝通什麼），與溝通真正的影響（聆聽者真正聽到什麼）。許多時間溝通的意圖和影響是不同的，一個有療效的目標是增進溝通的準確度，亦即，說話者的意圖和它在聆聽者的影響程度，彼此是相似的。

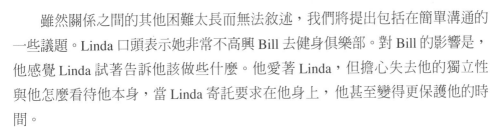

　　雖然關係之間的其他困難太長而無法敘述，我們將提出包括在簡單溝通的一些議題。Linda 口頭表示她非常不高興 Bill 去健身俱樂部。對 Bill 的影響是，他感覺 Linda 試著告訴他該做些什麼。他愛著 Linda，但擔心失去他的獨立性與他怎麼看待他本身，當 Linda 寄託要求在他身上，他甚至變得更保護他的時間。

　　Linda 在她溝通裡的意圖和她產生的影響是非常不同的，她感到 Bill 認為俱樂部和他的朋友比她更重要，這和她缺乏基本的自尊和自信有關。

　　Bill 對 Linda 表示的回應在意圖和影響之間非常不一致，對 Linda 的影響（亦即，她聽到 Bill 說什麼）是，他喜歡俱樂部和他朋友多過於喜歡她。Bill 真正的意圖是，告訴 Linda 他身體的健康和外表對他很重要，他愛她，且想要給她承諾。但是，他對承諾的長期恐懼是和他真正的恐懼有關，他怕他將在某個人裡失去他的認同，他怕失去做選擇和決定的權利，他害怕被告訴他該怎麼做。

　　治療的目標是增強每個人意圖和影響的一致性，一個執行者可以協助每位配偶藉著提出意見使溝通更有效，關於如何以字句重述對方的陳述，更清楚的反映說話者真正意味什麼。另一個建議是鼓勵回饋，亦即，讓聆聽者告訴說話者一個訊息的影響是什麼。例如，取代對 Linda 的要求防衛性地回應，Bill 可以鼓勵地告訴她：「我非常愛你，Linda，我需要維持身材，且我需要自己的時間，我們可以如何解決這事呢？」

　　最後，Bill 和 Linda 使用問題解決途徑（見第六章）解決這個議題，透過諮商，他們溝通的準確性漸漸進步。兩個人學習如何溝通個人的需要，取代他們舊有僵局的是，他們開始確認和評估可選擇方案了。他們最終的解決之道涉及幾個層面。第一，Bill 會繼續上俱樂部，一週工作三個晚上。然而，每個星期五要花時間和 Linda 在一起，很清楚地她特別氣惱無法和 Billy 在星期五晚上出去。Linda 也是身體苗條的渴望信仰者，有時會和 Bill 去健身俱樂部健身。當她選擇這麼做時，這給她自由的感覺去加入他，重要的是她不再感覺被限制了。事實上，她很少跟他去俱樂部。當 Bill 造訪俱樂部的那些晚上，Linda 也選擇在她的領域修一些研究所的課程。她享受這些活動，且它們增強她專業能

力的感受，Bill 需要自由和 Linda 缺乏自尊的議題，需要雙方配偶的持續努力，增強的溝通技巧幫助他們溝通接下來的需要。

父母／小孩關係的困難

第二種家庭問題的主要類型包括父母和小孩的關係，包括父母控制他們小孩的困難，和溝通問題，特別當孩子到達青春期時，有許多在孩子管理和父母／孩子溝通技巧上的觀點，兩個主要的途徑是 Gordon 發展的學習理論和父母效能訓練（PET）的應用。

執行者可以藉著評估個別家庭情境，及教導父母一些基本行為調整的技巧，協助父母增進他們對孩子的控制。行為調整包括對真實生活情境中學習理論原則的應用，例如，對父母來說，處罰一個行為不當的小孩是簡單的。例如，四歲大的 Freddie 每當他不受注意時，便把抽屜和櫥子裡的東西撒在廚房。他的父母曾看到足夠他們吃好幾輩子的麵粉、蜂蜜、銀器和塑膠袋，一大堆撒在地板上。他們在挫折之下，一般的反應是猛揍 Freddie 的屁股。他只是哭一下子，但下次他有機會單獨在廚房時，又重複這種行為。

在家庭諮商，教導 Freddie 父母幾種新的行為管理技巧（亦即，應用在特殊孩子管理情境的行為調整技巧）。第一，教導他們正面強化的價值，這些是「在一個行為和加強此行為的行動的正面事件或後果」，取代單獨依賴處罰，教導父母，當 Freddie 玩得恰當而不是掏空抽屜的那些時候，更正面地回應 Freddie。藉著更緊密檢查 Freddie 的行為及包圍他的環境立場，父母漸漸地學習以不同的方法看待他。他們學習到，他感到他並沒有獲得足夠的注意力，為了獲得他需要的注意力，他便做出毀滅性掏空抽屜的行為。當他們給 Freddie 全部的注意力，並正面地讚賞他的好行為，提供 Freddie 安排好的正面遊戲次數，幫助減少 Freddie 需要以不適當的方法獲取注意力。Freddie 的父母學習到，處罰和他們想要的效果相反。也就是說，處罰鼓勵他的壞行為，而不是取代它。處罰 Freddie 確實是正向加強物，因為它提供他想要的注意力。

另一變通方案是，教導 Freddie 的父母時間暫停的技巧，時間暫停包括「先前的增強物收回，減少特定行為的頻率的意圖結果」的過程。取代當 Freddie

掏空抽屜而打他，他的父母將他處置在角落，要他盯著牆五分鐘（五分鐘應該是時間暫停的最大容忍度，因為之後的時間會減少效果）。他們在 Freddie 不守規矩後，直接執行時間暫停，以至於 Freddie 在他的錯誤行為後連結這處罰。時間暫停提供 Freddie 的父母在一個不用傷害他的方法下，剝奪對他們兒子的注意力，既然注意到 Freddie 真正想要的，此行為控制技巧運作得很好。然而，應該強調的是，Freddie 需要對於適當行為繼續獲得注意力和正面增強，若他沒有需要尋求注意力，他一開始不會有錯誤的行為。

　　當父母／孩子關係發生問題時，父母效能訓練是常常被使用的第二種方法。兩個包括在這方法的原則是主動聆聽及傳送我—訊息，主動聆聽和之前描述的意圖—影響溝通方法，並有兩個基本步驟：第一，訊息的接受者努力地試著了解傳達者真正意味什麼。第二種步驟是，接受者把了解改成她自己的話，並回應了解給傳達者確認。例如，十三歲大的 Tyrone 對他母親說：「跳舞真無趣。我不要去星期五那場無聊的老者舞會。」他的母親已學會使用積極聆聽，並試著從 Tyrone 的角度看待這情境。她回答：「你意味你想要去，但你不覺得你可以跳得很好。」Tyrone 回答：「是的，」他的母親正確地聽到他真正關心的事。

　　父母效能訓練的第二種技巧是使用我—訊息，

　　　　只溝通訊息，傳達者如何相信接受者不利地影響傳達者的非責備訊息。我—訊息不提供一個解決之道，不輕蔑訊息。不使用「我」這個字傳送我—訊息是可能的，因為我—訊息的本質包括傳送一個父母感到孩子的行為如何影響父母的非責備訊息。

　　例如，Boushon 夫婦剛洗好家人房間的地毯，他們九歲的兒子回到房子，網球鞋上沾了大量泥巴，並準備走進家人房間裡。Boushon 太太可以選擇說：「如果你帶著這雙沾滿泥巴的鞋走進房間，我將禁足你一個星期。我厭倦一直清洗你留下的髒亂東西。」這是責備、威脅的陳述。或者她說：「我們剛洗完地毯，且想要從現在開始保持它乾淨。」她的兒子坐下，並脫下他的網球鞋，在此敘述中，這母親對她自己感到負責任，並沒有責怪她兒子。

個別家庭成員的個人問題

有時一個家庭會尋求實務工作者的協助，並詳細說明一個家庭成員的「問題」。然而，一個基本的家庭治療的原則是整個家庭「擁有」此問題。有時一個家庭成員變成整個家庭系統失去功能的代罪羔羊，代罪羔羊是一個其他人為了某個問題責怪他，不管他或她是否真的有錯。實務工作者有責任幫助家庭定義問題是團體的，而不是責怪個人，治療目標將可能包括重組各種家庭關係。

例如，一個五口之家來尋求治療，這家庭包括一個四十八歲的先生和父親，一個四十五歲的太太和母親，三個孩子：Bob，十九歲，Ralph，十六歲，和 Rosie，十二歲。這家庭住在八千人的鄉村威斯康辛鎮，父親是個和地方政治有關的成功商人。母親是專職家庭主婦，Bob 是威斯康辛麥迪遜大學的新鮮人。確認的個案是 Ralph，過去幾年，Ralph 曾偷鄰居的車，毀損信箱，最少這行為使鎮民感到困擾，這家庭前來諮商作為最後的求助。

在幾次家庭成員都把責怪指向 Ralph 的諮商後，Rosie 很快批評她父母：「嗯，他們從沒對**他的**問題說過什麼」，然後繼續責怪 Bob。突然，如同洩洪門閘打開一般，整個家庭情況傾瀉出來。Rosie 指出她父母難以接受 Bob 最近宣布他是個同志。當 Bob 出櫃後，他正經歷一段困難時期——做出和舊朋友和家人有關的生活型態的決定。他爸爸非常害怕同志的地區鎮民會發現，他害怕他會失去他的社會地位，他的政治生涯會被毀壞；媽媽變成酗酒者，一個家人好好保護的秘密。這對父母有十年沒有行房，分房睡覺，父親是個嚴厲苛刻的人，他覺得必須維持他認為絕對要控制他的家人，包括他太太。他對他的家人高度嚴苛，從不冒分享他感覺的風險。終於，Rosie 在成績和學校出勤率有嚴重的問題，她也和各種年輕男人有複雜的性關係，她和她父母經常生活在恐懼中害怕她會懷孕。

結果，Ralph 是在這家庭中適應較良好的一位，他規律地上學，拿 B 級成績，在運動方面很活躍但因過失行為而停權。此家庭提供了一個有問題家庭共有的良好敘述，整個家庭系統顯示出擾亂不安，Ralph 是代罪羔羊，被確認的個案，大部分是因為他的行為是公開的，Ralph 所做的全部是要喚起家人更深層問題的注意。

外部環境壓力

　　第四種範疇是常在家庭發現的問題是家庭外因素所造成的，此問題可以包括不當的收入、失業、不好的住所、不當的得到交通工具和休閒地方、缺乏工作機會，包括其他大眾潛在的問題是健康不良、不適合的學校，和危險的鄰居。

　　為了開始對付這些問題，實務工作者需要有效的協調仲介技巧，他們需要知道可以得到哪些服務，如何在需要的家庭和這些服務間建立關係。

　　許多適當的服務無法得到或不存在，實務工作者需要為他們的個案倡導、支持、甚至幫助發展適當的資源。例如，需要發展不存在的服務，需要勇敢面對不回應的行政機構，需要合法的輔助。解決像貧窮或不健康照護這些全國性的問題，沒有簡單的解決之道。這是一個不變的、持續的過程，需要政治參與，如此環境壓力帶給家庭嚴重問題，實務工作者不能忽視它們。

8.9 練習 我家庭面對的挑戰

目標：本練習旨在協助你辨認你家庭目前面對的挑戰，開始解決這些挑戰的問題。

1. 詳細描述你家庭中一個或更多成員目前正面對的挑戰／困難（你有權利不透露你不希望透露的挑戰）。

2. 對每種挑戰來說，面對這些挑戰要採取什麼行動？

3. 如果目前一個或更多的挑戰沒有有效面對，詳細說明每種可能嘗試的其他選擇。

家庭治療的三個途徑

　　家庭治療有許多途徑，三個顯著的例子是著重家庭溝通、家庭結構和家庭功能。

這裡呈現的所有例子和集中在各種家庭裡持續互動和關係的面向類似，同樣地，它們全部涉及著重家庭成員如何溝通。然而，這些途徑不同於它們強調的核心觀念和實務工作者可以如何幫助家庭有效的改變。

溝通模式途徑

Virginia Satir 是個溝通理論家，她強調在問題家庭的家庭溝通模式的澄清是易於模糊和間接的。先生和太太傾向避免談論彼此的需求和欲望，或他們透過孩子談話，不幸地把孩子放在維繫家庭的地位上，常常創造出一個競爭的氣氛，是每位父母意圖和每個孩子形成聯盟。

為什麼錯誤的溝通在家庭裡發展呢？Satir 相信一個理由是，先生和太太都有低自我價值觀。因為他們試著藉著表現出自信和強壯來隱藏他們卑劣的感覺，為了怕把對方趕走，沒有一方透露他或她真正想要什麼，或談論無價值的感受。其他的理由是有低自尊的人結婚，是為了另一個人達到他們的需求，他們結婚為了「得到」，期望他們的配偶讀出他們的心思，並達成他們的需求。配偶被視為**有義務**達到他們的需求，當配偶達不到時，他們是有挫折的、生氣的、憤怒的。有問題關係的夥伴也易視彼此是擁有物，而不是一個區別的、獨特的人。這些配偶限制對方和窒息對方，而不是讓彼此成長。在此問題關係，錯誤的溝通模式漸漸形成。三個溝通問題的型態可以形成：使用模糊的間接的陳述、不一致的訊息、進退兩難的處境。

在緊張的關係裡，先生和太太漸漸害怕冒著風險做清楚的表達，例如「我想要一隻狗」，因為他們不想趕對方走，他們模糊地表達他們的欲望和需要。觀察以下的互動：

先生：Harry 叔叔剛得到一隻西班牙長耳獵犬，他真的很喜歡牠。

太太：照顧狗實在太麻煩了。

互動結束，留給先生是生氣的感受，因為他覺得他將不能得到一隻狗。太太從他非語言的訊息感受她先生沮喪和生氣，但不能了解為什麼。她害怕處理衝突，因此沒有問「為什麼」。

非語言溝通和語言溝通矛盾，有不一致的訊息。例如，一個人可以表示他

不生氣（因為各種理由），當他的非語言溝通——握緊拳頭、嚴厲的表情、把指關節磕磕弄響、脹紅的臉頰——暗示不同的。

　　因為有進退兩難的訊息，傳送者給予矛盾的訊息。例如，父親可能堅決維持「所有真正的孩子應該保持他們的玩具不亂丟」，但告訴他兒子「所有真正的男孩是亂糟糟的」。在這樣的情境下，兒子不能想出他是否可以撿拾玩具，或不撿拾玩具來取悅他父親。或太太要求她先生幫忙管教孩子，當他這麼做時，她批評他為了某件不重要的事約束孩子。進退兩難的受害者可能有各種方式回應：退縮、完全不聆聽、侵犯性爭吵回應，或發展情緒困難。

　　Satir 在家庭治療的目標是增進溝通模式，增加每位成員的自我價值感和自尊，和終止占有欲。藉著增進溝通模式，每個成員可以學習表達需求和欲望。為了這個目標，Satir 尋求幫助成員學習傳達直接和一致的訊息。她指導家庭成員使用我—訊息代替你—訊息（見第五章），角色顛倒技巧（見第六章），問題解決途徑而不是「輸贏途徑」（見第六章），及主動傾聽（見第五章）。她幫助成員辨別哪些家庭規則是建設性的，哪些是毀滅性的。規則可能是壞的，但制定它們不是壞人。丟棄毀滅性的家庭規則，協商出新的規則。辨認出模糊的訊息、不一致的訊息、進退兩難的事情，家庭成員常常用更有效的溝通模式角色扮演。

　　Satir 的家庭治療途徑因其正向氣氛而著名，藉著對其他人尊重，她支持每位成員成長，增加每位成員的自我價值和自尊。指出無禮的溝通，鼓勵家庭成員學習如何更尊重人，為了幫助成員增加他們的低自尊，她使用各種方法，例如挑戰有關自我的負面表達。Satir 的方法包括終止占有欲的感覺，幫助家庭成員看待對方為有個別需求、欲望和自我價值的獨特的、不同的人。

家庭次系統途徑

　　Minuchin 支持的結構性家庭治療對在家庭治療中使用系統途徑，基本重點是重建主要的家庭次系統，以至於每種次系統適當地互動並完成主要的責任。

　　Minuchin 表示，每個家庭都有多個互動的次系統，有小孩的家庭中有三種主要的次系統：配偶、父母和手足。因此，一個家庭次系統可能包括兩個配偶

或在家庭中所有的手足。同樣地，一個家庭可能包括十二位家庭成員中最年長的女兒和最小的兒子，因為他們彼此特別的、照護的關係，次系統通常形成在一般角色的基礎，或家庭成員中特別的關係。

如果先生和太太達成互相陪伴、情緒和性方面滿足、財務支持的需要，一個配偶次系統是健康的、有功能的。一個不正常的配偶次系統的例子是太太想要尋找工作實現自己並幫助家庭財務，但先生想要她在家照顧孩子並做家事。

一個健康的父母次系統包括父母達成孩子情緒的和身體的需要，並不把過度的壓力放在他們自己身上。一個不正常的系統導致家庭成員間爭吵和壓力，例如，父母可能有關於如何扶養、管教孩子的哲學的衝突，導致家庭爭吵和不正常。

當手足相處得相當好，學習並和彼此互動時，即存在一個健康的手足系統。一個不正常的手足次系統的例子是手足經常爭吵，阻礙彼此完成需要的任務，如指定的功課或家事。

如果家庭要成員在健康的單位生存，即可實現每種家庭次系統有主要的功能。在治療裡，Minuchin 分析每種次系統的功能和障礙，決定互動哪裡有問題，哪裡沒有問題。他的主要目標是增進配偶、父母和手足次系統的有效互動。沒有明確定義此次系統的健康功能，因為在一個家庭系統裡運作得很好的互動類型，可能在另一個家庭運作得很糟糕。例如，花錢在去夏威夷的奢侈假期可能對一個可以輕易負擔的家庭非常有益，但對一個沈重負債的家庭極不健康。

根據結構的家庭治療，家庭裡發現的典型障礙包括分離和緊密，這些反映家庭界線可能如何形成的極端相對。分開涉及極度疏遠家庭成員之間的關係。在一些分開的家庭裡，成員根本很少溝通。溝通通常緊繃、疏離、沒有效。情感互動幾乎不存在。例如，一個家庭的青少年可能涉及街幫混混，以至於他和他原來的家庭很疏遠。對他來說，黑幫取代他原來的家庭。另一個例子包括一個完整的雙親家庭，承擔基本家計的傳統角色的先生兼爸爸，幾乎不回家。他這麼全心投入工作，以至於他幾乎完全與其他家庭成員互動分離。

緊密和分離是相反的，緊密意味著家庭成員的關係太親密，可能令人窒

息。在一個家庭系統緊密的界線變得模糊，且定義得很差。例如，如果一個父母與新生孩子太緊密地綁住，忽略另一個配偶的需求時，打斷一個健康的配偶次系統。與新生兒定義的父母關係可能變得緊密，同時配偶次系統變得分離。另一個例子包括一個父親和十三歲大的女兒在亂倫關係中變得緊密，父母和孩子之間的關係模糊、沒有效，他們需要對有效家庭功能的澄清。

Minuchin 在家庭治療中使用的一個技巧包括畫一些結構的圖表，如此他可以說明這些次系統有機能和不正常的面向，幫助成員釐清這些次系統的界線。例如，如果一個較年長的女兒在雙親工作時擔負照顧年幼孩子的責任，Minuchin 想要家庭成員澄清，這個較年長的女兒何時承擔父母的責任，何時與一個較年長手足角色互動。

Minuchin 鼓勵使用許多和 Satir 相同的溝通技巧，例如我—訊息，角色顛倒和問題解決途徑。有時候，Minuchin 為了重建家庭次系統，會忽視不正常家庭的直接認知了解。例如，他在個案中會使用似是而非的建議，當家庭溝通模式和行為的直接探討無法改變不正常的面向時。例如，在一個家庭中先生想要他太太待在家裡，但太太想要找工作。Minuchin 會使用似是而非的建議，像是「是的，那最好，Mary，如果你待在家並順從你先生，讓你先生保持快樂是你生活的工作，你不應該企圖如同個人成長，你在生活中基本的興趣和滿足應該是掃廁所和洗你先生骯髒的短褲。所以，誰會在意無法支付帳單費用，結果你變成一個沒有腦筋的僕人呢？」此建議只在協助太太推向確定在平等關係中、確定她的興趣，幫助先生了解控制他太太生活的後果。

具功能的途徑

Alexander 和 Parsons 說明，家庭治療著重個別家庭成員如何在家庭背景中運作，此想法是謹慎檢視家庭成員如何尊重他人和其他成員互動。任何個體如何回應家庭成員並影響所有家庭功能並不重要，家庭成員在家庭脈絡之間的互動被視為好的或是壞的，而不是有效或無效的。例如，在考慮一個由母親、父親和兩個青少年女兒組成的家庭，在此家庭裡父親不是「傲慢的」、「強硬的」，除非其他家庭成員討厭他的行為，並解釋這樣的行為。他的行動根據其他家庭

成員如何察覺他的行為，可以被認為武斷的或侵略性的。

根據 Alexander 和 Parsons 所言，人際間的功能有三個基本的分類：同化——反映親密接觸；分離——反映獨立和疏遠；中點，位在介於前兩者的某處。Alexander 和 Parsons 解釋：

> 關係中產生接觸／親密的行為和人際之間的型態易於增加心理強度，增強互動機會、維持或加強其他方面減少的接觸。典型上（但不是總是）運作來增加不確定的行為，包括要求或給予友誼的幫助，哭泣，維持身體親密，或口頭上和身體上表達親切（「我愛你」）。

具功能的家庭治療認為**同化**不是好的也不是壞的，直到他們在家庭內部功能裡評估任何同化情境的效果。例如，考慮一個六歲的女兒，當她和媽媽在家時，她總被決定在媽媽身邊。如果這樣的行為滿足雙方的需求，且當雙方沒有和彼此在一起但可以繼續運作得很好時，它可以被認為是具功能的。然而，女兒同樣的行為被認為是正常的，如果媽媽和女兒都不能忍受每次短暫離開對方。

第二種人際間功能的主要範疇稱之為**分離**，包括那些強調人際間彼此有距離和獨立的行為和互動。例如，考慮父母雙方，為了「比別人優秀」都有全職工作，必須把三個小孩子留在安親班和保母那裡。他們必須和他們的孩子分開。一個具功能的家庭治療者不做任何的假定這個情況是好或是壞。反而，這樣的治療師可以評估在家庭互動中分離行為的效果。在此事件中，安親班和保母都很不錯、很一致，因為孩子和父母都很滿意他們的處境，父母的行為被認為是具有功能的。然而，如果孩子開始表現沒有安全感且需要父母注意力，父母相同的行為在特別的家庭脈絡被視為不正常的。

第三種人際間功能的主要類別是**中點**，此類型的互動型態不包括同化、分離。相反，在家庭運行中包括兩者觀念的某些面向。一個採取中點具功能的家庭，由一個單親媽媽和兩個兒子。十三歲和十六歲所組成。這個特別三角的每位成員當需要幫助、照護和注意時，對於涉及到對方和依賴對方感到很自在。但是，當其他家庭成員不在時，每位成員也可以回到自己，依賴他或她自己的

才智。如此互動的模式對所有的家庭成員有用時，這個家庭是具功能性的。另一方面，如果十三歲的兒子需要與他母親和兄弟有比得到的更多同化，同樣的家庭被認爲是不正常的。

正如 Satir 發展溝通模式途徑，Minuchin 建立結構途徑，Alexander 和 Parsons 認爲溝通是家庭功能重要的部分和一般改變的目標，功能性家庭治療師利用的途徑認定溝通的變通方式，藉此改善家庭功能超越過去所達到的。

評估家庭成員間家庭運作的有效性後，功能性的家庭治療師最可能提供給家庭成員有關他們互動的複雜精緻回饋。藉著回饋著重在家庭成員的想法、感覺和行爲，同樣的，如此挑戰和威脅將家庭推向困惑中。然而，此困惑建立改進階段，功能性的家庭治療師接著幫助家庭起始和發展互動的新方法，改善家庭運作。

Alexander 和 Parsons 描述兩個常常在功能性家庭治療裡使用的技巧——「不責怪」（nonblaming）和「重新歸類」（relabeling）。不責怪包括幫助家庭成員重新概念化問題。家庭成員重新概念化問題，像是一個家庭成員屬於整個家庭，而不責怪特定的成員他哪裡做錯。不鼓勵把食指指向別人，同時認爲承擔增進家庭互動的責任是被鼓勵的。

重新歸類著重協助家庭成員以不同的觀點或新方式了解相同的行爲、議題或問題。在家庭治療的脈絡，此意味協助一個家庭成員改變其他家庭成員的負面想法，變爲新的正面想法。重新歸類或重塑（reframe）常協助一個人移情另一個人，或更清楚了解其他人的觀點。例如，試想一個經常批評他太太肥胖的先生，太太看待她先生的口頭行爲是嚴苛且無效於幫助她減重。功能性的家庭治療可以重新歸類先生的行爲，是表現他對太太健康的關心的方法，她有高血壓，他很擔心她會中風。

以下是一些經過治療者重新歸類或重塑個案想法後的個案陳述的例子：

個案 A 的說明：Johnny 恨我，他所做的就是對我尖叫，我甚至不想再走近他。

治療師重塑：你聽起來很沮喪，且對 Johnny 朝你吼叫很受傷。也許他也很沮喪、很受傷，也許他覺得你在逃避他。如果他不關心你，他不會這麼放大能

量，向你吼叫，嘗試獲得你的注意。

個案 B 的說明：我爸爸說我和我祖母太親近了，他說明此事病態的關係，且她所做的就是操縱我。

治療師重塑：他這麼在意這個關係是很有趣的，也許他嫉妒你們兩個這麼親近。也許他也想要和你更親近。畢竟，當有機會時你可以拜訪你祖母。但你從未拜訪他。同時，你知道他如何憎恨他自己的母親，她是如何在他小時候操縱他。

個案 B 的說明：我父母所做的一切就是試著控制我，他們像是兩個小獨裁者。他們在每次我準備要出去前問我跟誰出去，他們告訴我應該在晚上十點前回家。如果我回家晚了兩秒，他們會在門口等我，並問我去了哪裡。他們快把我搞瘋了。

治療師重塑：你聽起來像是你感覺在你父母下窒息了，我聽起來這像是他們非常關心你。如果他們真的不在乎你發生什麼事，他們不會在乎你做了什麼。也許他們看待他們的行為並不是控制。也許他們看待這事，自己是好父母，並試著讓你遠離麻煩。

這裡提到至少一項功能性家庭治療的其他優點，即教育的重要性。Alexander 和 Parsons 解釋：

> 有功能的家庭治療的教育是提供背景給人們學習特定技巧，讓他們可以使用這些技巧維持正面改變的過程。治療並不幫助人們學習新技巧，它只幫助人們變得更接受學習此技巧。

因此，特定技巧的訓練被認為是極度重要的，這包括更有效的溝通技巧，如使用「我」語言和主動聆聽。具功能性家庭治療師可能也合併任何廣泛的特定技巧，增進家庭運作。既然增進此功能是家庭治療的終極目標，可以使用任何積極使家庭朝向目標的活動。例如，具功能性家庭治療師可以教導父母如何使用行為調整技巧，像是象徵式經濟或計時策略，為了更有效管理他們孩子的行為。同樣的，可以指派特定的家庭作業給不同的家庭成員。例如，具功能性

家庭治療師可以指導家庭成員包括自己在衝突管理練習的範圍裡，甚至著手在下一次治療課程前家庭一起旅遊。

8.10 練習 在我的家庭中應用家庭治療

目標：本練習旨在幫助你了解三個家庭治療途徑，可以應用在家庭面臨挑戰時。

重讀前面家庭治療途徑的段落。此三種途徑對於你家庭目前面對的挑戰／問題有優點嗎？如果是，總結你相信的用處。

Note

9 組織、社區與團體

本章提供組織與社區社會工作實踐的簡介。**團體**
與組織及**團體與社區**的緊密關係在本章中加以檢視,也
介紹許多組織的模式。本章提出許多原則幫助專業人
員在科層體制下生存且成功,也提供一個社區分析架
構及三個社會工作者可用來促進社區改革的模式。

此處的「組織」定義為：一個群體為了特定目的而聚集在一起。人們組織以達成的目的類型非常多，從基本需求到減低整個世界恐怖主義的威脅或維持世界和平。在每種案例中，組織因人們一起工作比個人較容易完成任務與達成目標的因素而存在。

Etzioni 說明組織在我們生活中的重要性：

> 我們都是生在組織中，被組織所教育，而大部分人花了大部分的生命為組織工作。我們花了許多休閒時間在組織中付出、玩及祈禱。我們大部分人也會在組織中死亡，而葬禮時刻，最大的組織——州——就會正式授予許可。

Netting、Kettner 和 McMurtry 把組織對社會工作實際的重要性摘要如下：

> 身為社工，我們在組織中的角色、與組織的互動，與組織運作的企圖，遠比我們可以定義的還多。個案通常會來找我們尋求協助，因為他們無法從組織中獲得對他們的生存或生活品質的重要協助。但反過來，我們試著為個案爭取的資源常來自於其他組織……社會工作者如果不清楚組織如何運作、如何影響組織內、外及改變，將會嚴重地限制他們的效能。

許多學科（包括商業、心理學、政治科學及社會學）對組織的理論與研究都有非常多的關注。除了組織對社會工作實踐的重要性之外，社會工作中與組織有關的文獻還是有限的。

團體與組織間的關係

在第一章中，團體界定為：

> 兩個或兩個以上的個體進行面對面的互動，每一個人都覺察到成員彼此積極互賴的關係，因為他們都為了達到相互的目標而努力。

組織如前述，界定為一個群體為了特定目的而聚集在一起。這兩個詞有何

關聯呢？

　　這兩個詞之間有很大的重疊性。有些組織事實上可視爲團體，而有些團體則亦可視爲組織。例如，一個社會工作學生俱樂部可以被視爲組織及團體。另外一個例子是小學中的親師會。

　　不過，一個大的組織通常就不會被視爲是一個團體。例如，通用汽車公司（General Motors Co.）就是一個組織而不是一個團體。之所以不被認爲是一個團體，是因爲它的員工及經營者的人數非常多，而沒有一個人可能和所有組織的成員有個人的接觸。類似的，大部分的其他大的組織〔如全國來福協會（National Rifle Association）及美國醫學學會（American Medical Association）〕也不被認爲是團體。這些學會是因爲特定目的而聚集在一起。但**聚集在一起**不代表每一個人都能像團體成員一樣，和其他人都有個人的接觸。

　　大部分小的、非正式的團體沒有特定目的的，就不被視爲組織。例如一群鄰里的孩子偶爾在一起玩也不算是組織。

9.1 練習 去除我們的組織迷思

目標：許多學生錯誤地相信他們很少參與組織。此練習在於讓學生看到事實上他們參與了許多組織。

1. 列出你曾參與的組織的名稱。這些組織包括男孩、女孩的俱樂部、女童軍、教會團體、運動組織及團隊、那些你曾當義工的組織、你曾任職的組織、學校組織、學生社會工作俱樂部，及你參加的日間照顧中心。

2. 選擇一個你覺得參與得很愉快的組織。描述此組織的目標，及你從組織裡所學到的，及爲什麼你覺得參與此組織是愉快的。

組織的模式 *

專制模式

專制模式已經存在數百年。在工業革命時期，此模式是組織應如何運作的重要模式。此模式依賴**權威**。那些握有權威者表現得很專制，對於員工所傳達的訊息是——你做這個或那個，意味著只要員工不遵守命令就會被處罰，而且通常都很嚴重。

專制的模式使用單向溝通——從上位到下位的員工。管理者相信它知道什麼是最好的，員工的義務都是聽從指揮。員工必須被指導、說服與推動往績效的方向，而這是管理者的工作。管理者負責思考，員工則遵從指示。在專制的條件下，工作者的角色是**服從**管理。

專制模式在某些情境中確實運用得很成功。全世界的軍事組織大概都是採行此種模式。在工業革命時期，此模式也應用得很成功，例如建照大的鐵路系統與鋼鐵廠的運作。

專制模式有許多缺點。工作者常處於檢視結構中與組織系統技術缺點的最佳位置，但單向溝通卻阻礙對管理階層的回饋。此模式也無法產生員工間對組織目標達成的承諾。最後，此模式也無法激勵員工發展他們的技能（對員工有利的技能）。

監管模式

幾十年前，當專制模式仍然是組織行為的主導模式時，一些比較先進的管理者開始研究他們的員工，發現專制模式的員工常充滿不安全感、挫折與管理者的敵意。由於員工無法表達他們的不滿，所以常以間接的方式表達。一些員工把氣轉發洩在自己的家人、鄰居及整個社區，有些人破壞產品。Davis 和

---

* 此段落的資料來源：*The Practice of Social Work*, 7th ed., by Zastrow. © 2003. Reprinted with permission of Brooks/Cole, a division of Thomson Learning, Inc.

9.2 練習 為專制的老闆工作

目標：反省一些專制者的優點與缺點。

1. 簡單地描述一個你擔任的工作而上司是專制者（本質上，專制的老闆使用單向溝通——不想讓員工提供如何進行工作的意見）。如果你沒有為這樣的老闆工作的經驗，訪談曾有經驗的人，然後回答下列問題。

2. 為專制的老闆工作，你的感覺如何？也就是某人告訴你應該做什麼而且不聽你的想法與關注，你的感覺如何？

3. 你被激勵盡你所能去做你的工作嗎？為什麼？

4. 研究發現雙向溝通比單向溝通好，為什麼有如此多的老闆在今天仍使用單向溝通？

Newstrom 描述在一個木工廠中的破壞行為：

> 管理者對工作者不好，有時候甚至有身體上的虐待。由於員工擔心失去工作，無法直接反抗回去，所以找到另外一種方式來出氣。他們**象徵性**地把他們的督工餵進一個長條機器。他們故意這樣做來破壞好的紙表，使每月成果報告出來時，讓督工不好過。

在 1890 及 1900 年代有一些進步的老闆思考，如果能把員工的這些不好的感覺減輕，員工可能會更喜歡工作，如此將增加產品的產量。為滿足員工的安全需求，許多公司開始提供各種福利方案，包括津貼方案、兒童照顧中心、健康保險與壽險。

監管的途徑使員工依賴組織。根據 Davis 和 Newstrom 的觀點，「如果員工在工作的合約中有十年的年資及好的津貼制度，即使其他地方有更好的工作，他們也無法承受辭去工作的風險」。

在監管（custodial）模式下工作的員工，傾向於把焦點放在本身的經濟報酬與利益。他們比在專制模式下工作更快樂更滿足些，但他們並沒有較高的承

諾來完成組織的目標。他們對於雇主的**配合較被動**。此模式的一個明顯的缺點是，大部分的員工生產力都低於他們本身的能力，他們並沒有被激勵精進更高的技能。大部分這類型的員工並沒有覺得能在工作中達到自我實現或有動力。總之，滿意度高的員工（監管模式試圖達到的）不一定是最有生產力的員工。

科學管理模式

一個最早且重要的管理理論流派是基於 Frederick Taylor 的研究。Taylor 是一個機械工程師，也是美國的工業家及教育家。他致力於增進生產力技術的研發，認為有許多發生在工作場所的組織問題，包括管理者與員工間的誤解，管理者錯以為員工是懶惰且不情緒化的，而且誤以為他們了解員工的工作，而員工錯以為管理者關心的大部分是剝削他們。

為了解決這些問題，Taylor 發展**科學管理模式**，把焦點放在管理者對工作場所的科學分析。第一步是針對如何使工作完成得最好的分析。而最佳的方式是把每一個部門中做得最好的員工找出來，然後再分析他如何有效能有效率地完成工作。此分析的主要目的是要找出最佳的工作方法，以 Taylor 的說法，就是一個最佳的方式。一旦最佳方式確認之後，工作就會配合修正，而員工的能力與興趣就可以與特定的指定工作相配合，而中等生產者的產量即可加以評估。

一旦員工的平均生產程度決定以後，Taylor 認為第二步就是提供獎勵來提高生產力。他的最佳策略就是按件計酬，員工將依據他們做的數量領工資。此目標在於生產更多的單位量，降低單位成本，增加組織的生產力與利潤，及提供更多的獎勵使員工生產更多。

Taylor 的研究被批評帶有技術偏見，因為他把員工當成是輪子中的小齒輪。沒有任何兩個員工是完全相似的，所以工作的最佳方式往往是獨特的，適合某一個人的。事實上，硬把相同的工作模式加諸不同的工作者身上，可以同時減少生產量與員工的滿意程度。此外，Taylor 的模式在人類服務機構的應用上有其限制。由於每個個案都是獨特的——有獨特的需求、獨特的環境影響因素及優勢與能力——每一個人類的服務個案必須個別化，所以很難或是根本不可能去找到一個最佳方式來進行。

人際關係模式

1927 年，芝加哥的西方電力公司的霍桑工廠（the Hawthorne Works of the Western Electric Company）開始一系列的實驗，來找尋增進員工滿意度及生產力的方式。

霍桑工廠是以裝配線的基礎生產電話。員工不需要特定的技能，只執行簡單而重複的工作。員工並沒有特定組織，而管理者則想要找到增進生產力的方法。如果工作滿意度可以增加，員工可能會更有效地工作而產量可能會增加。

此公司在許多工廠中測試產量的效果：休閒時間、較佳的照明、工作時數的調整、薪資的調整、改進食物設備等。結果很令人驚訝。當工作條件改善時，如預期的產量增加，但當工作條件更不好時，產量卻也增加。後者的發現是非預期的，所以導引出後續的其他研究。

調查者發現，參與實驗對員工非常具吸引力。因為他們覺得，他們是因為管理者肯定他們個別的能力而選擇他們來實驗，所以他們工作更努力，即使工作條件沒有預期中好也一樣。此外，這些員工的道德與工作的態度也改善了，因為他們覺得他們受到特別的注意。藉由參與此實驗，員工有機會在一個小組中工作而參與了做決定。在小組中工作允許他們發展一個強烈的團體感。參與做決定的歷程減低他們對工作的無意義感與無力感。

在社會學與心理學的研究中，此結果變成大家所熟知的霍桑效應。在本質上，當受試者知道他們參與研究時，此種覺察會使他們表現得不同而影響實驗結果。

此研究的結果和其他類似的研究，使一些研究者認為影響產量的關鍵因素是社會因素。Etzioni 摘述了一些人際關係途徑的基本要義：

- 產量的程度是由社會規範來決定而非由心理能力來決定。
- 非經濟的獎勵與支持顯著地影響了員工的行為，而限制了經濟酬賞計畫的效果。
- 員工並非個別的行動反應，而是以團體成員的方式行動。

■ 領導角色在了解組織中的社會因素是重要的，而且領導可能是正式的或非正式的。

有許多研究證明支持上述的基本要義。具有高生產力的員工通常不會很突出，因為他們不想超過團體規範設定的平均水準，即使這樣做會賺得比較少。這些研究也發現，如果管理者以整體的團體為對象，比以個人為對象去影響員工的行為會更成功。最後，研究也指出非正式領導在影響員工行為的重要性，它可能增強正式領導的領導或減低。此模式主張管理者如果能反應員工的社會需求，比較能成功地提升生產力。

一個對人際關係模式的批評是它傾向於操弄、去人性化、壓迫與剝削勞工。此模式導向一個結論，就是管理者只要增進員工的滿意度而非提高獎勵，就可以提升產量。人際關係模式可以讓上位的人有權威及做決定的力量，但卻不關注使員工增能參與做決定的歷程，或協助員工獲得組織經營的積極參與。而以他們在工作場所所知覺的社會關係為基礎來處理人的問題也是一個「好老男孩」網絡的因素，而此網絡使女性及有色人種失利已經很多年了。另外一個人際關係模式的批評，是一個快樂的工作人力並不一定是高產量的生產工作力，因為員工生產力的規範是設在員工的能力水準之下。

X 理論與 Y 理論

McGregor 發展了兩種管理理論。他基於兩種不同的假定，把管理的想法與行為歸納成 X 理論與 Y 理論。

X 理論的管理者視員工缺乏成長的能力。員工被認為有內在的對工作的排斥，且盡可能的迴避工作。因此 X 型的管理者相信他們必須控制、指導、強迫或威脅員工來使他們工作。員工也被視為沒有野心，只想避免責任而喜歡被領導。所以 X 理論的管理者會把工作責任清楚地說出來，設定所有員工投入的工作目標，使用外在酬賞（如金錢）來督促員工工作，對那些脫序的員工予以懲罰。因為 X 理論管理者把責任降到最不會犯錯的程度，工作通常變得非常結構化而顯得單調無趣。這些假定當然與行為科學主張的指導、影響與激勵員工的有效原則不一致（本質上，X 理論管理者是建基在組織行為的專制模式上）。

　　相對的，**Y 理論的管理者**視員工為有成長與發展意願的人。他們願意善用內外在的努力來完成所承諾的工作目標。這些管理者相信，內在酬賞的承諾如自我尊重與個人的改善，都比外在的酬賞與懲罰更能激勵動機。他們也相信在適度的條件下，員工不只接受責任而且會去完成它。大部分的員工被假定是有智慧、創造力及解決問題的想像力。因此，他們被賦予重要的責任來測試他們的能力限度。錯誤和犯錯被視為是學習歷程中不可避免的必要階段，而工作加以結構化，使員工有完成與成長的感覺。

　　為 Y 理論管理者工作的員工一般都比較有創意及有生產性，經驗到比較大的工作滿意度，也比 X 理論型態管理的員工更有高度的動機，而期望也成為自我實現的預言。

9.3 練習　為 X 理論與 Y 理論管理者工作

目標：協助你了解這兩種管理型態的優點和缺點。

1. 描述一個你曾有的工作而老闆是使用 X 理論管理型態的人。為什麼你把他歸類在 X 理論管理型態中？

2. 描述一個你曾有的工作而老闆是使用 Y 理論管理型態的人。為什麼你把他歸類在 Y 理論管理型態中？（如果你都沒有為 X 理論與 Y 理論管理者工作的經驗，請訪問有經驗的人並回答下列問題。）

3. 比較你為 X 理論與 Y 理論管理者工作的感覺。

4. 你覺得哪一種管理者讓你更有動機做你的工作？指出你做此選擇的理由。

學院模式

　　一個 Y 理論的有效擴展是學院模式（the collegial model），強調團隊的概念。它把員工納進來工作在一起，且覺得有承諾要達成共同的目標。一些組織——如大學部門、研究室及大部分的人的服務組織——都會有一個建立學院氣

氛的目標，來促進目標的達成（不幸的是，有些組織在建立此種氣氛上並沒有成功）。

建立學院氣氛高度地依賴管理及與員工建立一種夥伴的感覺。當此種夥伴感發展後，員工覺得被需要且有用。管理者被視為是共同的貢獻者而不是老闆。管理是建立較佳團隊的**教練**。Davis 和 Newstrom 描述發展團隊概念的一些途徑：

> 夥伴感覺可以用許多不同的方式來建立。有一些組織廢止設立主管專用停車位，所以每一個員工都有機會找到一個靠近工作地點的位置。在一些影集中也減少老闆及服從等詞的使用，感覺那些詞形成管理者與非管理者間的心理距離。其他的雇主也把打卡鐘取消，設立有趣的委員會，舉辦公司的獨木舟旅遊，或是請管理者每年用一週或二週的時間在工廠工作或見習。所有的這些途徑是設計來建立一種相互性的精神，讓每個人都能有所貢獻，也欣賞他人的工作。

如果夥伴感發展起來，員工的工作會更有品質，且與其他夥伴合作，並非因為管理者指示他們要這樣做，而是因為他覺得有一種內在的責任感去產生高品質的工作。學院模式導向一種**自律感**。在這種環境下，員工會有自我實現的感覺，覺得想自我實現並生產高品質的工作。

Z 理論

William Ouchi 在他 1981 年的暢銷書中介紹日本風格的管理理論——**Z 理論**。1970 年後期與 1980 年代早期，美國商場聚焦於日本型態的管理風格，因為當時長期被美國工廠占有的市場（如汽車工業）受到日本工業的挑戰。日本的工業組織已經快速地克服他們早期不良品質的惡名，而且設定品質與耐久性的世界標準。

Z 理論主張日本管理模式的理論原則是在 Y 理論之外。根據 Z 理論，日本的企業組織比美國的利益取向的內涵更多。它是一種生活的方式，提供一生的雇用，涉入國家的政治、社會與經濟的網絡。此外，它的影響也滲透到許多組

織，如托育學校、小學、中學及大學。

　　Z 理論基本的哲學認為只有員工願意參與並且對組織承諾，才能提高生產量。如何改善組織的理想與建議如果合理，也會經常被鼓勵與執行。完成此任務的一個策略是**品管圈**，員工與管理者例行的開會來進行腦力激盪，以改進產量與品質。

　　與美國組織相對的，日本的組織傾向於沒有書面的目標與組織圖。大部分的工作都是在團隊中完成，決定完成的目標都先達成共識。這個團體傾向於在沒有指定的領導者的情境下運作。單位內與單位間的合作、對組織的忠誠及組織對員工的忠誠都是被強調的。

　　移植日本領導風格到美國的實驗已經有了進展。在大部分的美國組織案例中，已經有一個結論，就是 Z 理論可能在同質的文化（日本的社會價值）中運作得相當好，但是一些元素並沒有那麼適合異質與個別化特徵的美國。此外，一些變化快速的工廠如電力公司，在平衡他們的期望以提供終生的雇用，及調整他們的工作力來適應快速變化市場的要求上，是有其困難。

目標管理

　　組織的基本核心是它的目的，也就是大家一般了解的組織存在的理由。

　　管理理論大師 Peter Drucker 提出一個策略，可以使組織的目標成為組織生活運作的中心構念。換句話說，與其把焦點放在員工的需求與想望或是組織結構，作為增進效能與產量的方式，Drucker 建議先有預期的成果再反推回來。此策略首先是先確認組織的目標或目的，然後採用組織的任務、資源與結構來符合設定的目標。此種目標管理（MBO）的途徑是聚焦於組織為達成目標的努力。成功的決定是依據既定目標達成程度來判定。

　　此途徑可以應用到整個組織，也可以是組織內的單位或部門。當目標管理途徑應用到內部的單位時，每一個單位的目標設定應該與整體組織目標相一致及相互支持。

　　在許多領域中包括人類的服務，目標管理模式可被每一個員工應用到個案服務上。目標是為每個個案設定，然後決定達成目標的任務，之後設定各種任

務完成的期限。每一個個案的成功程度則依據既定目標達成的程度而定。

一個目標模式的調整模式稱爲策略性計畫與預算（SPB），在 1990 年代很流行也廣泛地被使用。整個歷程包括組織願景與理念的形塑，然後確認更爲精確的目標或達成願景的計畫，最後利用資源來符合高優先性的目標或計畫。組織通常雇用組織外的諮詢者來協助執行 SPB 的歷程。

目標管理對組織的主要優點是它可以產生清楚的目標陳述（對所有員工都有用），也清楚陳述那些預期的任務及完成的時間。此類型的活動可以改善合作與互助。目標管理模式也是有用的，因爲它提供一個指引，重新分配資源及關注組織成果的監控與評鑑。

目標模式還有一個優點是它建構了工作場所的多元性。此模式雇用了許多無法取得工作的婦女和有色人種。當情意行動方案在組織內發展出來以後，目標管理模式廣泛地用在設定雇用目標。此結果已經在徵聘途徑上產生重要的改變，也使許多婦女和其他少數族群能夠找到工作。

全面品質管理

全面品質管理（TQM）界定爲：

組織中所有功能及歷程的整合，以達成組織品質及服務的持續改進。此目標是客戶的滿意度。

全面品質管理奠基於許多想法。它意味著企業所有功能的品質的思考，也是一個統整所有層次功能的開始到結束的歷程。它是一個系統的途徑，考慮組織中所有元素的互動。全面品質管理指出在許多企業與組織中的管理，把組織中的錯誤歸咎於個人而非系統。但全面品質管理則相信 85/15 原則，認爲 85% 的問題要解決必須改變系統（結構、規範、實踐、期望及管理所決定的傳統），只有 15% 的問題能夠由個人來解決。當問題出現時，全面品質管理主張管理應該找出系統中的因素，而在抱怨員工之前先把那些因素移除。

全面品質管理主張，品質是包含所有組織歷程中導向客戶滿意的持續改善。客戶滿意是組織的主要目的。客戶不是銷售點，而是產品設計與生產歷程

的一部分，因爲顧客的需求需要持續的監控。

最近幾年，許多組織採用全面品質管理的途徑來改善他們的產品與服務。強調品質的理由，是因爲客戶逐漸地摒棄大衆化、製造不良、可拋式的產品。公司了解到爲了在全球市場中保持競爭力，在產品與服務中維持高品質是很重要的，福特公司的座右銘——品質是首要工作，就是強調品質的表徵。

其實，有許多達到全面品質管理的途徑，因爲很多理論家已經改良了他們本身的多樣化途徑，這些途徑的摘要包含在**全面品質管理的原則**中。所有的途徑的描述超過本文的範圍。不過 Hower 則提供了全面品質管理的許多原則：

- 員工了解內外在顧客的需求而提供比他們要的還多
- 讓每個員工逐漸建立自信
- 專注於資訊與資料的蒐集以解決問題，而非專注於自我與意見
- 發展領導者而非管理者且了解其差異
- 改善每個歷程，在特定時間檢視其改善程度，如有必要再繼續改善
- 當組織變得更有生產力時，協助每一個員工喜歡他們的工作
- 提供一個論壇或開放氣氛，讓所有層級的員工能在有意見時，可以自由地表達他們的想法
- 接收各種意見而採納與執行其中最好的一個
- 運用團隊工作的概念，因爲團隊通常比個人做的決定好
- 鼓勵團隊去執行他們建議的解決方法及從錯誤中學習
- 減少權威層級來促進增能
- 把抱怨視爲是改善的機會

上述這些原則也顯示全面品質管理的「偏好」。

在科層體制中生存 *

科層體制是組織的一種型態。科層體制可以定義爲一種社會組織的型態，

---

* 此段落的資料來源：*The Practice of Social Work*, 7th ed., by Zastrow. © 2003. Reprinted with permission of Brooks/Cole, a division of Thomson Learning, Inc.

9.4 練習 應用組織模式的概念

目標：協助你了解組織模式，然後應用其中的一些理論概念。

1. 先瀏覽本章所提的組織模式：

- 專制模式
- 監管模式
- 科學管理模式
- 人際關係模式
- X 理論
- Y 理論
- 學院模式
- Z 理論
- 目標管理
- 全面品質管理

選擇一個你曾經工作的組織，然後描述組織的目標。

2. 列出一些有助於你了解老闆／領導者與員工行為的模式的概念，並且歸納那些你覺得有用的模式的理論概念。

它的主要特徵是一個垂直的權力階層，最頂端的權力愈大；一個以任務分工的部門；清楚明確的規範；正式的溝通管道；基於技術能力來選擇、給予津貼、升遷與保留。

在助人專業者與科層體制間有著基本結構的衝突。助人專業人員重視創造性及系統的改變來為個案提供服務。科層體制抗拒改變，在沒有人攻擊時最為有效。助人專業人員傳達給每個個案「你被視為一個個人」的概念，來提供個人的服務。科層體制是高度去個人化、去情緒化的系統，把員工及個案視為是大系統中的一個小元素。在一個大的科層體制下，員工並**不**被視為是「人」，而只是一個系統的功能部分。其他在助人專業與科層體制之間的衝突列在下面方

助人專業與科層體制間的價值衝突

助人專業的傾向	科層系統的傾向
期望民主系統來做決定。	大部分的決定是專制的決定。
期望權力可以均等地分配在員工身上(水平的結構)。	權力的分配是階層化的。
	權力是由高層的人員所擁有的。
期望個案在系統中有極大的權威。	系統是嚴格而穩定的。
期望一個彈性而持續改變的系統。	強調結構與地位。
期望強調創造力與成長。	系統是組織中心的。
期望個案取向的焦點。	溝通是由一個階層到另一個階層。
期望溝通是個人對個人的個別化層次。	垂直的決定結構與責任結構是主要特徵。
期望分享做決定與責任的結構。	
期望決定是由最有知識的人來進行。	決定是依據每個位置所分配的權威來做。
期望分享式的領導。	
相信個案與員工的感覺應被系統看重。	系統採用專制的領導。
	程序與歷程是被看重的。

9.5 練習 你的科層體制傾向

目標:協助你獲得實際的科層系統觀點。

1. 檢視上述的「助人專業傾向」與「科層系統傾向」,哪些傾向是你在閱讀此教材之前就有的?

2. 如果你列出的是助人專業傾向,你覺得你需要檢視科層系統傾向的科層系統嗎?解釋你對這個議題的觀點。

塊中——「助人專業與科層體制間的價值衝突」。

　　這些價值傾向的差異可能成為助人專業者與科層體制者間的衝突戰場。Knopf 把科層體制與助人專業者間的潛在衝突領域摘要如下:

　　科層系統的註冊商標是權威、階層及專門化，也就是規則與角色。本質上就是去個人化。此系統本身不是好也不是壞，而是一個系統。我相信它是無關道德的。它是有效率及效能的，但為了如此，它必須在所有功能運作中是客觀的，這也是壓力所在。助人專業的特徵是高度個人化、民主的、人性化的、關係取向的服務，目的在自我激勵。科層系統的特徵是高度非個人化的、無涉價值的、不帶情緒的、垂直結構的組織。助人者的難題是如何透過一個不是如此設定的服務系統，來提供個案個人化的服務。

　　許多助人專業者錯誤地把「個人化」的期待放到科層系統中，而對這些傾向的衝突有所反應。他們把科層系統看成是官僚作風、官僚主義、不關心的、殘酷的及敵意的。而負向的人格特質有時候也會投射到官員上，認為只是文書作業者、嚴格的、障礙的、無效率的及缺乏生產性的。Knopf 說：

　　　助人者可能會把系統的非個人化本質投射到科層系統，而給它一個人格。像這樣其實是我們自己玩弄自己，以為可以以個人化的方式來處理它。不幸的是，投射幾乎都是負向的且反應自己黑暗或負向的面向。科層系統變成是一個我們掩飾怒氣、悲傷或對抗的出口，即使精力多但完成的很少。因為科層系統是無涉價值的，把人性置放在它身上是沒有生產性的。

　　一個科層系統沒有好與不好，也不是本身的人格特質或價值系統，它只是一個結構發展來完成各種任務。

　　助人者對科層系統的傾向衝突有許多情緒反應。一般的反應是對系統生氣、自責、傷心與失望，及衝突與妄想。

　　Knopf 歸納出幾種助人專業者可能對科層系統會有的反應型態。

　　勇士帶領開放的陣營去摧毀此系統。勇士經常不顧系統的價值而進入輸贏的衝突中，此勇士通常是輸的且被開除。

　　談論是非者是隱性的勇士，向別人抱怨（包括個案、政客及新聞媒體）此系統有多壞。談論是非者常選出一些官員作為批評的對象。科層系統通常會藉由安排不喜歡的任務、拒絕予以升遷、增加很少的薪水或是開除，而使談論是

非者不好過。

　　抱怨者與談論是非者類似，但是向助人者、家人與員工抱怨。抱怨者希望獲得其他人的同意，以便分享痛苦而覺得舒服些。抱怨者希望能待在系統中。

　　舞者是很有技巧地忽視程序與規則。舞者經常是孤獨的，因為填錯表格或是對系統與個案很少貢獻而被罵。

　　防衛者是害怕者，討厭衝突，所以維護規範、系統及科層官員。防衛者通常是督導者而被他人視為官僚者。

　　機器人是認同科層體制的官員。通常他並沒有提供直接服務的多年年資，而是被掛名為研究小組或政策小組或主要的委員會。

　　劊子手以他的精力與狂熱攻擊組織內的人。劊子手通常有很多的精力和衝動，他濫用權威攻擊及除去員工及服務與方案。劊子手有權威與精力（雖然此努力是沒有引導的、被否定的）。他們不對其他助人專業或科層系統的價值取向認同。

　　Knopf 列出六十六個如何在科層系統中生存的要訣。其中最有用的建議摘要如下：

1. 當你的需求或你的個案需求無法符合科層系統時，採用以下的問題解決策略：(1) 精確的確定與科層系統衝突的你或個案的需求。此步驟為界定問題。(2) 列出可能的解決方案清單，有創意的產生各種可能的解決方案。(3) 評鑑可能解決方案的優點和缺點。(4) 選擇一個解決方案。(5) 執行此解決方案。(6) 評鑑此解決方案。

2. 對組織的結構與功能加以了解。此知識將會減低你無知的恐懼，使系統更容易預測，且有助於以理性的方式來符合你和你的個案的需求。

3. 記得科層官員是有感情的人。如果你能以對待個案的尊重及好奇想了解的態度來對待他們，可以減低溝通的障礙。

4. 如果你陷入與科層的戰火，請宣布停火，否則如果系統知道，可能會找個方式把你革職。暫停戰火可以讓你確認及應用科層的優點成為盟友，而不是被視為敵人。

5. 了解你的工作契約及你的工作期待。如果期待不清楚，趕快澄清。

6. 持續發展你的助人技能與知識。利用繼續教育的機會（例如工作坊、研討會和課程），可以增進你的專業發展，協助你獲得一個好的職位。

7. 確認你的專長與弱勢。了解你的限制，可以使你避免承擔超過你能力的責任。

8. 要覺察到你是無法改變所有事物的，所以不要去嘗試這種事。在科層系統中聚焦於那些最需要改變及你有機會改變的努力上。停止思考及抱怨那些你不能改變的事物。抱怨那些你無法改變的事情或是你不想努力改變的事，是非理性的。

9. 學習如何控制你與科層互動的情緒。沒有創造性的情緒特別需要控制。對於自己不想要的情緒做一個合理的分析，是一種讓你不要情緒化的方式。學習如何在你的個人生活中對壓力的反應，也可以讓你對工作的壓力反應得比較好。

10. 發展與應用幽默。幽默可以把有害的情境移除且減低負向的感覺。

11. 學習接受你的錯誤，甚至有時可以大笑，因為沒有人是完美的。

12. 花時間與同事發展支持系統。

13. 認識你的錯誤，但有時把它化小，也許你不對，但也允許其他人做同樣的事。

14. 維持自己的身心健康。學習減低壓力與預防過勞的方法（見第十章）。

15. 把你的工作留在辦公室。如果你有緊急未完成的科層業務，在離開辦公室前把它完成。

16. 偶爾帶你的督導及其他行政人員去用餐。社交活動可以預防孤立，且有助於你對系統的了解。

17. 不要期望從科層中自我實現或自我滿足。一個去個人化的系統是無法提供此功能的。只有你自己可以滿足你的自尊而達到自我實現。

18. 對社區團體發表演說，強調機構的正向功能。演講結束後，不要猶豫，請他們寄一張感謝函給你的上司或督導。

19. 如果你在涉入科層有困難，與其他員工討論，聚焦於問題解決而非抱怨。團體是比個人獨自工作改變系統更有力量、更有創造力的。

20. 無論你升遷到多高的職位，維持直接服務的接觸。直接接觸使你能跟上個案的需求，讓你不會落伍，也讓你得到低層員工的關注訊息。

21. 不要想要馬上改變系統中的每一件事。攻擊太多會讓你精疲力竭。從小的、選擇性的及特定的事物開始。再一次確認可以在面對科層官員前正確地扮演自己的職位角色。

22. 確認你的生涯目標，決定是否與系統符合。如果答案是否定的，就 (1) 改變你的目標，或 (2) 改變科層結構，或 (3) 找其他可以實現你的目標的工作。

社區、組織與團體

社區定義爲「一個共享特定價值、服務、機構、興趣或地理位置鄰近的個人或家庭所組成的團體」。此定義中的**機構**有時候較難理解。Barker 把機構定義爲「一個爲了某些公共目的而建立的組織，當中有許多設備使其能有所作用，如監獄」。

讀者可能注意到**組織**與**社區**是密切相關的。本章中把組織定義爲一個群體聚集在一起以達成某個特定目的。有一些社區也是組織。一個育嬰家庭可以被視爲組織（居民和員工形成一個個人的集合體而且有特定目的）和社區（居民和員工共享特定的價值、服務、設備、興趣及地理位置的親近性）。

但不是所有的社區都是機構，反之亦然。一個大城市的居民也可以形成一個社區，因爲他們分享特定的服務與機構而且有地理上的親近性。但是一個大城市並非一個組織，因爲它的居民並非因爲特定目的而聚集在一起。

一個大型的跨國公司的擁有者與員工〔如菲利普・莫里斯（Philip Morris）公司，在許多國家都有分店販賣各種產品，如煙草和雜貨〕可視爲一個組織。菲利普・莫里斯公司並不是一個社區，因爲公司很大，而且它的擁有者與員工並沒有有效的加入彼此「分享」而成爲一個社區。

9.6 練習 喜愛與欣賞社區

目標：有些學生誤以為社區社會工作實務是沒有回報的。此練習是要讓學生看到參與社區的社會工作有許多的回報。

1. 描述一個你覺得參與得很愉快的社區。這可能是女性團體、兄弟會或你居住的社區，或是你在假期或旅途中訪問的一個社區，或是你參與的教會團體、校園中的學生宿舍等。在你的描述中請強調社區的獨特面向。

2. 列出你對這個社區喜愛與欣賞的特定面向。

3. 此練習是否讓你改變，認為社區參與（參與社區的社會工作）是你想繼續追求的事？

團體與社區的關係

社區與**團體**是密切相關的，如在第一章所提到的，團體是：

> 兩個或兩個以上的個體進行面對面的互動，每一個人都覺察到成員彼此積極互賴的關係，因為他們都為了達到相互的目標而努力。

團體的明顯特徵是它的成員彼此有個人的接觸。社區如本章前面所提的，是「一個共享特定價值、服務、機構、興趣或地理位置鄰近的個人或家庭所組成的團體」。

在許多案例中，團體與社區是重疊的，而團體可能被視為社區。在威斯康辛麥迪遜的聖彼得天主教堂宗教團體是團體也是社區。其中的成員有個人的接觸（團體特徵），也分享了天主教會的宗教價值（社區）。

有許多同時是團體也是社區的例子。像威斯康辛的芝加哥小鄉村就由一個銀行、三家店、一家小酒館、一家餐廳和五戶住家組成。此鄉村是社區（居民共享地理親近性、服務、價值與興趣），也與其他人有彼此的個人接觸（團體的重要特徵），一些分享的興趣與價值，如協助鄉居解決問題，信仰基督教及

珍惜住在美國郊區。

　　許多社區非常大，以至於他們的成員無法有彼此接觸的機會，所以不能算是一個團體。例如羅馬天主教整個世界都有，而且有一套共通的價值標準，因此可視為一個社區。但是沒有一個人能與其他每一個人有個人的接觸，所以不被視為是一個團體。紐約市的居民形成一個社區，因為他們分享了地理的親近性（事實上，有明顯的地理界限）。但是此社區不是一個團體，因為沒有居民可以與其他每一個人有個人的接觸。

 ## 社區分析

有許多分析社區的架構已經發展出來。以下的架構是重要的途徑：

1. **社區成員**：誰是社區的成員？有多少成員？這些成員有哪些重要及明顯的特徵？由哪些人種或種族組成？年齡的組成為何？成員對社區感到認同嗎？如果是，是哪些面向？

2. **經濟特徵**：社區的主要經濟特徵是什麼？雇主／員工間的主要型態是什麼？主要的工業是什麼？經濟基礎最近是否有改變？失業率有多高？

3. **社區價值**：社區是否有一組特定的價值？如果有，是什麼？誰設立這些價值？如何選擇出這些價值？或它們是如何發展的？這些價值是否曾改變？如果是，發生了哪些改變？是什麼原因使其改變？

4. **需求與社會問題**：成員知覺的最具批判性的需求是什麼？為什麼這些需求被知覺為批判的？成員覺得社區如何對他們的需求反應？與之前問題相關的是：影響成員的主要社會問題是什麼？是否次級團體經驗到批判部分的社會問題？哪些資料可以確認社會問題？有哪些資料來源？

5. **壓迫與歧視**：團體中是否有一些次級團體因為壓迫與歧視而受到傷害？（壓迫可以定義為不公平或權威的殘酷運用。）如果是，以下的問題是重要的：為什麼壓迫與歧視會發生？社區中的權力結構對壓迫與歧視的反應如何？有哪些努力來對抗壓迫與歧視？誰是此活動的領導者？

6. **權力結構**：在社區中誰掌握權威？權威的本質是什麼？如經濟的、軍事

的或政策的優勢、選舉的歷程？權力結構如何維持它的權威？權力是平均地公平地分給每一個人或是只有在少數人身上？權威結構對社區中具有很少權威的人的態度為何？

7. **人文服務**：在社區中提供主要服務的機構與組織有哪些？提供哪些重要的服務？誰是這些服務的主要受惠者？那些有批判性需求的人的需求是否被忽略？如果是，為什麼被忽略？此社區的社會工作專業的形象是什麼？

8. **教育服務**：社區中的主要教育資源是什麼？提供了哪些教育服務？誰是這些服務的主要受惠者？是否有一些次級團體的教育需求被忽略了？如果是，為什麼？

9.7 練習 分析你的社區

目標：協助你了解如何應用社區分析的架構。

1. 運用分析社區中所描述的架構，盡可能的回答你所在的社區有關的問題（不需要太多的研究，只要根據你所了解的來回答就可以）。

2. 歸納你對此分析架構的看法，包括優點和缺點。

社區實踐的模式 *

已經有許多途徑，提供給社區的實務工作者引領社區的改革。Rothman 和 Tropman 把這些途徑歸納為三個模式：地區發展、社會計畫與社會行動。必須留意的是，這些模式是理想型態。實際的社區改革的途徑雖然分為三類，但每一類都包含了其他類的元素特徵在裡面。例如，倡導社會計畫模式者可能有時候用其他兩種模式的社區改變技術（如由不同的團體討論與參與）。但在此為

---

* 此段落的資料來源：*The Practice of Social Work*, 7th ed., by Zastrow. © 2003. Reprinted with permission of Brooks/Cole, a division of Thomson Learning, Inc.

了分析的目的，並不針對混合形式加以討論，而是把三個模式當成是純粹的形式來說明。

地區發展模式

　　地區發展（也叫社區發展）主張社區改革可以透過社區許多人的討論與參與來引領改變。此模式努力引入許多跨單位的人來確認與解決他們的問題。此模式中強調的主題是民主的程序、共識的途徑、自願的合作，及本土領導的發展與自助。

　　此模式中的社區實踐者包括使能者、催化者、協調者及問題解決技能與倫理價值的教師。此途徑假設各種利益團體間的衝突可以創意地及建設性的處理。此模式鼓勵人們表達不同的意見，但假定人們會把自己的利益擺一旁，而以社會的利益為主。此模式假設人們會把他們的自我利益透過利他主義來實現。此途徑的基本論題是「只要在一起就有辦法找出我們應該做的且去做它」。此模式希望運用各種不同派別間的討論與溝通，來達到問題的共識，而聚焦於解決這些問題的策略與行動。有一些地區發展成果的例子，包括由社區本位的機構所推動的鄉里工作方案、義工為美國服務、在國際社會發展方案的鄉村層級工作，包括和平部隊（Peace Corps）及由自助團體發起的各種活動。一個地區發展模式的案例呈現在下面方塊中──「社區發展模式的案例」。

社會計畫模式

　　社會計畫途徑強調問題解決的技術歷程。此途徑假定在複雜的工業環境中的社區改變需要高度專業與技術的計畫者來引領複雜的改變歷程。專家確定與解決問題的角色被強調。專家或計畫者通常是由權威結構的部門雇用，如領域計畫機構、縣市計畫部門、心理健康中心、聯合道路委員會（United Way Board）、社區福利委員會等。因為社會計畫者是被權威結構部門所雇用，所以計畫者有為權威結構利益服務的傾向，而引起激進的社會改革通常不是此途徑所強調的。

社區發展模式的案例

Robert McKearn 是一個青少年實習部門的社會工作者，注意到 1995 年時，有更多從警察部門、學校系統及一個有一萬一千人的小城市的父母轉介而來的學齡兒童。他們的罪名包括身分的過錯，如逃學，及犯罪的過錯，如商店行竊及搶劫。McKearn 先生注意到大部分的孩子是來自於單親家庭。

McKearn 先生與社區的心理健康中心、沒有伴侶的父母自助組織、公立學校系統的兒童服務部門、縣的社會服務部門，及此領域的社區心理健康中心接觸。他所接觸的每一個人都認為有一個緊急需求，就是針對單親家庭的兒童提供服務。兒童服務部門提到此類孩子在學校的課業表現比較差，而且有較嚴重的常規問題。

McKearn 先生安排一個從各個組織與團體來的代表會議。

會議之初，許多有關單親家庭孩子所呈現問題行為的關心被表達出來。學校把這些孩子視為有高逃學率的危機，可能中輟、有違法活動、自殺、情緒問題與未婚懷孕。雖然許多問題被檢視出來，但是在初始的會議中，並沒有一個可行的策略來為單親父母與孩子提供服務。由於此社區正處於經濟退化期，所以資金並不夠一個昂貴的新方案。

之後陸續開了三次會議。在前兩次的會議中，提出許多提供服務的建議來

討論，但是所有的建議都被認為太過昂貴或太不切實際。第四次的小組會議時，一個代表無伴侶父母的單親家長代表提到，在一些社區中，Big Brothers 和 Big Sisters 節目對單親家庭中長大的孩子有助益。此想法使團體的成員更有信心。此建議開始放在心上，此團體決定資金不足以雇用一個人來進行 Big Brothers 和 Big Sisters 方案。但是兒童服務部門的社工 Rhona Quinn 提到，她願意確認在單親家庭中處於危機的青少年，而且願意督導有證照的義工來負責 Big Buddy 的方案。

McKearn 先生提到他目前督導一個學生是從鄰近社區的學院來的，正在取得社會工作方案的資格，他覺得也許可以安排大學的社會工作學生來當 Big Buddies，作為他們需要的義工經驗。Rhona Quinn 說她贊成此建議，如果她能自由選擇有興趣的應徵者來成為來於單親家庭而處於危機的青少年的 Big Buddy。接著的兩個月，就安排讓社會工作學生成為來自單親家庭的處於危機的青少年的 Big Buddies。經過了兩年的實驗期，學校系統發現此方案成功，因為它指定 Rhona Quinn 以一半的時間來監控此方案，包括選擇處於危機的孩子、管控自願的申請者，適切的將孩子與 Big Buddies 配對，監控每一配對的進步情形，並追蹤以了解每一組配對的成果。

社會計畫途徑的計畫者角色包括事實的蒐集者、資料分析者及方案的設計者、執行者與催化者。社區參與變化很大，可能從很少到很多，視此社會對問題的態度而定。例如，要為社區老人活動中心募款不一定會吸引許多有興趣的社區團體，視此中心的政治環境而定。社會計畫途徑的重要焦點是在確認需求，然後安排及提供物品或服務給需要的人。此途徑的改變焦點是「讓我們了解事實，然後採取合理的下一步」。此途徑的案例呈現在下面方塊中──「社會計畫模式的案例」。

社會計畫模式的案例

在 1995 年時，林肯郡社會計畫機構的董事會委託它的成員，執行一個建立中央化的訊息與轉介中心的可行性研究。Donald Levi（一個成員中的社會計畫者）被指定來進行此研究。Levi 先生所蒐集的資料如下：

● 在這個一百五十萬人口的大城市中，有三百五十個社區服務機構與組織。不只個案本身也包括服務提供者，都不清楚可以從這些機構的配置得到何種服務。

● 有一個令人混淆的專門化的資訊與轉介服務被發展（資訊與轉介服務僅提供一到兩個領域的服務）出來。資訊與轉介服務是來做自殺防治、心理健康、失去認知能力、日間照顧、收養服務及酒精與藥物的處遇。

Levi 先生為集中的資訊與轉介服務設計一個方案模式。此模式描述一種提供資訊與轉介服務給所有郡裡的人與社區服務的概念。例如，資訊與轉介中心提供的服務不只是哪裡的日間照顧中心是有空的，也提供在哪裡可以找到網球場的服務，甚至協助你幫忙把你家門口死掉的貓移走的服務。此集中的資訊與轉介服務會廣泛地宣傳，包括電視、廣播、廣告牌、報紙與電話簿。Levi 先生也為此方案的花費做了一個預算。

林肯郡社會計畫機構的董事會總結說，像此種集中化的資訊與轉介服務，可以比那些以前安排但有些讓人不清楚的服務更有效率、更經濟。董事會因此授權 Levi 先生去發展此集中的服務。

Levi 先生針對郡裡的所有牧師及人類服務機構進行問卷調查，結果發現大家都很支持集中的資訊與轉介中心的發展。此外，海豹復育協會（Easter Seal Society）覺得對這個中心的發展有強烈

的需要，所以與 Levi 先生聯絡，表示願意為這個新方案提供資金。Levi 先生很高興，於是安排了會議，讓海豹復育協會為此方案提供三年的資金。

只剩下一個障礙而已。這個新服務的計畫必須經過郡的委員會的督導許可，因為此方案需要此委員會提供資金，如果此方案在前三年的展示期顯示其有效。Levi 先生和林肯郡社會計畫機構的董事會的兩個成員對董事會的督導報告方案計畫。此簡報包括以集中化的資訊轉介服務中心比專業化的資訊轉介服務可以省下的資金圖表，及從各種來源的支持的書面說明，包括市議會成員、道路聯盟、人類服務機構及牧師成員。也指出在前三年的展示期可能不需要郡的資金。到那時候會有一個方案評鑑研究，以了解方案的優缺點。Levi 先生很期待計畫可以通過，所以當委員會說「不」的時候，他說不出話來。他們擱置此計畫，因為他們覺得一個集中的資訊與轉介服務，意味著更多的人會被轉介到社區的社會服務機構來，會增加郡的成本，且因為此委員會拒絕承諾為任何新的社福方案提供資金。

此郡持續地由較無效率的專業資訊與轉介中心提供服務。此例子實際呈現一些計畫的努力有時是失敗的。

社會行動模式

社會行動途徑假設有一種對群體不利的分割，需要被組織，或許是與其他人聯盟來追求權威結構，以增進資源或更多民主與社會正義的對待。社會行動途徑追求在機構中的基本改變，或改變正式組織的基本政策。此途徑通常追求權力與資源的再分配。地區發展者展望一個聯合的社區，但是社會行動擁護者則視權力結構為行動的焦點。像是最有名的社會行動家 Saul Alinsky，他建議「提起目標、冰凍它，再把它個人化，然後使其分裂」。

此模式的社區實踐者的角色包括倡導者、鼓動者、行動者、支持者、中介者與協調者。社會行動計畫中所使用的策略包括抗議、抵制、對抗與協調。改變策略是「讓我們組織來擊敗那些壓迫我們的人」的信念。個案則被視為是受到權力結構壓迫的受害者。社會行動途徑的例子包括 1960 年代民權運動的抵制、工會罷工、反對墮胎團體的抗議，及非裔美人與美國原住民的示威。

社會行動模式目前並不是社會工作人員廣泛使用的。許多工作者發現，涉入社會行動的活動會導致他們的雇主以派給他們不喜歡的工作作爲處罰，好處增加很少而且延後升遷。許多機構願意接受他們的服務提供系統小的或中度的改變，但是對於來自社會行動途徑所倡導的激進改革感到威脅。

社會行動途徑的一個案例呈現在下面方塊中——「社會行動模式的案例」。表 9.1 是這三個已經被討論的模式的摘要——地區發展、社會計畫及社會行動。

 ## 建構與維持社區的資產

許多社區有重要的社會問題，如高度的貧窮、無家可歸的人、離婚、兒童受虐、爭吵的夫妻、失業、低房屋擁有率、癌症及其他健康問題、犯罪、酒精

表 9.1　三種社會計畫模式的特徵

特徵	地區發展	社會計畫	社會行動
1. 目標	自助、改善社區生活、強調歷程目標	運用問題解決途徑來解決社區問題、強調任務目標	把權力關係與資源轉移到被壓迫者團體、引起基本的機構改變、強調任務與歷程目標
2. 有關社區的假定	每一個人希望社區生活改善且願意對改善付出	社區中的社會問題可以透過計畫專家的努力來解決	社區有權力結構及一個或更多受壓迫的團體，所以社會不公是主要問題
3. 基本的改變策略	廣泛的跨部門的人員參與確認與解決問題	專家運用事實的蒐集與問題解決策略	受壓迫團體的成員組織以採取行動對抗權力結構（敵人）
4. 改變策略與技術的特徵	共識、社會團體與利益的溝通、團體討論	共識或衝突	衝突或競爭、對抗、直接行動、協商
5. 實務工作者的角色	催化者、催化者、協調者、問題解決技能的教師	專家計畫者、事實蒐集者、分析者、方案發展者及執行者	行動者、倡導者、中介者、協調者、支持者
6. 對權力結構的觀點	權力結構的成員是在一個共通的願景下的合作者	權力結構是雇主與員工	權力結構是外在行動的標的，壓迫者是被強迫或推翻的
7. 對個案群體的觀點	市民	消費者	受害者
8. 對個案角色的觀點	參與問題解決的歷程	消費者或接受者	雇主或選民

社會行動模式的案例

Saul Alinsky 是一個全國有名的社會行動策略者，提供了一個創意的社會行動努力成果。此例子也顯示出社會行動的成果通常是愉悅的。

我在一個由非常保守的基本新教派所經營的大學教書。之後有一些學生到我的宿舍來找我談。他們的問題是他們覺得在校園中很少有樂趣。他們不被允許在校園裡跳舞、抽煙或喝啤酒。我當時正談到一些社會有效改變的策略，而他們想知道有哪些策略可以用來改變他們的情況。我提醒他們，策略是以他已有的來做他所能做的事。我就問：「現在你已經有的是什麼？」「他們允許你做什麼？」他們說：「實際

上都沒有，除了嚼口香糖以外。」我說：「好，那口香糖就變成是我們的武器。你請兩百至三百個學生每人拿兩包口香糖，那已經相當可觀了。然後你請他們把它丟在校園的步道上，這會造成相當的混亂。為什麼？五百圍的口香糖足以使芝加哥癱瘓，所有的交通路線都會停擺。」他們看著我好像我是一個怪人。但是兩週以後，我接到一封信告訴我，「成功了，成功了，現在我們幾乎可以做任何事，除了嚼口香糖以外。」

資料來源：Saul Alinsky, *Rules for Radicals* (New York: Random House, 1972), pp. 145-146.

與藥物濫用、退學及非婚生子女等問題。如果我們把焦點放在這些社區的缺陷與問題上，我們是採用半空杯的途徑。當我們把玻璃杯看成是半空時，我們是看生活中的負面部分，而我們也會對這些負面的問題感到失望，在克服這些問題時感到絕望。此外，如果把焦點放在問題與缺陷，大部分的社區成員將只會投入少許的努力來發展他們本身，也只投入一些努力來發展社區。

因此把玻璃杯看成是半滿的是很重要的。也就是把焦點放在我們生活中及社區中積極的元素上。知覺就是實際，我們相信是真的通常會變成我們思考的中心，而且很多都成真。把玻璃杯看成是半滿的，會讓我們看到人類精神的深度，及存在每一個社區的創造潛能的豐富性。我們鑑定各種領域有經驗與聰明的人。失業率在一些社區中也許很高，假設是 17%，但它意味著有 83% 的人是

有能力的成人且被雇用。每一個社區都有強力的社會網絡及協會，每一個社區也都有成功的人，其實有許多美好的風景是可以欣賞的。許多人應用他們已經有的資源來做一些需要做的事情。換言之，聚焦於優勢及資源可以導向有活力的及正向的行動。每一個居民都有能力可以使社區中的生活更好。

　　社會工作有一個聚焦於優勢與資源的長期傳統。例如，Dennis Saleeby 和他在堪薩斯州大學社會福利系的同事，已經花了近二十年的時間發展、測試與提升社會工作實務的優勢觀點。此優勢觀點提供一個實踐的取向，去開展與肯定人的天賦、能力、生存技能與志向。聚焦於優勢的觀點應用在個人、家庭、團體、社區，都發現它增加了人的可能性來達到他們為自己設定的目標。一個資源途徑呈現在下面方塊中——「一個資源途徑的案例：Cochran Gardens」。

 ### 一個資源途徑的案例：Cochran Gardens*

　　Cochran Gardens 曾經是一個大都市中的無殼方案的一個低收入者居住方案。那個區域充滿了垃圾、塗鴉、破窗，而居民經常因為槍擊、犯罪與藥物非法買賣而厭煩。

　　Bertha Gilkey 在此方案中長大。如果沒有她，社區可能更惡化。身為一個最年少者，Gilkey 相信如果社區的人願意一起工作，社區一定可以有所改善。她在十幾歲時參加了社區教會的一個居民會議。當她二十歲時，被選為住家管理委員會的主席。自此以後，此社區逐漸地有正向的改變。

　　Gilkey 和她的團體先從小計畫開始。他們問居民哪些是他們想要而且可以達到的。他們達成一項共識就是需要一個可用的洗衣間。之前的洗衣間已經被任意破壞，一間可以用的也沒有鎖頭。事實上，入口的門已經被偷走了。Bertha 和她的團體從城市住宅管理單位那裡要來了一扇門。這個組織之後成功地募到一個鎖頭，然後再募得油漆的經費。此組織後來幫洗衣間油漆。居民很高興有一個吸引人的工作設備，而且它的出現引起居民參與與支持此協會的興趣。此團體後來組織起來油漆走廊，一層接一層。每一個住在該層樓的人都要負責油漆那一層樓的走廊。Gilkey 說：

　　　　住在該層樓的小孩，如果那裡的走廊沒有油漆，就請他們來看已經油漆好的走廊，再回去找他們的父母幫

忙。年紀大無法幫忙油漆的就準備午餐，好像他們也有參與工作一樣。[a]

　　這個組織持續發展也成功地完成各種新方案，使社區看起來更漂亮。每一個成功都使社區居民更以社區為榮，而且更願意為社區的改善而努力。在此歷程中，Gilkey 和住家組織也再一次介紹行動方案的規則。委員會訂定行為規範，也在每層樓選出監督者。這些規則包括不大聲擾民，不能把垃圾從窗戶丟出去，而且不能打架。逐漸地，居民得到了這些訊息，生活條件改善了，一次一小步。

　　此建築後來被改名為 Dr. Martin Luther King, Jr.（象徵對社區發展是重要的）。此組織也為所有完成的計畫舉辦一個慶功聚會。

　　Gilkey 的另外一個努力的焦點是擴展到兒童與青少年，特別強調正向的行為。在學校學生在紙上說我喜歡住在這裡的原因。在美勞課中，他們做了一個硬紙板的模型，包括房子、街道及遊樂場。這些努力是設計來建立青少年對社區的驕傲感及自尊。

　　今日，Cochran Gardens 是一個政府的住宅方案，有著花道、樹與草地——一個美麗而又乾淨的社區，人們互信也對社區感到驕傲。高樓也已經完全更新，有一個社區中心，有網球場、遊樂場，也有兩層三層的公寓來減低人口的擁擠

程度。Cochran Gardens 就是由此委員會來管理。此協會也開始擁有與進行特定的商業：照護服務、日間托育中心、健康診所及職業訓練方案。

　　Cochran Gardens 成功的故事是基於自助、優勢的觀點、增能、責任與勤勞。Gilkey 說：

　　　　這個的走向與本質相反，不是嗎？貧窮的人被管理。我們所做的事情就是去除所有的大話，然後說它不是都這樣的。那些有學位有證照的人常把我們帶得一團亂。所要採取的其實都是一些小技巧……如果我們可以用它在國民住宅，就可以在任何地方用它。[b]

───────────
* 此案例取自 *Introduction to Social Work and Social Welfare,* 8th ed., by Zastrow. © 2004. Reprinted with permission of Brooks/Cole, a division of Thomson Learning, Inc.

[a] 引自 Harry C. Boyte. "People Power Transforms a St. Louis Housing Project." *Occasional Papers* (Chicago: Community Renewable Society, Jan. 1989), p. 5.

[b]Ibid

資料來源：Harry C. Boyte, "People Power Transforms a St. Louis Housing Project." *Occasional Papers* (Chicago: Community Renewable Society, Jan. 1989), pp. 1-5.; "The New Urban Renewal: St. Louis, Missouri, " available at www.pbs.org/newurban/stlouis. html(accessed Feb. 10,2003).

10 教育團體：
壓力管理和時間管理實例

　　社工帶領的教育團體是社工和團體的重要構成要素，本章旨在藉著強調壓力管理和時間管理說明社工帶領的教育團體。

壓力是大部分身體疾病與許多情緒和行為問題造成的因素或起因，本章旨在說明壓力的本質、起因和影響的素材，說明倦怠症是壓力的反應之一，包括各種管理壓力與預防倦怠症。時間是我們擁有最有價值的商品，時間不能更新、回收或用其他方式恢復，本章說明時間管理的原則，省時技巧，克服拖延的摘要建議。

教育團體

教育團體通常包括團體互動和討論的教室氣氛，在此領域有專長的專家，通常是社工，擔任教師的角色。涵蓋各式各樣的主題，所有教育團體教導特殊的技巧和知識，例如養育孩子、壓力管理、如何當父母、英語是外國語言、自我肯定訓練課程，社會服務機構提供的訓練志工導向也是以上範疇。

本章藉著重述兩個教育團體，說明教育團體的素材：壓力管理和時間管理。

壓力管理

對學生、社工和其他助人專家來說，學習管理自身的壓力，並幫助個案管理壓力是必需的。壓力是各種**情緒與行為問題**的原因，包括焦慮、虐待孩童、憤怒的表達或緩和、不適當的感覺、身體攻擊、爆發性的表達忿怒、感受敵意、不耐煩、口吃、自殺傾向，和沮喪。

壓力也是多數身體疾病的成因，這些疾病包括高血壓、心臟病、偏頭痛和緊張性頭痛、結腸炎、潰瘍、腹瀉、便秘、心律不整、心絞痛、糖尿病、乾草熱、背痛、氣喘、癌症、受寒、流行性感冒、失眠、甲狀腺機能亢進、皮膚炎、肺氣腫、雷諾氏症、酗酒、支氣管炎、感染、過敏和尿床，壓力相關的疾病現在已是我們頭號健康問題。

熟練放鬆技巧對治療、促進情緒、身體疾病康復是重要的，學習管理壓力的治療價值已被 Simonton 和 Simonton 戲劇性地處理，他們報告藉著指導末期癌症病患管理壓力，成功治療病情，愛滋病者如果使用壓力管理技巧，易於活

得更久。

　　事實上，治療身體和情緒疾病，承認壓力管理的重要性增加，漸漸改變傳統醫生和病人的關係。病人藉著學習壓力管理策略，逐漸教導（社工和其他健康專家）如何預防疾病，如何加速復元，而不是成員在治療中被動的參與。成功管理壓力的人比持續在高壓力程度的人期望有多活幾年的生命。再者，有效的壓力管理是使人生活在滿足、健康、滿意和有收穫的日子中。

 # 概念化壓力

　　壓力可以定義爲對於壓力的身體和情緒反應，**壓力**是一個破壞個人平衡（內在平衡）的要求、情境或環境，並開始有壓力反應。人們每一時刻生活在身體對壓力的反應下，需要適應或調適。他們身體持續的反應，**體內平衡**，或盡力協調，可能的壓力有無限多種：失去工作、噪音、有毒物質、價值觀衝突、爭吵、朋友去世、訂婚、結婚、熱、冷、污染物、嚴重生病、離開家裡，或缺少生命目的。

對壓力的反應

　　Hans Selye 是位最重要的壓力權威之一，發現不管壓力來源如何，人的身體對壓力有相同方式的反應。這表示個人的身體對正面壓力（如一個深情的吻）和負面壓力（如被電擊），反應是相同的。

　　Selye 發現對壓力有三個階段的身體反應——警告階段、抗拒階段和精疲力竭階段。Selye 稱爲這三階段反應爲一般適應症狀（General Adaptation Syndrome）。

　　在**警告階段**，身體確認壓力，並準備戰鬥或逃走反應，身體的反應又多又複雜，簡略地總結如下：下視丘（位在腦部）傳送訊息到腦下垂體分泌荷爾蒙，這些荷爾蒙啓動腎上腺分泌腎上腺素，腎上腺素和其他荷爾蒙的分泌導致以下的身體反應：

　　1. 增加呼吸和心跳速度

2. 血壓增高

3. 增加凝血，萬一身體受傷時，血液的潛在流失最小化

4. 轉移皮膚的血液到腦部、心臟和收縮肌

5. 血清膽固醇和血脂肪的增加

6. 減低胃腸收縮的活動率

7. 瞳孔擴張

此改變導致爆發大量能量，增進視力和聽力，增加肌肉力量——所有的改變增加一個人的戰鬥或逃走能力。戰鬥或逃走反應的主要問題是一個威脅不能以兩種方法來處理。在複雜、文明的社會中，戰鬥或逃走通常違反接受行為的精緻倫理。當被動物或其他人攻擊時的此兩種行為做法，戰鬥或逃走兩種反應，適合原始社會的人發揮功能，現在是不需要了。

10.1 練習 對高度壓力之我的身體反應

目標：本練習是旨在協助你辨認對高度壓力，你的身體如何反應。

1. 具體說明上週對你來說曾是壓力很大的兩件事——你身體上曾在警覺階段。

2. 你記得你的身體曾有什麼反應？檢視之前對壓力反應的內容，然後詳細說明你記得曾有的身體反應。

在**抗拒階段**，身體的處理企圖回到生理平衡，並試著修復壓力因子造成的損傷。處理多數壓力因子時，身體一般經過兩階段的警覺和修復，一生中這兩個階段重複上千次。

第三階段——**精疲力竭**——只發生在身體長期保持高壓狀態，並無法修復損傷時。如果精疲力竭持續著，可能發展出有關壓力的疾病，如高血壓、潰瘍或偏頭痛。

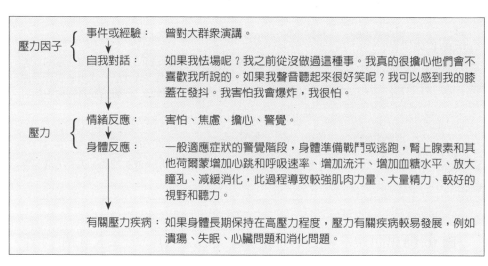

圖 10.1　壓力反應的模式

10.2 練 習 我的壓力相關疾病

目標：本練習旨在注重學習和使用壓力管理技巧的重要性。

1. 詳細說明你曾經歷的壓力相關疾病。同時指出（盡你所能）這些疾病的開始和結束的時間。

2. 評估你學習和使用壓力管理策略的重要性（1-5）。

不重要　　　有些重要　　　相當重要　　　非常重要　　　絕對必需

壓力因子

一個壓力因子由兩個構成要素組成：(1) 遭遇的經驗或事件，與 (2) 有關事件的自我對話。**圖 10.1** 表示壓力反應的模式，指出當壓力發生時一連串的事件和反應。

以下例子顯示一個人的思想如何轉變潛在正面事件成為負面壓力的來源。

壓力因子	事件或經驗：	長期想與 Sharon Kempers 約會者，約會成功。
	自我對話：	我很擔心他會不喜歡我，我不擅長對話，他現在會注意到我擁有的其他缺點。我真的不知道我應該穿什麼。他想要我見見他的一些朋友，我害怕他們會不喜歡我。我害怕我真的會毀掉這一切。
壓力	情緒反應：	焦慮、擔心、警覺、緊張。
	身體反應：	一般適應症狀的警覺階段發生，如果症狀持續、加強，情況存在壓力的有關疾病會發生。

　　圖 10.1 的模式暗示減少壓力的兩個主要方法：(1) 改變令人沮喪的事件，或 (2) 改變有關事件的自我對話（此兩種方法會在稍後的章節有更深入的討論）。

　　應該注意的是，不是所有的壓力都是壞的，沒有壓力的生活很乏味。Selye 指出壓力通常是「生活調味劑」，不可能沒有經驗壓力的生活，甚至作夢也產生壓力。有時壓力是有益的，因為它刺激個體，並讓他準備好完成任務。

最理想的壓力程度

　　幾乎所有的任務或活動需要一般適應症狀中警覺階段的反應，對每個任務來說，都有最理想的反應程度。例如，學生有時發現他們需要有適中的壓力，為考試進行有效的閱讀。在太低的警覺階段反應程度，他們可能不能專心，甚至睡著。在太高警覺階段反應的程度，他們變得焦慮，這也會干擾專注程度。唯一當需要最大的身體力量的緊急事件發生時，需要最大的警覺階段反應程度，例如，當重物掉在一個人身上。極端相反地，睡著需要放鬆，也就是說，零程度的警覺階段反應。深受失眠之苦的人沒有放鬆過，他們仍在思考有關產生適度警覺階段反應的事情，並不讓他們打瞌睡，此概念的圖表描述，見圖 10.2。

　　獲得此概念是重要的，因為自我對話可以改變，因此增加或減少警覺階段反應的程度，是為了把它帶到最理想的程度。

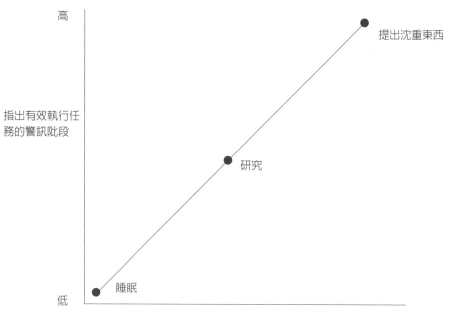

圖 10.2　有效警訊回應水準和執行任務效能

長期苦惱

　　Selye 把有害的壓力稱爲「苦惱」（distress），長期苦惱導致和壓力相關的身體疾病。當壓力因子延長時，苦惱便發生，以至於個人進入一般適應症狀中筋疲力盡的階段。**表10.1** 表示某些導因，我們可用來測量壓力的程度。我們大都使用**表10.1** 說明的導因，判斷我們的朋友是否處在嚴重壓力下。但當我們的壓力程度太高時，我們大都不能使用同一導因來決定。爲了我們情緒上和身體上的健康，我們需要花更多注意力監測自身的導因。

　　當我們持續負面思考發生在我們身上的事情時，便發生長期苦惱。不愉快的事發生時，我們總可以選擇負面或正面地回應。如果我們對有關情境持續負面思考，這種思考讓我們的身體在高壓力程度下，然後便導致有關壓力的疾病。另一方面，如果我們對有關情境正面思考，這種思考可以放鬆身體，修復任何造成的損傷。另外，當我們放鬆時，我們的自然免疫系統會更有效地打擊

表 10.1　壓力程度的指標

正面程度	太高的程度
1. 行為 創造的，做好的決定 友善的 通常成功 可以聆聽其他人 富有成效的，做好很多事 感激其他人，對其他人敏感，承認其他人的貢獻 微笑，笑，開玩笑	高聲調緊張地笑 沒有創造力 工作品質很差 喝酒過度或吃太多 抽太多煙 口吃 不能專心 容易受到小噪音驚嚇 沒有耐心 讓小事情煩心 在人群附近不愉快 批評其他人，易被激怒 參與浪費的活動
2. 感覺 自信 冷靜、放鬆 愉快和享受 興奮和高興	憎恨的、痛苦的、不滿意、生氣 羞怯的、緊張的、焦慮的、害怕的 偏執狂 疲倦的、沮喪、筋疲力盡的 感到不適當的 困惑的、太忙碌、令人受不了的 感到無力或無助的
3. 身體導因 睡得好 沒有疼痛 協調的身體反應 身體功能是自然的 健康好，沒有壓力有關疾病	沒有胃口、腹瀉或嘔吐 易發生意外 流汗、頻尿 發抖、神經抽筋 感到暈眩或衰弱 經常受寒和感冒 高血壓 緊張的肌肉 氣喘或呼吸不規律 皮膚過敏、搔癢和紅疹 睡眠問題 胃腸不適或潰瘍 各種疼痛——肌肉疼痛、背痛、頸痛、頭痛

註記：你必須自我判斷訊號以確定壓力是否太高。

潛在疾病，實質證據顯示，我們的自我對話（也就是，我們的思考過程）和我們免疫系統的功能有很多互動，我們的自我對話可以同時身為兇手和治療者來運作。如果我們**極度糟糕**（也就是，思考負面想法），我們便開始了一般適應症狀中警覺階段。結果，我們免疫系統在最佳程度運作，並可以對抗疾病和感染；當我們的身體在警覺階段時，幫助復元任何造成的損傷。

　　前面指出，對於正面壓力因子和負面壓力因子，我們的身體以相同方式反應。負面壓力因子較可能導致壓力相關疾病的理由是，我們在正面壓力因子發生後幾小時內，傾向停止強烈地思考，但我們在傾向負面壓力因子發生後，強烈停留在負面壓力因子幾個小時（甚至幾天）。藉著強烈思考有關負面壓力因子，我們讓我們的身體保持在適度的或高度壓力下。

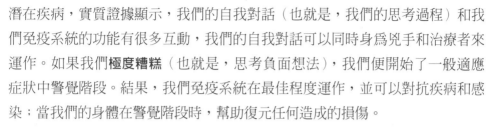

倦怠症

　　倦怠症漸漸被視為是影響許多人的嚴重問題，特別是人類服務工作的專家們。在這議題上已出版幾本書。Maslach 和 Pines 進行倦怠症的延伸研究，包括社工、精神醫師、心理師、監獄人員、精神病護士、合法助手律師、醫生、照護孩童工作者、教師、牧師，和諮商員，並總結一些症狀：

倦怠症包括對工作有關的人失去關心。除了身體耗竭外（有時甚至是疾病），倦怠症具有情緒耗竭的特徵，專家不再有任何正面感受、同情，或對個案或病人的尊重。這些人挖苦的、沒有人性的觀點，他們被貼上有損品格方式的標籤，並被這樣對待。非人性化過程的結果是，這些人被看作該得他們的問題，並責怪他們的受苦，因此他們接受的照護或服務失去品質。倦怠症的專家不能成功地處理這職業過多的情緒壓力，無法處理以一些方式表現出來，從不良的表現和曠職到各種個人問題（例如酒精和藥物濫用，婚姻衝突，和心智疾病）。當一些人為他們相信是個人失敗的事情尋找精神治療，失去熱情的人常常辭去工作，或甚至改變職業。

Freudenberger 描述倦怠症的徵狀如下：

簡短地描述，倦怠症包括這樣的徵狀，如挖苦、否定論、傾向非彈性、在思考上幾乎僵化，常導致有關改變和創新的封閉心靈。工作者可能開始和個案以理智的行話討論，因此讓自己與任何情緒涉入保持距離。在這之外，偏執可能藉著工作者感覺他的同儕和行政部門不在使生活變得困難。

另一個象徵是工作者採取接近高傲的「什麼都知道」的態度，他幾乎不和其他人溝通，傾向變得孤單或退縮。另一方面，他可能走向另一極端，幾乎不做任何工作，因為他大部分時間在社交。他們開始談論工作很無聊…所有的一切變得太例行公事化。他們可能也開始碎碎念無助感，正如有關個案的沒有希望感，並開始用貶低和無禮的詞句談論他們。

倦怠症，此名詞可以應用在許多不同的情境中，一項學期報告寫了三小時的學生，可能覺得對寫作產生倦怠症，但卻有大量精力做別的事。有些虐待他們配偶或孩子的人，可能藉著宣告他們在大量的壓力下，企圖解釋他們的行為只因倦怠症。一個處理令人挫折的工作的冷漠、挖苦的工作者，可能宣稱他們有倦怠症，甚至有些大學和專業的運動教練宣稱要贏的壓力太大，以至於在幾個球季裡他們感到倦怠。

10.4 練習 當我倦怠時

> 目標：本練習旨在說明當我們有倦怠症，它協助我們認出當我們經歷倦怠症時，我們可以做什麼。
>
> 1. 描述你生活上經歷的倦怠症，當你經歷倦怠症時，你如何下評語（片刻時）——「我就是不能再忍受這一切了」？
> 2. 如果你從倦怠症的感受中恢復，描述是什麼幫助你恢復。如果你仍然正在感受倦怠症，思索你需要做什麼恢復才有進步。

產生倦怠症的原因

為了了解倦怠症的本質，把它概念化成幾個對高壓力程度的可能反應是有用的。如在**圖 10.3** 所示，**不僅人們遭遇的經驗引起倦怠症，也被人們告訴自己**有關這些經驗的話影響。此思考的例子是「我已經經驗過了」、「有什麼用？無論如何我怎麼試都沒用」，「我要放棄了——我不再做任何努力」。如果其他遭遇相同事件的人沒有這樣自我打擊的思想的話，他們不會失去熱情。

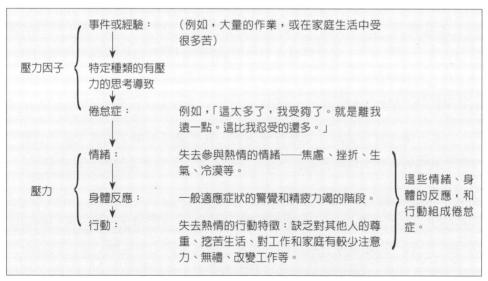

圖 10.3　對高壓力程度的倦怠症反應

甚或結構性因素，也是高壓力程度和倦怠症的成因之一。Edelwich 指出，許多與工作有關的結構性因素：

太多工時	沒有足夠的金錢
太多作業	沒有支持重要決定
工作沒有足夠訓練	無力感
個案不知感恩	破壞性辦公室政治生態
督導者不知感恩	受到同儕孤立

助人專業　Edelwich 補充說，助人專業工作的人特別容易有倦怠症，許多人進入這領域有不實際的期望。這樣的期望包括以下信念：(1) 他們提供的服務會足以增進個案的生活，(2) 雇用機構和個案非常感激他們，(3) 他們能夠實際地改變官僚，使之更有回應個案的需求，(4) 有許多機會快速改進提高地位。另外，Maslach 發現，助人專業中有太多案例是主要壓力起因，且可能導致倦怠症。

> 當此專業被強迫提供太多人照護時，倦怠症常常不可避免。當比率增加時，結果是有愈來愈高的情緒負荷，直到像電線有太多電量流過一樣，工作者就有了倦怠症，失去工作熱忱。

工作上經歷挫折，且逐漸認出許多期望是不真實的，導致壓力和倦怠症。

缺乏休息時間　工作上缺乏足夠的休息時間是壓力的另一個來源，可能是導致倦怠症的一個因素。缺乏休息不只包括喝咖啡時間，也是讓專家有不好過的一天時，有機會轉換到較少壓力的工作，在分享工作責任的大機構中，有可能有休息時間。Maslach 提到：

> 當機構的政策是防止使用隨意休息，我們發現有較低士氣、更多情緒壓力，和更多老百姓難免產生不滿，沒辦法獲得他們需要的照護而挫折。

個案　特定型態的個案容易造成高程度壓力，特別是那些有沮喪、情感上耗盡問題的人（例如末期疾病、好鬥的、自殺的、惹人厭的個案，還有亂倫與嚴重虐待的案例），和顯得沒有進步的「慢性」個案（例如問題酗酒者否認有喝酒毛病的酗酒家庭），也可能導致挫折和高程度壓力。處理個案會讓工作者想起

目前的個人困難——例如，當工作者也有婚姻困境時，提供婚姻諮詢服務——是情感上耗竭的。

個人困境　另一個促使高度壓力和倦怠症的重要因素，是個人在家的困境。家庭責任（例如，照顧末期疾病的父母、惹上警方麻煩的小孩，或處理不快樂的婚姻）有壓力，並導致倦怠症。

其他原因　另外的原因包括不良的時間管理、無法有效地和其他人工作、生活上缺乏目的或不確定目標、不能有效處理緊急事務。

 ## 管理壓力和預防倦怠症

以下的途徑對協助團體成員減少壓力與預防倦怠症是有用的，最有用的途徑視每位個體選擇而定。管理壓力和節食相似，對肯努力的人是有用的。

目標設定和時間管理

壓力和倦怠症來自「要做的事情太多，但卻太少時間可以做」的感覺，此感受是因為沒有清楚、短期和終生目標，不知道如何有效管理時間達成目標。確實的目標和一個達成目標的計畫可增加自信心、增加做決定、更大的目的感，增加安全感。

壓力管理是協助團體成員確定短期和終身目標的一個技巧，教導他們如何訂定需要達到目標的工作的優先次序。高優先次序的工作應該第一個完成，低優先次序（低收益）的工作通常被忽略，因為它們會干擾高優先次序工作的完成。

放鬆

深呼吸放鬆、想像放鬆、漸進式肌肉放鬆、冥想，和生物回饋是減少壓力和促使「放鬆反應」（變得放鬆）的有效技巧。每種技巧可以藉著在一個安靜的地方以舒適姿勢坐著，閉上眼睛進行。

深呼吸放鬆包括停止思考有關每天的憂慮，專注在呼吸過程。花五到十分

鐘，團體成員可以慢慢地、逐漸地深深呼與吸，同時想著某個對象，如「我是放鬆的，平順呼吸，這是撫慰的，而我感到平靜、煥然一新的」。**持續的練習**此技巧，可以使個人面臨一個緊張的情境時，變得更放鬆。

藉著使用**想像放鬆**，團體成員可以轉換他或她的思考，花十到十五分鐘，思想從每天的擔憂到專注在理想的放鬆點。此理想的場所可能包括躺在海邊，靠著溫暖陽光下的一座漂亮的湖，或當讀雜誌時，在浴缸中溫暖的水。團體成員應該品嘗所有的愉悅、平靜、專注在他或她發現的所有事情上。此成員會感受到他或她整個身體變得煥然一新，重新有生氣，且變得更年輕。

漸進式肌肉放鬆基於肌肉放鬆時不能焦慮的原則，團體領導者指導成員收縮和放鬆一些肌肉。當他們放鬆肌肉時，要求他們專注在放鬆的感覺上，同時注意到肌肉變得較不緊張，以下是對漸進式肌肉放鬆較長的指導團體的第一部分的節錄：

> 你習慣用的手（通常是右手）握拳，握拳，並收縮你的（右）手和前臂肌肉，收縮它直到顫抖。感覺肌肉拉過你的手指和你前臂的下半部……保持這個姿勢五到七秒，然後……放鬆……放開你的手。當你（右）手和前臂放鬆時，注意它們的肌肉。當放鬆流過時，注意這些肌肉如何感受（二十到三十秒）。

收縮然後放開手和前臂的肌肉的過程重複三或四次，直到它們放鬆。接著，另一肌肉群用相同的方法收縮和放鬆，一次一個肌肉群。接著，肌肉群可能包括：左手和左前臂、右二頭肌、左二頭肌、額頭肌肉、上唇和臉頰肌肉、下顎肌肉、下巴和喉嚨肌肉、胸部肌肉、腹部肌肉、兩肩之間的背部肌肉、右邊和左邊的大腿肌肉、右邊和左邊的小腿肌肉、腳趾和腳弓。經由練習，團體成員可以漸漸發展在無論何時有焦慮時放鬆的能力，僅僅藉由觀想，肌肉放鬆。

有各種**冥想方式**——如想像放鬆和深呼吸放鬆，Benson 發現促使放鬆反應的冥想方法有四個基本組成要素。這些組成要素是 (1) 在不受外在分心的安靜環境中，(2) 在一個舒服的姿勢下，(3) 一直想著一個對象，如一個字、聲音、

曲子、片語或想像的圖畫，且(4)採取消極的態度，不思考有關每天的擔憂，Benson聲稱最後一個組成要素是促使放鬆反應的關鍵要素。

　　生物回饋裝置提供物理的回饋給個人有關他或她的壓力程度，此裝置可以告訴個人有關他們通常不知道的壓力程度——直到達到該注意的較高程度。例如，個人的手的溫度可以在一小時的時間變化十到十二度，溫度的增加係指平靜和放鬆的增加。有了生物回饋裝置，可測量許多身體的狀況及回饋，例如血壓、手的溫度、肌肉緊張度、心跳速率，和腦波。有了生物回饋的訓練，個案起先被指導使用此裝置辨認焦慮或緊張的高程度。然後，指導他或她如何減低這樣的高壓力程度，藉著閉上眼睛，採取消極「放開它」的態度，或想著某件愉悅或平靜的事，通常放鬆的方法綜合生物回饋可以激發放鬆反應。

運動

　　壓力使我們身體準備好動作，或專注在大塊肌肉活動（包括戰鬥或逃跑），大塊肌肉活動指的是，在同一時間使用許多肌肉群的活動類型，例如跳繩。透過練習，團體成員會耗盡血中燃料，降低他或她的血壓或心跳速率，反轉其他在一般適應症狀的警覺階段開始的身體改變。練習協助個人保持身材，並在處理危機時有較多的力氣。為此應該鼓勵團體成員進行每天的運動計畫，許多活動都是可行的：散步、伸展、慢跑、肌肉收縮運動、跳繩、游泳、網球、跳舞、性行為，或高爾夫。

照顧你自己的身體

　　除了運動，有營養的飲食、適度照顧自己、有足夠睡眠是重要的，不僅營養的飲食幫助人們保持健康、抵抗壓力，同時研究顯示，個人吃什麼和他情緒上如何感受有直接的關係。有些食物（例如咖啡）產生緊張，過量飲食造成一個人昏昏欲睡，甚至生病，保持苗條幫助個人覺得他或她自己很好。適當的醫療照護也是強化容易受有關壓力疾病侵襲的衰弱身體的一個方法。

社會支持團體

每個人需要感到與他人親近，支持團體允許人們分享他們的生活，和其他人擁有樂趣、放鬆。此團體有緊急和危機發生時的資助來源。有各種可能支持團體，如同事、興趣或運動、服務（例如扶輪社）、家庭、延伸家庭、教會、社區組織、社會俱樂部（如失去伴侶的父母親）等等為中心。支持團體的必要特徵是 (1) 團體定時聚會，(2) 相同的人參加，(3) 有機會自發性與不拘禮節，且 (4) 成員間發展親近的感覺。

和別人談話

每個人需要有人可以分享快樂時光和個人困境，與人分享擔憂幫助發洩情緒，討論關心產生解決問題的建設性策略。優質的傾聽是可以傳達關心和了解的人，保守資訊的秘密，有同理心，協助發覺深度的困難，協助達成解決困難的變通方案，鼓勵個人選擇或是想出一個解決策略。

正面思考

當預期和非預期的事件發生，人們可以選擇採取正面或負面看待情境。如果他們採取負面觀點，便易於經歷較多壓力，疏遠朋友和熟人。如果採取正面觀點，可能維持平靜，待在放鬆狀態，且又快又容易地處理情況，最小化負面的後果（此途徑在下面方塊「正面思考」有說明）。

生活哲學和正面思考相似的是，允許你從容不迫面對危機與維持放鬆步調。當以放鬆的方式著手工作，會產生更多創造力，且壓力減低。你應該享受休閒時光，更完整地發展自己成為完人，並每天發現樂趣。

當你發生沮喪的事，以「好運？厄運？誰知道？」的觀點看待這事件，是有心理療效的。這觀點在下列有關 Anthony de Mello, S.J. 的故事有提到一則中國故事：

有一位擁有一隻老馬耕種田地的老農夫，一天馬逃到山丘，當所有農夫的鄰居同情老農夫有厄運時，農夫回答：「好運？厄運？誰知道？」一週

後這隻馬從山丘帶回一群野馬，這時鄰居恭喜農夫他的好運，他的回答是：
「好運？厄運？誰知道？」然後，當農夫的兒子試圖馴養其中一隻野馬，
他從馬背上掉下來，並跌斷腳。每個人都覺得這是非常壞的運氣。但農夫
不這麼想，他的反應只是：「好運？厄運？誰知道？」幾週後，軍隊行軍到
村莊，並徵求每位身體良好的年輕人加入軍隊。當他們看到農夫斷腿的兒
子，便放過他。現在是什麼好運？厄運？誰知道？

改變產生壓力的想法

　　人們錯誤地相信情緒主要由經驗決定，包括緊張和焦慮的感覺——亦即，
經由發生的事件決定。然而，認知學派治療顯示，個人情緒的來源是她告訴她
自己經驗是什麼。茲提出一例協助釐清此重要的概念：

正面思考

給予　你遇到的每個人一個微笑（同時　　　給予　快樂（心靈最受珍視的狀態）——
　　　你的眼睛也微笑）——你微笑，　　　　　　——你會快樂，且使人快樂……
　　　且收到微笑……　　　　　　　　　　　給予　喝采（口頭上的陽光）——你會
給予　一個仁慈字眼（在字眼背後有仁　　　　　　喝采，且被喝采……
　　　慈的想法）——你是仁慈的，且　　　給予　鼓勵（對行動的鼓勵）——你會
　　　收到仁慈的字眼……　　　　　　　　　　　有勇氣，且被鼓勵……
給予　感激（打從心裡的溫暖）——你　　　給予　一個令人愉快的回應（刺激的中
　　　會感激，且被感激……　　　　　　　　　　和物）——你會愉快，且接受令
給予　敬意、讚揚和掌聲（勝利的花圈）　　　　　人愉快的回應……
　　　——你會是可敬的，且收到讚揚　　　給予　好的想法（自然的角色建造者）
　　　和掌聲……　　　　　　　　　　　　　　　——你會是不錯的，且世界會給
給予　時間給有價值的目標（帶著熱切）　　　　　你好的想法……
　　　——你會是值得的，且被豐盛地
　　　獎賞……　　　　　　　　　　　　　資料來源：W. Clement Stone, "Be Generous, "
給予　希望（成功的魔法配方）——你　　　in *A Treasury of Success Unlimited*, edited by Og
　　　會有希望，且使人有希望……　　　　Mandino (New York: Hawthorne Books, 1966),
　　　　　　　　　　　　　　　　　　　　pp.9-10.

事件：	Vicki Vogel 在一家大保險公司晉升到單位督導職位。
↓	
Vogel 小姐的想法：	此晉升會令其他人嫉妒，且導致我與一起工作的其他人起衝突。我不相信我準備好承擔這些新責任，如果我失敗了，我會被降級，且是一個失敗，我的職業生涯便完了。
↓	
情緒：	擔心、警覺、緊張、焦慮。

另一方面，如果 Vogel 小姐告訴她自己別的話語，她的情緒會相當不同。

事件：	Vicki Vogel 在一家大保險公司晉升到單位督導職位。
↓	
Vogel 小姐的想法：	這家公司承認我擁有的技能，真的不錯。我已在這裡工作六年半，且完全知道如何在這個單位工作。督導是一個挑戰，但我曾在我統籌的一些教會計畫督導，此挑戰協助我在職業上、個人上成長。我有一些想法想要在這裡試試，看看我們可以做什麼。
↓	
情緒：	興奮、自我價值感、伴隨自信的些微焦慮。

此例說明兩個重要概念。第一，個人的想法主要決定他或她的情緒。第二，藉著挑戰和改變負面的、令人生氣的想法，個人可以減少不必要的情緒。常常不能改變事件，但個人有力量理性地、正面地看待這樣的事件，且盡力控制他們的情緒。

改變或適應令人沮喪的事情

有許多令人沮喪的事件：某個親近的人死亡、浪漫關係分開、被解雇、有不能達到滿足的工作、當掉一些課程、陷入爭吵，或有尚未解決的宗教問題。當令人沮喪的事發生時，應該鼓勵團體成員直接面對事情，試著改善局面。如果個人因為某人死亡而憂傷，他或她可能在團體內談論它，或尋找專業的私人諮商幫助。被解雇的員工應該找出被遣散的理由，所以他們可以建設性地處理解雇事件，並開始尋找另一個工作。如果個人有尚未解決的宗教問題，跟隨著與牧師談論的團體討論，或修習一科宗教哲學的課也許有幫助。

　　多數令人沮喪的事件可以藉著面對它們，與採取有建設的行動改變它們。然而有些事是不能改變的，團體成員可能無法改變其他人令人生氣的習慣，如果情境不能改變，唯一有建設性的變通方案就是接受它。碎碎念、抱怨、變得沮喪會有不良後果，接受不能改變的事情會讓個體更放鬆、更平靜。

個人的樂趣

　　有個人樂趣是可以釋放壓力，提供改變步調，享受，讓我們感到愉快，（實際上）是個人「治療」。一般樂趣是擁抱，聽音樂，購物，洗個熱水澡，看一場電影，喝杯酒，家庭和宗教聚會，度假，唱歌等等，如此的「對待」提醒個人他們有價值，在生活中增加調劑。

　　在工作和家庭責任之外的有趣活動也是釋放壓力的樂趣，研究發現，「壓力減低壓力」；易言之，在某領域中有適度程度壓力的活動，協助減低其他方面多餘的壓力。參與戶外有趣的活動，轉化個人他或她每天擔憂的負面思考，成為有關有趣活動的正面思考。因此，參與有趣活動，例如高爾夫、網球、游泳、浮潛、參加飛翔課程、旅遊等等，可以減少壓力。

　　個人樂趣也可以用在為好工作而「獎賞」自己，我們大多數不會為了別人做好工作而欺騙他們，我們也應該不會欺騙我們自己，這樣的獎賞使我們感到快樂，並使我們有動機轉向新挑戰。

　　「精神健康時間」是當個人在很多壓力下的嗜好，當壓力持續太久、程度太強時，放鬆對一個人身體和情緒健康是非常重要的，個人應該放一天假，只做有樂趣的事（有些機構現在允許員工放特定精神健康假期）。

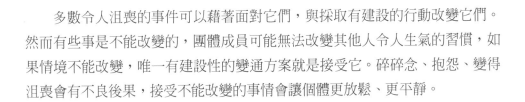

10.5　練習　對於我的壓力管理技巧

目標：本練習旨在使你熟悉可利用的壓力管理技巧。

1. 複習這章在壓力管理技巧上的教材，列出你曾使用的那些技巧。同時，簡短地描述每種技巧是否對你在減低正在經歷的壓力程度有益。

2. 詳細說明你未來計畫使用的壓力管理技巧。

時間管理

　　浪費我們的時間就是浪費我們的生命，當時間已逝，我們便無法挽回。時間管理著重在幫助人們變得更有效，它強調選擇做最好的工作的重要性，然後用最有成效的方式執行它。不幸地，時間是不可更新的，就像 Taylor 所說：

　　　　回顧從前，看看過去的成就，看到很少達成成就、很少達成、看不到他們感到所做而驕傲時，他們感到生命太快，覺得被騙。

　　　　但是那些人回顧充滿回憶的滿意活動、成就、關係，感到他們活得很長，並有充實的生活。

　　當人們無法達成他們生命中重要的工作時，常常因為他們沒有良好的組織。正如我們會看到，時間管理可以協助團體成員在他們生命中設定目標，組織他們的時間和資源，達到這些目標。然而，過多的組織如同太少組織一般地無效。過多組織人們會太忙於決定「要做的」清單、更新、失敗、重做它們。

　　時間管理開始於設定目標，你真正想從生命中獲得什麼？這問題建設性的答案第一步是可以自我實現的、有益的生活。沒有設定人生目標的人容易無聊、不快樂、沮喪、困惑、得不到滿足。他們不曾想出他們生活中想要什麼，所以對他們來說真的不知道，實現什麼、滿足了什麼。他們「隨便過日子」，通常，他們跟隨別人的決定。當決定對他們沒有用時，他們感到挫折、生氣（當其他人替你做決定，他們容易用他們想要的，而不是用你最大利益做決定）。糊塗蟲通常變成抱怨者，在做重大決定時有其困難。被求婚時，他們拖延；當有新工作出現時，他們躊躇；當有機會搬到另一個地方時，他們猶豫；當有做「重大」決定時，他們預測自己——全因為他們缺乏有意義的目標引導他們。

建立目標與任務的優先次序

建立生活目標不是簡單的工作，它需要深思熟慮、過濾許多選擇。但建立生活目標的人通常較自在、快樂、滿足、自我實現。他們知道什麼帶給他們樂趣和自我實現，因此可以朝著達成目標而工作。他們易於為他們自己做決定，而不是讓別人做決定。當面臨重要決定時（例如婚姻、生小孩，或新工作機會），他們依據他們生命目標比較變通方案，為達成他們長期利益做決定。

設定目標

在時間管理的第一步是為個別團體成員設定個人目標，他們該回答兩個問題：

1. 我的長期目標是什麼？
2. 接下來六個月我的目標是什麼？

應該在分開的紙上列出每項問題的答案，在確認這些目標時，團體成員應該承認他們短期和長期目標係隨著時間改變。這是可預期的，把他們自己陷入不想要的目標工作中，是個錯誤。隨著時光流逝，會改變特定的目標，而取代其他目標。

在詳細說明短期和長期目標後，團體成員應該考慮各種領域，包括職業、財務狀況、婚姻狀況、家庭目標、社區參與、宗教目標、教育、運動、減壓、自我成長、關係、假期、退休、嗜好、娛樂和休閒。

優先次序處理目標

下一步是按優先次序處理這些目標，Lakein 建議使用三個類別：高價值目標給予「A」，「B」是中度價值目標，「C」是低價值目標。短期和長期目標應該分開按優先次序處理。A，或高價值目標，應該進一步，按順序評價：A-1、A-2、A-3、A-4 等等。在過程中，團體成員確認此時他們所要的是什麼。

長期目標易於因為各種理由而改變，個人可以完成一些長期目標，例如從大學畢業、結婚、找到一個職業。有些沒有達到的目標可能不再重要或有價值

了。因此，定期（也許每年）回顧、昇華長期目標是有利的，因為短期目標通常是六個月期限，所以他們應該每半年回顧一次。

為目標列出任務

最重要的目標是 A 目標，這些目標應該受到大量的注意和時間。因為團體成員不能**實現**一個目標，計畫過程的下一步是列出特定的工作，幫助他或她邁向每項短期和長期 A 目標。

例如，一個主修社會工作的大三生可能選擇「在畢業後得到一個社工的工作」為長期目標。為了達到這樣的目標，特定工作可能如以下所列：

1. 為考試小心地讀書，寫嚴謹的報告得到好成績
2. 在社福機構做義工
3. 寫履歷
4. 確認社工有空缺所在地區，然後修有關的選修課程
5. 主動參與校園的社工組織
6. 詢問一個信任的社工職員，以獲得社工雇用的優缺點，與需要什麼努力得到工作機會的回饋
7. 選擇一個取代的領域會 (1) 幫助發展社工技巧和知識，(2) 建立與可以幫助獲得工作的人有接觸

優先次序的任務

如果團體成員謹慎地列出每項目標的可能工作，他們會有太多工作要做，卻沒有足夠時間。因此他們應該給予每項工作優先次序 A，高價值工作；B，中等價值工作；C；低價值工作。每項 A 目標的工作應該接著更進一步給予優先次序 A-1、A-2、A-3、A-4 等等（讀者會注意到給予工作優先次序的方法，和給予目標優先次序的方法是相同的）。

任務時間表

如果團體成員忠實地遵照優先次序的步驟，他們會對於重要的短期和長期

10.6 練習 我的高價值目標和任務

目標：本練習旨在協助你詳細說明你短期和長期的目標，確認協助你達成這些目標的任務。

注意：如果謹慎地遵照這過程，你會對你生活的目標有清楚的視野，你需要做的就是達成這些目標。

1. 在一張紙上列出你未來六個月內的目標，在另一張紙上列出長期目標。

2. 給予每項目標優先次序 A，高價值目標；B，中等價值目標；C，低價值目標。接著，A，或高價值目標，進一步依照 A-1、A-2、A-3 等等分等級。

3. 列出需要達成特定 A 目標的工作。

4. 使用 A、B、C 等等方式來區分你 A 目標上優先次序的每項工作價值。

目標有清楚的視野，對於幫助他們達成這些目標的特定工作也有清楚的視野。每天爲每項 A 目標做 A 任務是不可能的，所以團體成員需要選擇專注在一或兩個（或者更多一些）日常工作。如果一個人選的 A 任務太多（例如對每一個他或她修的課寫嚴肅的報告），它們應該區分成較小的片段（例如爲一篇政策報告做圖書館研究）。

在計畫一個時間表時，達成 A 任務的時間，應該藉著爲每項工作概略撥出特定幾天或幾小時。Lakein 建議每天撥出特定的 A 時間，在這段時間禁止所有的 C 工作和干擾。一週的提醒日曆可以幫助安排會面、考試日期、報告截止日，和其他重要的工作。藉著使用日曆，團體成員可以在一個沒有干擾和分心的地方，概略撥出時間做 A 工作。

每個人有**內在黃金時間**，這是一個人最有效、最有收穫的時間。每位團體成員應該發現他或她自己的內在黃金時間，因爲它在個體間有許多不同。有些人是早上，其他人是下午或晚上。團體成員應該安排 A 工作在他們內在的黃金時間裡。

在安排每天的時間時，成員可以彈性地適應任何緊急事件的發生。因此，每天留一小時空閒是重要的，太死板的時間安排會導致高度壓力。運動、放鬆和自我獎賞應該排進每天的時間表裡。

排時間時，列入高價值工作，避免列入低價值工作是很重要的，Lakein 改寫 80/20 法則為時間管理：

> 如果所有的事項是以價值高低安排，80% 的價值來自 20% 中的事項，而剩餘 20% 的價值會來自 80% 的事項……80/20 規則意指在十件事項中，做其中兩項會產生最大（80%）的價值。找到這兩項，標示為 A，做好它們，留下大部分其他八項不做。

Lakein 解釋，這規則不是死板板的，有些事項比 80/20 規則係指更多或更少。他用下列例子描述規則：

> 80% 的銷售量來自 20% 的顧客。
>
> 80% 的產品來自 20% 的生產線。
>
> 80% 的病假被 20% 的員工使用。
>
> 80% 的檔案的使用在 20% 的檔案中。
>
> 80% 的晚餐重複著 20% 的菜單。
>
> 80% 的灰塵在 20% 的高度使用的地板區域。
>
> 80% 的錢花在 20% 的昂貴肉片和雜貨項目中。
>
> 80% 的洗衣來自 20% 衣櫥中良好使用的項目。
>
> 80% 的電視時間花在 20% 家庭中最受歡迎的節目中。
>
> 80% 的閱讀時間花在 20% 的報紙頁上（頭條版、運動版、社論、專欄，和特色版）。
>
> 80% 的電話來自 20% 的全部打電話者。
>
> 80% 的外食在 20% 的喜好餐廳完成。

節省時間的秘訣

茲提出給大學生節省時間的想法，選擇對你有價值的。

計畫明天

在每一天結束時，在日曆上寫下你明天會做的工作。用這種方式計畫明天，今天放鬆你自己，你的心思不要擔憂明天。這個「將要做」的名單不僅可以包含多數的 A 工作，正如稍早討論的，也可以包括 B 和 C 的工作，例如「買幾張週末開打的球賽的票」。

專心讀書

一、兩小時盡全力的、專心的念書時間，比不怎麼專心、白日夢、社交的四或五小時更有效。在我大學大四時使用全力專心的方法，我只讀三分之一時間，且得到更好的成績。在課堂中，我熱切地專注在教師所說的，一次只盡全力地讀一、兩小時，並完成更多讀書量。

最有效利用時間

有效利用時間的人反問自己：「現在什麼是最有效利用時間？」許多人揮霍時間，不做 A 工作而做 C 工作。例如，如果我們有重要的、困難的考試要準備，我們可能浪費時間清掃公寓或房間，並合理化那也是重要的。避免做 A 工作而做 C 工作叫作「避免有效」（productive avoidance）。 問你自己，「如果我不做這工作會有任何糟糕的事發生嗎？」如果回答是「不」，那麼不要做它。

寫論文和報告

當寫一份論文或報告，盡量以最少計畫、最少研究、最少段落要寫愈好。不要反覆寫了一些，然後去做別的事。當你回到在完成部分的報告工作時，許多時間會浪費在重新開始。

當寫信或回信，每次只處理一張紙的內容，會浪費許多時間（透過重新開

始）在完成部分的信上。

物質環境

當你不想被打擾，關起你的門，列出高度價值目標和任務清單，放在你可以看到的地方，它們提醒你應該專注在哪方面任務，準備好每次都帶著你學習的資料。然後你利用在通勤時、醫生辦公室時、等候朋友的時間，做些有益的事。

肯定地說「不」

當朋友和親戚提議會影響你計畫做 A 工作時的活動時，學習說「不」以節省時間，試著盡可能快速結束徒勞無功的活動。

截止日期

設定截止日期並堅守截止日期，手寫資訊足夠時，避免用打字。如何完成 A 工作的想法可以寫下來，附上截止日期，比起相信記憶好。照著時間表開始和結束的會議不會浪費時間。

避免「應該的責任」

避免以應該的責任運作你的生活，無論如何我們從不做許多應該做的事，正如應該的事常被解釋成令人討厭的事。重新解釋「應該的責任」是你會做或不做的事，再也不需要做「未來不做」（won'ts），而「未來要做」（wills）比起「應該做」更令人想要去做。

要樂觀

成為一個樂觀主義者，不要浪費時間後悔或擔心還沒變好的事。當你成功地完成主要計畫時，給你自己休息的時間和特別的獎賞。

睡眠量

　　你可以減少你的睡眠時間嗎？對大多數人來說，睡眠占據一天中最多的時間，許多人睡得比需要還多。試著減少你的睡眠時間半個小時，看看你是否比以前更有效率。另外，中午吃少一點，而不是吃大餐，你將不會在下午時變得昏昏欲睡。

放鬆

　　週末試著不想工作，學習「放下」（let go）當天發生的負面事件，並在每天晚上放鬆。現在「什麼事都不做」（do nothing），然後使自己重新恢復精神是重要的。一個有效管理時間的人不是更努力工作，而是更聰明地工作（放鬆技巧在本章前面有說明）。

其他讀書建議

　　藉著上速讀課，你會學習讀得更快，並可能增加你的理解力。第一次或第二次閱讀時，用原子筆、鉛筆或螢光筆在書上畫重點，會幫你節省準備考試複習的時間。

10.7 練習 我的節省時間工具

目標：本練習旨在協助你更知道對你有用的節省時間工作。

1. 複習本章在節省時間的建議資料，列出你曾用過的節省時間策略，並簡短地描述你列出的每項策略是否對你有幫助。

2. 列出你還沒用過，但計畫在未來即將運用的節省時間策略。

克服延遲

延遲是故意拖延現在應該要做好的事，它是偷時間的賊。一旦養成了拖延的習慣，我們可以找到許多方式支持這習慣。我們知道應該要做的 A 任務，但我們卻拖延它。我們常常浪費時間做不重要的工作。例如，我們知道一篇報告截止日期是兩天後，但我們不去寫，卻去逛街、花很多時間和朋友聊天、洗衣服，或看電視，這聽起來是不是很熟悉？

延遲是達成短期和長期目標的主要障礙，許多人延遲做 A 任務的理由是，因為它看起來令人受不了或不愉快。令人受不了的工作被看作是太複雜，或太花時間，例如，你延後開始寫一星期內要交出的二十頁報告，因為它看起來不可能在短時間內完成甚至一點點。當然，不愉快的工作產生很難處理的負面情緒。例如，你拖延告訴你父母你某科被當掉，因為你害怕他們的反應，也因為你害怕在你告訴他們以後你的感受。

蜂窩乳酪方法

把令人受不了的 A 任務在控制之下進行的關鍵，是在其中戳小洞，把它分解成更小的工作——蜂窩乳酪方法，完成較小工作，一點一點的完成，最後全部完成。

例如，你有一堂課要寫研究提案，你受不了，因為你從沒寫過提案，也因為你對提案的題目幾乎沒有想法。把工作分成幾個小工作。從列出三到四個你感興趣的研究題目開始。下一步是在每區域想出研究假設。第三步可以是和你的指導教授見面，獲得他或她對假設的想法。第四步可以是上圖書館，檢視有關你的假設有什麼研究曾經被探討過，並回顧什麼樣的研究設計曾經被使用過。一旦你這麼做，你便準備好選擇題目。檢視文獻時，你會非常有可能想出一個設計，是你可以改寫進你的提案中的。在這一點上，你可以做一個你設計的大略草稿，是你可拿給你的指導教授詢問意見的。聽了你指導教授的建議做改變後，你可以準備好坐下來寫研究提案。

其他建議

　　開始做研究：不愉快的工作有時可以只藉著學更多有關此工作而減少不愉快。在圖書館做研究、採訪專家或其他在此領域博學的人，是開始的好方法。

　　把可以直接做的任務部分分開：在過程早期完成幾個任務提供初始的成功和動機。

　　設定截止日期：合理的截止日期是避免拖延和建立動機的好方法。

　　提前計畫：當計畫的部分完成時，知道下一步要做什麼，逐步完成任務。

　　改變地點：如果工作變得枯燥、令人疲乏，改變地點常是有幫助。此方法只是意味一會兒在圖書館，然後在宿舍，或甚至在學生大廳，如此改變增加多樣性，減少枯燥。

　　攻擊恐懼：害怕失敗或特定工作可以是計畫的，或甚至開始工作的阻礙，可以透過合理的自我分析攻擊恐懼，有效地緩和恐懼，繼續進行計畫。

　　考慮後果：延後工作意味著錯過截止日期，匆忙的，有較差的工作和成績。它也可以意味著錯過機會，深思拖延的後果可以是一個有效的動因。

　　考慮好處：個人完成工作的獎賞系統──或部分工作──是推動一項計畫前進的好方法。

　　切斷逃避路線：一般逃避工作包括社交、白日夢、睡眠、看電視節目，經由移除誘惑，或經由在不能獲得誘惑的一個地方或時間，可以切斷逃避路線。

10.8 練習 結束我的拖延

目標：這練習是設計來輔助你結束你的拖延。

1. 列出三個你通常會拖延的事項。

2. 檢視這些項目，並在每個的旁邊寫下，你會拖延是否因為你看待這工作是「不愉快的」、「令人受不了的」，或「不愉快且令人受不了的」。

3. 為每項需要完成的工作，列出你意圖使用停止拖延、並開始著手這些工作的策略。

時間管理的優點

本章的時間管理的題材是針對大學學生，而時間管理和省時原則可應用在醫生的工作情境中。時間管理是生活的**方式**，有效的時間管理者很容易被認出來。他們在截止日期內完成有品質的主要計畫。他們幾乎不會表現出遲疑、猶豫不決或困惑，他們是對自己有信心的成功人士。他們是和藹的、冷靜的、表現在內控、完美的動作。他們對其他人有冷靜的效果，他們知道什麼時候且如何放鬆。他們是你喜歡做生意的，他們是不拖延。

Taylor 說：

> 時間管理不是有限的技巧或知識本身，可以花兩天、兩週或兩年學習，然後實行。像時間本身，它是不會結束。它是一個管理你自己的時間愈來愈有效的持續過程。

> 找出想法、新方法、新技巧，改造它們成為你可使用的，調查省時產品。和搶劫你寶貴時間的壞習慣競爭。形成新習慣。牢記你的目標——或寫在紙上——常常參照它們，檢視它們，重寫它們，確定你做的每件事都和它們有關。

團體練習

練習 A：解決目前的壓力因子

目標：辨認並處理目前的壓力因子。

步驟 1. 領導者描述壓力因子是什麼，指出這個練習的目標。然後領導者指導學生寫下以下問題的答案（問題可以寫在黑板上）。領導者應該告知學生自由地寫下他們想要的答案，並私自放好，因為他們不需要透露任何他們不想分享的事。

1. 你目前正面對哪三項最嚴重、無法解決的壓力因子？

2.你曾試圖做什麼解決壓力因子？

3.你為什麼還沒辦法解決壓力因子呢？

4.你目前被壓力因子嚇到了嗎？

5.你認為你現在應該採取哪些建設性的行動，解決壓力因子呢？

步驟 2.在學生寫下這些問題的答案後，他們形成三人一組的小團體，在小團體中每位成員分享那些他們願意分享的回答。當一個成員分享他或她的回答，其他兩位專注在提出變通方案的建議，解決壓力因子。

步驟 3.在每個小團體完成討論後，領導者問是否有任何人（或任何小團體）有複雜的處境，他或她願意和班上同學分享。討論這樣的處境，花工夫建議變通方案解決壓力因子（如果令人煩惱的事件不能改變，涉及事件的人改變他或她對令人煩惱的事件的認知是可能的），沒有人要分享其他複雜處境時，練習便結束。

練習 B：透過冥想放鬆

目標：透過冥想放輕鬆，因此減少壓力和預防筋疲力盡。

步驟 1.領導者簡短地描述什麼是壓力及它的因果，然後解釋精疲力竭是高壓力的反應之一，並摘要減少壓力、預防精疲力竭的方法（準備一個摘要這些方法的講義是有幫助的）。領導者注意，每個人學習一些方法減少壓力是重要的。

步驟 2.領導者解釋冥想是減少壓力的一個方法，然後帶領團體做以下的冥想練習（領導者可自在的修改、增加以下的內容）。

　　　　我現在會領導你做冥想練習，目的是帶領你，經由冥想你可以減少壓力和焦慮。當你焦慮或想要放鬆時，你可以自己做這個練習。例如，你可以在對班上演講時、有一個重要的考試時，或晚上睡覺前做這個冥想。

　　　　寫《放鬆回應》（*The Relaxation Response*）一書的 Herbert Benson，詳細說明冥想方法的四個一般要素，幫助人們放鬆。此四

要素是 (1) 在安靜的地方，(2) 採取舒服的姿勢，(3) 想著一個物體，例如你的呼吸，或一句話，你可以持續安靜地對自己重複，和 (4) 有一個消極的態度，藉著不再想每天的擔憂放掉它，消極的態度是幫助你放鬆的關鍵要素。

現在，形成圓圈，（等到圓圈形成以後）領導你三種冥想。第一，做深呼吸練習；然後，移動到對自己安靜地重複「放鬆」這個字。第三，專注觀想最能放鬆的地方。我們會直接從第一數到第二，然後從第二數到第三，不間斷做此練習，不要擔心任何不尋常的事發生，沒有詭計。專注在我正在告訴你的事，採取一個你放下每天的思想和擔憂的態度，每天的想法和擔憂也許偶爾進入你的心裡，但當發生時，試著放下它們。

在我們開始前，我要你們確認你最放鬆的地點，它可能是在海邊或在湖邊躺在陽光下，它可能是坐在溫水浴缸讀書，它可能是坐在溫暖的壁爐邊，有任何人還沒確定放鬆的地點嗎？（等到每個人都確認了地點。）

好的，我們準備開始了，（如果可能，讓燈光暗下來或關燈）第一，閉上你的眼睛，整個練習都閉著眼睛。接著，採取舒服的姿勢。如果你想要，你可以在地板坐著或躺著（每次冥想練習花五到六分鐘，輕柔緩慢地說話，常常停頓，有時花二十秒或更多不說話，感到自在，附加材料在下列的指導中）。

一開始，專注在你的呼吸上，慢慢地深呼吸……慢慢地吸入、呼出……當你呼出時，感覺放鬆是什麼感覺……當吸入時，想像你的擔憂正離開你……當你吸入和呼出，感覺你變得如何安靜、更放鬆、更煥然一新……只是保持專注在慢慢吸進和呼出……當我談論吸入和呼出不要試圖和我同步……找到一個你感到舒服的呼吸節奏……慢慢地深深地吸入，然後慢慢地呼出……你內在有力量，愈來愈放鬆……你所要做的就是專注在呼吸上……慢慢地深深地吸

入，然後慢慢地呼出……如果有其他思想進入腦中，盡可能毫不費力地讓它漂走……變得愈來愈放鬆的關鍵就是放下你每天的擔憂……為了放下，你需要做的一切僅是專注在呼吸上……慢慢地深深地吸入，然後呼出。

現在，我們會改變成安靜地對自己重複**放鬆**這個字。眼睛閉上……只是對自己重複**放鬆**這個字……一直對自己重複**放鬆**這個字……我們都會遇到壓力因子……避免每天的壓力因子是不可能的……重要的是記得，壓力管理不是避免每天的壓力因子，而是當我們處在高壓力時會找到方法放鬆……一個簡單又棒的學習**放鬆**方法是坐在一個安靜的地方，採取舒服的姿勢，並安靜地對自己重複放鬆這個字……**放鬆**……**放鬆**……單單對自己重複**放鬆**這個字，你內在會有力量變得愈來愈放鬆……找到一個不錯的放鬆節奏對自己重複**放鬆**這個字……這節奏應該要夠慢以至於你可以放鬆……但不要太慢以至於你每天的擔憂進入你的腦中……記得，放鬆的關鍵就是放下你每天的擔憂……如果這樣的擔憂開始進入你腦中，把注意力更專注在對自己安靜地、慢慢地重複**放鬆**……藉著對自己重複**放鬆**，你會發現它顯得神奇的煥然一新……〔讓成員重複**放鬆**五到六分鐘〕。

現在，我們會改變成專注在你最能放鬆的地點，不要張開眼睛……專注在你處在最能放鬆的地點……感覺它有多好、多放鬆……只是停留在它有多放鬆……享受這地方的每件事有多平靜、多放鬆……感覺自己變得更平靜、更放鬆……享受這地方的平靜……感覺自己變得更放鬆、更煥然一新……享受對你而言特別的地方中所有景象和聲音……注意並歡喜令人愉悅的氣味……感覺對你而言特別的地方中溫暖、平靜和真誠……無論何時你想要變得更放鬆，你要件的事就是閉上眼睛，安靜地坐著，觀想你正在這放鬆的地方……你愈是練習觀想你正在放鬆的地方，你會發現你變得愈

快放鬆……你能放鬆的地點顯得對你有神奇的、放鬆的力量，但實際上你只是藉著放下你每天的擔憂，專注在你最能放鬆的地點的平靜上而放鬆……如果你必須演說或正面臨一些其他有壓力的情境，你可以學著減低你焦慮的程度，僅藉著短時間閉上眼睛，把思想專注在你最放鬆的地點……你所要做的一切就是閉上眼睛，觀想你在這特別的能放鬆的地方……現在，繼續觀想在能放鬆的地方……感覺自己變得更放鬆、煥然一新、平靜……如果你覺得昏昏欲睡，也沒關係……感覺昏昏欲睡是你變得愈來愈放鬆的指標……你做得很好……就只是一直觀想你正在能放鬆的地方……你會變得愈來愈放鬆，藉著放下你每天的擔憂，享受這能放鬆的地方……（停頓五到六分鐘，然後繼續本練習）。

不幸，一分鐘過後回到班上，不急慢慢倒數 5 到 1，數到 1 時打開眼睛，(5) 享受你放鬆的感覺，你覺得溫暖些、昏睡、放鬆到你不想移動身體……享受特殊的感覺，能如此放鬆是很健康的，當你放鬆時你免疫系統功能達到最佳狀態。(4) 慢慢開始回到班上，不要慌張，不急，從容靈敏，任何時間想放鬆可用此三種途徑，利用此三種途徑慢慢練習愈來愈放鬆。(3) 你應該在短時間內回到班上，從容……有半分鐘時間，檢視你是否承諾運用放鬆練習降低每天遭受的壓力。(2) 我們即將回到班上……現在你變得愈來愈靈活。(1) 慢慢打開眼睛，不急，從容達成目標。一句警語：假如你想快速開車到某地方，請在開車前散步幾分鐘，如此你放鬆安然開車。

步驟 3.領導者提問：你認為此三種途徑是什麼？如何達到放鬆？你要放鬆困難嗎？假如是，為什麼？你較喜歡哪一種途徑，為什麼？（假如成員放鬆、昏睡，你覺得他們沒有能量回應問題，領導者應該尊重他們的「心情」，不要強迫他們回答。）**備註：**一項附加放鬆技術，領導者播放肌肉鬆弛錄音帶，班上同學可以練習此技術。

11 治療團體

　　本章摘要了一些治療團體開始、領導與結束的原則，包括準備與作業、團體聚會開始前的放鬆、進到聚會場所的線索、座位安排、簡介、澄清角色、建立關係、深度地探討問題、探討變通方案、發展階段、聚會的結束、團體結束、團體共同促進、團體催化者的合理保護及與個案維持專業的界限。

個人問題的諮商不是迷人的也不是神秘的。雖然諮商的訓練與經驗是有益的，但是每個人都可以藉由傾聽及討論他的困難而有潛能幫助彼此。這並不是說每個人在諮商方面都會成功。助人專業者（如社會工作者、心理治療師、心理學家及諮商輔導者）有比較高的成功率，大部分是因為他們接受諮商的密集訓練。但是能力和同理比學位或證書更是有效諮商的關鍵。

　　本章列出許多有關如何有效開始、帶領及結束治療團體的建議。因為有經驗的團體催化者可能發現此教材更明顯，因為本文的重要預期讀者是那些計畫去帶領他們的第一個團體的催化者，或是已經有一些帶領團體的經驗但還希望得到一些建議來改善團體技能的人。

 準備與家庭作業

　　廣泛地準備對帶領治療團體是必要的。帶領者應在許多方面有所訓練：(1)評鑑人類行為與人類問題；(2) 周全的治療介入途徑——如現實治療、行為治療、理性治療與女性主義的介入策略；(3) 專業化的治療介入技術，如自信訓練與放鬆技術；(4) 面談與諮商；(5) 團體動力的原則如凝聚、任務角色、社會情緒角色，及權威與民主領導風格的效果。社會工作的大學與碩士學位方案也提供許多這方面的教材。

　　對於任何治療團體，帶領者也需要成員所經驗問題的原因之文獻，如這些方案最有效的介入策略、正向改變的預知、對所須應用的介入策略的時間長度的預期等，以引起積極的改變。

　　帶領團體時，廣泛的準備是讓團體成員有成功經驗的重要關鍵（包括自己）。即使是有經驗的帶領者，也必須謹慎地為每一個團體與每一次的團體聚會做準備。

　　在準備帶領新團體時，下列問題的答案要先形成。此團體的整體目的和一般目標是什麼？有哪些方式可以達成一般目標？成員的特徵為何？每一個成員的獨特與個別的需求是什麼？成員需要哪些資源以協助成員較佳的處理他們的個人問題？第一次聚會的形式應該為何？每一個成員的個別治療目標是什麼？

第一次聚會時需不需要安排解凍的活動？如果是，應該是哪一個？需不需要提供餐點？椅子應該如何安排？哪一種型態的團體氣氛有助於成員解決他們個別的問題？哪裡是最佳的聚會場所？爲什麼你會被選來帶領此團體？成員對你的期待是什麼？

當你計畫第一次的聚會時，以一個新成員看團體的角度來看團體是很有幫助的。一個新成員可能有的問題與關心如下：爲什麼我要參加？我個人的目標可以與團體符合嗎？在團體中我會覺得舒適嗎？我會被其他成員接納嗎？其他成員在背景和興趣方面會有很大的不同嗎？如果我不喜歡這個團體，我可以不參加此團體嗎？其他成員對我說的會尊重嗎？或者他們會笑我、作弄我？在這些聚會中有哪些議題是會被討論的？我被期待做什麼？說什麼？透過這些關注的思考，帶領者能以一種讓其他成員覺得舒適的方式來計畫第一次的聚會，此可協助澄清成員對團體活動與形式的了解。

11.1 練習 參與治療團體的關注

目標：協助你了解即將參加治療團體的新成員的關注。

1. 想像你有一個很重要的情緒關注（例如很沮喪）或你有行爲的問題（如食欲過盛）。也想像你很快將參加一個治療團體的聚會。把你對第一次參與治療團體的關注（要把你的議題的個人細節說出來）標示出來。

2. 帶領者應該怎麼做來緩和這些關注？

在你即將成爲一個帶領者之前，在第一次聚會前，先做家庭作業來了解成員的需求與期待是**非常重要**的。帶領者很快失敗的方式，就是允許團體以不合於成員期望的方向前進。

有許多方式可以用來了解成員要什麼。可行的方式之一是在第一次聚會之前先和每一個成員討論，了解他們的期望與實際上他們可以在團體中達到的期望。如果有人請你去帶領團體，重要的是要清楚此團體的期望是什麼。成員在

第一次聚會時，通常會說到他們對此團體的觀點及希望從團體獲得什麼。另一種決定團體成員期望（無論如何要在準備階段完成）的方式，是獲得團體的以下訊息：

1. 預計有多少成員？

2. 他們的特徵爲何（個人的問題、年齡、社經背景、人種或種族背景、混合性別、教育的和專業的背景等）？如果你參與成員的選擇，必須思考哪些人要納入、哪些人要排除來做一些決定。兩個重要的規準來決定參與治療團體的成員是：(1) 團體經驗的潛在利益可以使成員受惠；(2) 成員的出現對其他成員幫助的程度。

3. 成員對團體將處理的議題的知識與了解程度。

4. 哪些是傾向於個人目標和成員的日常事物？

5. 成員對完成團體目標的動機如何？這部分可以由成員參與團體的自願程度看出。非自願的成員（例如，法院要求一定要參加的少年罪犯）一開始在參與時動機很低，或許也會因爲被迫參加而顯得有敵意。

6. 什麼是成員所持的價值系統？一個有飲食失常的青少年團體和有失子之痛的成人父母團體，就有顯著的不同（無論如何，重要的是把成員當成獨特的個人來看，而不是用刻板印象來看他們）。

在計畫第一次聚會時，以領導者的角度想像你想讓整個團體怎麼走是有幫助的。例如，在第一次聚會時，下面的劇本可以視覺化：

成員可能在不同的時間到達，我必須早一點到，跟他們打招呼，介紹我自己，讓他們覺得很舒適，有一些交談。對新成員可能感興趣的話題是＿＿＿＿，＿＿＿＿，＿＿＿＿。

我在聚會中會先自我介紹及說明團體的整體目的。我將使用破冰活動讓成員介紹他們自己，然後彼此認識。我會請成員列出四至五個他們想了解其他成員的問題，成員介紹他們自己並回答那四至五個問題。我也會回答那些問題，而且鼓勵成員進一步問有關我自己和團體的問題。

破冰活動之後，我會再重複一次團體目標並問成員是否有任何問題。

可能提出的問題是＿＿＿＿。如果此問題出現，我的答案會是＿＿＿＿。

　　我們之後將進行一個簡介的活動，鼓勵成員分享他們所經驗的個人問題。如果這個活動在許多的提示後仍然無法引發一些討論，我會呈現一些他們經驗的個人問題的心理學與社會動力的理論教材。

　　我想建立的一種團體氣氛是民主的、平等的。此種氣氛是最適合鼓勵成員分享與解決他們所經驗的問題。我也會藉由圓形座位的安排，引出那些較沈默者的問題，運用幽默，確定我沒有占據整個的會話來達到所設定的目標。

　　在此次聚會結束前，我會把今天的重點做摘述，然後預告下一次聚會的重點。在摘要時，我會鼓勵成員對下一次聚會所要處理的問題提出建議。我們會設定下次聚會的時間。最後我會問看看成員是否有任何其他的意見或問題。透過第一次的聚會，我會建立一個積極的氣氛，也讚美成員的努力與貢獻。

　　如果團體有一次或更多次的聚會，帶領者需要檢視下列的問題：

- 團體的整體形式是否充分地決定與澄清？有哪些必須在此澄清歷程中完成的？
- 是否每一個成員在問題解決上都有進步？如果沒有，妨礙進步的障礙是什麼？這些障礙需要處理嗎？
- 有沒有更有效的行動方案使團體與特定成員有助益的？
- 下次的聚會應該是何種形式？要準備哪些活動？
- 這些活動完成後是否也使成員和團體往目標前進？如果沒有，或許需要選擇其他活動。
- 是否每一個成員都有興趣及具有動機地在他的問題上工作？或是有一些成員明顯的沒有興趣？如果如此，為什麼他們會沒有興趣？可以如何激起他們的興趣？

與非自願的個案工作的指引與策略呈現在下面的方塊中。

11.2 練習 我對共同促進治療團體的關注

目標：確認你需要做的以便能共同促進治療團體。

1. 想像你是一個在實地場域實習的人，你將與一個有經驗的治療團體的催化者一起帶一個治療團體。把你將成爲一個共同帶領者的關注列出來。

2. 現在你可以做什麼來緩和你這些關注？

與有敵意、非自願成員工作的策略

有許多非自願的成員在剛與活動帶領者接觸時，會公開表現敵意。帶領者可以運用哪些策略來與此類成員建立關係，以激勵他們有積極的改變？有一些策略摘述在此：

1. 尊重此類成員。帶領者需要知道此類成員可能不想與團體討論他們的情況。尊重可能使成員冷靜下來，而引導成員對帶領者與其他成員顯示出尊重。

2. 允許成員表達被強迫參加團體的不愉快。在許多個案中，表明下列的感覺是有幫助的：「你對出現在這裡有些不愉快，是很能體會的——換個角度，我也會跟你一樣，不想在這裡。如果我們先聽聽你被強迫到這裡所關心的事情，可能會有幫助。」讓他們把他們的關注表達出來有冷靜下來的效果。

3. 允許成員把他們的關注講出來，也可以產生讓帶領者協助成員努力的目標。例如，如果一個成員是因為他為了管教行為而對孩子施暴而來此團體，帶領者可以說：「我知道你想把最好的給你的小孩，所以才管教他——不過，無論如何，傷害了小孩是無法被接受的。我想如果我們可以找到一些變通的策略，像讓 Timmy 有反省的時間或生氣管理技術？」**與非自願的成員相處的一個重要內涵，是建立對他們有個人意義的目標**。帶領者應該限定帶領者為非自願成員的目標在合法的範圍，然後加入成員期望的目標。此處的策略是希望找尋個人與合理目標間的共通處。重新定義問題，以一種適切的方式討論成員與轉介來源間的問題，可以減低成員的抗拒而達到可運作的協議。

4. 運用解除武裝的技術（在第六章有更多的細節），包括發現非自願成員所說的一些事，即使帶領者覺得大部分是錯的、不合理的、不公平的或不合理由的。通常都會發現一些事實。當帶領者以尊重的方式讓成員解除武裝後，會使他們更願意合作。此技術也促進開放溝通。

5. 不要讓你自己接受到太多的口語暴力。如果有敵意的成員變得有語言暴力，把一些事物的接觸延緩，如「先生，我尊重你，相對的我也有權利受到尊重。我看我們現在沒有任何的交集，讓我們等到下一次聚會再來討論此議題——到那時候，我想我們應該可以比較冷靜地討論此問題」。

6. 如果成員在接著的聚會中持續使用語言暴力，帶領者應該與成員的督導見面討論可能的方式——如結束此成員在團體裡的參與。

開始集會前的放鬆

在集會開始前，你會為此集會的進行感到緊張。有一些焦慮是有幫助的，因為它會讓你有心理準備而提升你在此集會中的溝通內容。但是有一些帶領者有太大的焦慮，反而減低他們的效能。如果你有太高的焦慮，你可以藉由參與使你放鬆的活動來減低你的焦慮。放鬆的技術是建議使用的（見第十章）。其他的建議包括散步、慢跑、聽可以讓你放鬆的音樂、找一個安靜可以讓你放鬆澄清你的想法的地方。有效的團體帶領者通常會學一些可以降低他們焦慮的技術。透過在領導團體的練習，你會慢慢建立你的自信。

進入會談室的線索

身為帶領者很重要的是要準時——或許可以再稍早一點到達。因為到得早可以檢視事物是否已經就位。你可以做那些需要做的事——如看看餐點是否已備妥（如果有計畫提供餐點），清潔黑板，依你的需求來安排座位等。

早一點到也給你觀察團體成員心情的機會。如果那是一個你之前沒碰過面的團體，讓你早一點到來蒐集一些成員的興趣與訊息，如年齡、性別、服裝和

個人的外表、交談及他們彼此互動的方式。一個有效的帶領者觀察這些線索，就會發現一個參與成員的方式。

 ## 座位安排

座位安排的重要性有幾個理由。它會影響到談話的對象及影響到扮演領導者角色的人。因此，它可以增進團體的凝聚力與道德。

讓成員彼此能有眼神的接觸是大部分團體中重要的事。更重要的是，帶領者必須能夠與每個成員有眼神的接觸，以便從成員的肢體語言中了解到他們的想法與感受。圓形的座位安排有助於討論的產生，給每個成員有平等地位的感覺，也可以提升團體的開放度與凝聚力。

當團體第一次見面時，成員會與朋友坐鄰座。重要的是，使團體的每一個成員都可以與他人互動，也許可以請成員坐在他們不認識的人旁邊，以排除任何小團體的產生，鼓勵成員認識彼此。

介紹

在介紹期間，帶領者的資歷應該以一種可以讓成員對帶領者帶領團體的能力感到有信心的方式來摘要介紹。如果帶領者是由他人來介紹，一個帶領者在此團體的**預期角色**及其經歷可以有一個簡要的總結。如果帶領者是自己介紹自己，要以一種不驕傲的方式來介紹自己的資歷。介紹的方式也要以一種可以建立預期氣氛的方式——正式或非正式，有趣或嚴肅的方式。一個好的介紹方式是使用破冰活動。

在與團體見面時，快速地記住成員的名字是重要的。這個需要帶領者更多的注意。名牌可以提升此歷程的效果。成員如果被叫出名字會很高興——它傳達出成員是很重要的訊息。

由成員自我介紹是有助益的，或許可以運用破冰活動。在介紹時，可以請成員說明對團體的期望。此有助於發覺潛在的議題。如果期待是超出團體範

圍，帶領者要技巧地陳述與討論，以避免不實際的期望變成是成員挫折與不滿意的來源。

在治療團體中（如個別諮商）會有兩種型態的成員——自願者與非自願者。在自願的團體中，催化者可以採行更平常而非指導性的途徑來開始。在此種團體中，催化者可以與成員交談來開始。一開始的閒談可以是天氣、停車問題、棒球、新聞中的事物等。非正式的會話有讓團體成員變得與催化者與其他成員熟悉的好處。

在其他非自願團體中，催化者可以由介紹自己及正式的說明團體的目的開始。然後請成員介紹他們自己。一般來說，在非自願團體中，比較少依照成員的意願，因為他們動機比較低，也對團體的成功較少承諾。

對於一些自願性與非自願性的團體，有時候在開始時提供一些事實性的訊息是有幫助的（自我介紹之後）。這可以由帶領者簡單的報告或放一段簡短的錄影帶。例如，當團體成員是因為酒駕而到團體來的非自願性團體時，帶領者可以選擇放一段真實的影帶，來說明酒精使用增加，反應的時間變慢，而發生嚴重意外的機率也增加。像這種事實性的資訊可以設計來作為教育的教材，也可以作為討論前的刺激。在事實性資訊呈現之後，如果能安排與此教材有關的團體活動，有時候是有用的。

如果團體在之前曾見過面，帶領者可以選擇以討論一個上次未充分討論的主題作為開始。或者如果有家庭作業的指定，帶領者可以說：「Jim，上次聚會時，說到你即將做的事……現在進行得如何啊？」

角色澄清

帶領團體時，必須清楚地了解自己的角色與責任。在大部分的情境中如果帶領者做大部分的事是錯誤的。團體中如果成員能夠有較多的貢獻是會更有生產性的。成員貢獻愈多，他們在心理上愈覺得是團體的一分子。

助人者治療原則是在團體中可運作的。持有此原則，成員有時候也互換角色，成為某人問題的協助者。在助人者的角色中，成員因助人而接受到心理的

回饋。團體也幫助成員在了解其他人的問題和他們的一樣嚴重時，會把他們的問題提出來。

11.3 練習 助人治療原則

目標：協助你了解助人治療原則。

1. 描述你曾經放下你手邊的事去幫助某人的經驗。

2. 在心理上你覺得在幫助別人以後對你自己有什麼感覺？

即使你很清楚你喜歡自己的角色將是什麼，其他的團體成員可能對你的角色不清楚，或者對你有不同的期待。如果其他成員對你的角色感到迷惑，要清楚地說明你對你的角色的知覺是什麼。如果成員顯示他們有不同的期待，就必須花時間來澄清此指定帶領者與其他成員的角色與責任。

在解釋你所知覺的角色時，可以直接把你的技能與資源說出來。一般來說，你要成為一個知識豐富的人，而不是一個可以找到所有答案的權威者。

準備好解釋你所做的事情背後的理由。例如，如果你帶一個活動，要告知成員此活動的目的（如果有是否活動目標符合團體目標的問題出現，準備好以提供解釋）。

帶領者假設自己在團體中的角色可能會因情境而有所變化。例如，帶領一個有飲食失調問題的青少年團體的責任，和一個在庇護所的受暴婦女的自信訓練團體，就有很大的差異。

記得領導是一種責任的分享。每一個成員有時候應該擔任領導者的角色。指定的帶領者不應該掌控所有的團體，也不應該以為他們要為指導所有任務功能負全責。事實上，團體的凝聚力與生產力是因為每個人的貢獻逐漸增加的。

建立關係

催化者會試著建立一種團體氣氛，讓成員覺得被接納，而且足夠安全讓他

們完全地溝通他們的問題。在最初的接觸，催化者以一個有知識的、了解他人而且能夠幫助他人，也願意嘗試的形象來推銷自己。催化者說話的語調傳達出他是了解與關心團體成員感受的。當成員說出他們的問題時，催化者是冷靜而且從不會笑成員，也不會有很意外的感覺與表現。情緒的反應即使是小的，也會讓團體成員覺得催化者將不會了解他們的困難，而停止討論。

　　一個知識豐富的催化者視團體成員為平等的。新的催化者有時候犯了思考的錯誤，當成員告訴他們秘密時，催化者常以一種比較優越的角色來總結。如果成員覺得他們被視為是低下的，他們會更沒有動機來討論他們的個人議題。

　　催化者應該用一種分享的文字與成員分享。這並非說催化者應該使用與團體成員一樣的俚語和同樣的語調。如果個案知覺到催化者是在模仿他們的語言型態，他們可能覺得嚴重防衛。為了有效地溝通，催化者應該使用成員了解而不會防衛的語言。

　　催化者與其他團體成員應該對成員所說的加以保密。不幸的是，許多人都有近乎不可抵抗的激動，想要趕快把一些事情告訴他人。如果團體成員發現保密性已經被摧毀，那成員對團體的信任很快就會瓦解。重要的是催化者必須解釋此規則的重要性：「在團體中所說的，就只保留在此團體中」。

深度地探討問題

　　在深度地探討成員的問題時，催化者及團體成員檢視問題的範圍、問題存在的時間及問題的原因、其他成員對此問題的感覺，及成員在探究變通方法前，要解決此問題需要有什麼樣的能力與優勢。問題領域通常都是多面向的，也就是說，通常一個問題中還包括許多其他的問題，所以要探究它的所有問題。決定先討論哪個問題的方式，是問成員哪一個問題是他覺得最緊迫要解決的。如果它是一個可以解決的問題，開始深度地探討它及發展解決的辦法。成功地解決問題可以增進每一個團體成員對帶領者的信念，而改善關係。

　　催化者應該傳達**同理**但非同情，鼓勵團體成員也如此做。同理是一種了解與分享他人的理解力。同情也包含感覺的分享，但是它只是提供憐憫。此差異

是很小的。同理通常鼓勵問題解決，而同情則會讓團體成員只是思索問題，卻沒有採取行動改善此情境。例如，如果一個帶領者對一個沮喪的成員表達同情，那個成員就會不斷地重述他的悲傷故事一次又一次，每一次都會有因催化者的憐憫而有的情緒傾倒，而沒有採取任何改善的行動。重複地述說故事只是重新打開舊的傷口及延長傷痛。

催化者應該相信他們的直覺。催化者最重要的資源就是他們的感受與知覺。催化者應該把自己置於成員的角度，理解成員的價值與壓力與帶領者有所不同。一個團體的帶領者絕不可能百分百正確地評估個案的壓力、問題及觀點，但是通常有 70% 至 80% 就足夠讓催化者變成是有助益的。同理在幫助催化者決定哪些其他領域必須再探索、應該說什麼及哪一種解決方法是有效的是很有幫助的。

當催化者相信個案已經接觸到他關注的重要領域時，進一步的溝通可以許多方式進行。例如以非語言的方式（持續的眼神接觸、靠近一些、興奮地揚眉）顯示願意聽他的進一步分享。允許暫停是重要的。新的催化者遇到團體出現沈默沒有人說話時會有些焦慮。這通常是錯的，特別是當它使主題轉換時。雖然暫停可能使成員覺得焦慮，但也是一個機會使成員思考他們最重要的關注，而且也通常會激勵成員繼續那個相關領域的會話。

中立的探究不會掌控對話的方向，但是對鼓勵進一步的溝通是有幫助的。例如：「可以告訴我多一些嗎？」「為什麼你會那樣覺得？」「我不確定我是否了解你心裡所想的。」這些都是邀請分享進一步訊息的方式，但是哪一個有效就要看成員本身。反映感受——例如，「你好像生氣了」或「你好像對那件事感到失望」。在你的反應中，總結成員所說的內容不但顯示出你的傾聽，也顯示你已經接收到成員所發送的訊息。例如，「在過去一小時中，你對你的配偶有多次的批評，聽起來好像你對你的婚姻的某一個特定面向有一點不愉快。」

機智地處理社會上較無法接受的議題。機智是一個有能力的催化者的重要特質。試著不要問那種讓回答者感到難堪的問題。

當指出團體成員的一個限制時，也要提到及讚美成員的某一些優點。當提到限制時，此人將會覺得好像有些東西被掏空或被拿走。因此，要讚美他的其

11.4 練習 在治療團體中運用機智

目標：此練習在幫你以機智處理成員必須覺察的事情。

個案（George）是一個你正在帶領的治療團體的成員。George 最近取得工程碩士學位。他已經有多次應聘工程工作的經驗，但總是他人被錄用。George 有一些不好的習慣和體臭。你的社區有工程工作的機會。你和其他團體成員已經試過所有的解釋——George 沒有被雇用，可能是因為他沒有打扮的習慣。具體地描述你可能針對 George 的打扮習慣說的話。你會在團體中還是私下處理 George 的問題？

他領域來鼓勵他。

　　一個有能力的帶領者會注意非語言的線索，並且用它們來處理敏感的話題，因為個案都會改變他們的音調、坐立難安、打呵欠、僵硬的姿勢，顯示他們的焦慮。一些帶領者宣稱他們可以由一個成員瞳孔放大來判斷。

　　催化者應該要誠實。一個謊言可能被拆穿。如果發生，這個團體成員對催化者的信心將嚴重地摧毀，而且也會嚴重地危及關係。要誠實就是不要說謊。例如，催化者應該指出成員不指正的缺點。如果個案是因為不好的穿著習慣被革職，這個問題必須獲得個人的注意。

探究變通的解決方案

　　在問題深入探討以後，第二步就是考慮變通的解決方案。催化者開始問這類的問題，如：你是否曾經想過解決的方法？之後成員所想的變通方案的優點、缺點和結果很技巧地加以檢視。接著，催化者問其他成員是否也有其他的變通方案適合此情境？那些提出變通方案的人先稱為「助人者」。助人者治療原則在成員接受來自於幫助他人的心理回饋時開始運作。如果催化者有其他可行的變通方案要建議，也必須之後提出來。接著成員和催化者很謹慎地探究所

想的變通方案的優點、缺點和結果。

團體成員通常有權利自我決定，就是從可行的變通方案中選擇一個行動的路徑。催化者的角色是協助個人澄清與了解每一個可行變通方案的可能結果，但是不給建議或為他們做選擇。如一個催化者為成員選擇變通方案，會出現兩種可能的結果：(1) 此變通方案可能未符合成員的期待，而使得成員埋怨催化者的選擇，而彼此的關係可能受到傷害。(2) 也許此變通方案是成員所期望的，在短期間是有利的，但是以後成員可能會很依賴催化者為他們所做的每一個決定，而變得自己不願意做決定。

不要給建議的原則是指催化者應該提供建議，但不能堅持個案自己未列入考慮的變通方案。為個案提供建議與探索各種可能的變通方案，是催化者的責任。一個遵循的原則是，當催化者覺得個案應採取某一特定的行動路徑時，要把他當成是建議──「你曾經想過……？」──會比忠告如「我想你應該……」合適。

團體治療是和團體成員**一起**完成的，而不是**為**他們完成。每一個成員對於改善情境的必要任務都要分享一些責任。一個遵循的原則是每一個成員應做一些他有能力實現的事情。**為**成員做事，與給予忠告一樣，有可能產生依賴關係的危險。個案如果成功的完成任務會促進個人的成長，也有利於他們在未來承擔更多的責任。

成員的自我決定權利只有在他們選擇的行動方向可能嚴重地傷害到他自己或他人時，才可以被取代。例如，如果團體成員想要結束他的生命，催化者應該介入（如果自殺的可能性很高，催化者應該為成員安排住院精神治療），即使成員拒絕此種介入。在大部分的情境中，即使催化者覺得有其他更好的方案，但團體成員還是有權自我決定他的行動方向。經常個案對他自己的情況比較了解，知道什麼是對他比較好的，即使他的選擇呈現出的結果不好，也可以從錯誤中學習。

當團體成員選擇變通方案，應該很了解目標是什麼，要進行哪些工作，如何完成這些工作，誰來完成。通常都會期望立一個契約作為未來的參考，也設定完成的時間與期限（方塊中「建立契約的原則」顯示如何與個案建立契約的

建立契約的原則

社會工作實踐契約設定須達成的目標及達成目標所需要完成的任務。此外，契約設定特定工作完成的期限及確認工作成功完成的回饋。契約是催化者與一個或數個個案間一起達成特定目標的承諾。建立一個外顯的契約對個案的正向成果是直接相關的。

契約以大綱的形式呈現，必須包含以下內容：

1. 預定完成的目標（以優先順序排序）
2. 個案與催化者需要完成的任務（這些任務必須直接與目標的達成有關，所以任務的達成就是目標的達成）
3. 完成任務的時間表
4. 完成**目標和任務**的進度的監控策略
5. 完成契約的回饋
6. 個案如果沒有完成契約的不利結果

有些催化者偏好書面的契約，但有些人偏好口頭的。書面的契約強調個案與催化者對契約的承諾，也把誤解的危機減到最低。口頭的契約則可避免書面契約的空泛。

口頭的契約在預定目標的達成上與書面契約效果一樣。如果催化者選擇使用口頭契約，催化者仍該在筆記本中記錄契約的重要要素，以為未來參照。

形成有效契約最難的一個部分，就是催化者與個案一起設定目標。目標界定個案所要達成的，所以必須與其需求、想望或個案遇到的問題直接相關。目標有以下重要的功能：

1. 目標可用來確認催化者與個案對預定目標的協議。
2. 目標提供協助歷程的方向減少不必要的摸索。
3. 目標引導聚焦於達成目標的適切任務（與介入方案）的選擇。
4. 目標可作為評鑑任務（與介入方案）完成程度的成果規準。

設定目標的原則包括：

1. 目標必須與個案預期的結果相關。個案必須相信完成這些既定的目標可以改善他的生活。因此，治療者需要請個案一起參與目標選擇與界定的歷程。
2. 目標應該以具體及可測量的方式來敘述。模糊的目標（如個案在情緒上更能控制自己）不夠特定，容易讓個案在受助的歷程中迷失或偏離目標。一個具體的目標（如，當個案與母親有衝突時，個案會以自信而非攻擊性的

態度表達他生氣的感受）是更明顯的。此外，精確的目標是可測量的，但模糊的目標則否。個案的母親（或他人）可以監控一個特定時間內的次數，比較他自信的表達生氣與具攻擊性的表達次數。個案常傾向於訂定較模糊的目標，所以治療者必須協助個案以一種具體而可測量的方式來訂定目標。

3. 目標要具有可行性。無法達到的目標會讓個案感到挫折，導致失望、理想破碎與被打敗的感覺。目標的選擇必須是個案可以達成的。對於那些有誇大目標傾向的個案，催化者必須技巧地協助他們降低他們的期望到合理的可達成的目標。

當與個案設定可行的目標之後，催化者應該用自己具有的技能與知識方面協助個案朝向目標。如果目標是超過催化者的能力範圍的（如協助個案克服複雜的性失調的問題），催化者有責任把個案轉介到社區中更適當的資源。

一旦個案已經設定了目標，最後一個協調目標敘述歷程的步驟是給予目標的優先性。此步驟的目的是要確定最重要的改變成果，也是對個案來說最重要的。

以下的例子是契約建立的例子。

我們先敘述背景資訊。Ray 和 Klareen Norwood 是一對已經結婚三年的夫妻。他們參與了一個有四對夫妻和一位催化者的治療團體——團體的焦點是改善他們的婚姻關係。Klareen 說她逐漸害怕 Ray 的脾氣爆發。當 Ray 生氣的時候，對她會有肢體與語言的暴力。目前他還沒有傷害到 Klareen，但她怕當他們爭執時，他的攻擊性會愈來愈嚴重而打她。Klareen 希望能和 Ray 分開，她已經與律師討論離婚的事宜。但是夫妻雙方都提到希望能維持他們的婚姻。治療者與其他團體成員協助這對夫妻建立以下的契約：

目標：(1)Ray 要停止對 Klareen 的肢體暴力，而且在三十天內要減少至少三分之二的語言暴力事件（此目標列為首要目標）。(2) 此對夫妻在未來要開始討論如何扶持此家庭（此列為第二個目標）。Norwood 夫妻都同意此次先不要討論這個目標，因為 Klareen 要先決定她是否要維持婚姻。

參與者的任務：

催化者：催化者要教 Ray 控制怒氣的技巧，包括 (1) Ray 要學習以肯定而非攻擊性的方式對 Klareen 說話；(2) Ray 要學習藉由合理與正向的自我對話，對抗怒氣背後的負向與不合理的自我對話，來減少他怒氣爆發的強度和頻率；(3) Ray 要學習如何以深呼吸放鬆來處理

他生氣的感覺（見第十章）；(4) Ray 要學習生氣時如何以非破壞性的方式來處理怒氣，如慢跑或打枕頭（見第十章）（很有趣的，其他的團體成員也表示他們想學習這些控制生氣的技巧）。

Norwood 先生：他的主要任務是使用這些技巧來停止對 Klareen 的肢體暴力，及明顯地減少對 Klareen 的語言暴力。三十天以後，如果 Norwood 成功了，再協調契約的內容。

Norwood 太太：要能冷靜地與 Ray 討論彼此間的議題（在治療團體裡與之後），以避免激起 Ray 的怒氣。Klareen 也有責任在未來的三十天內記錄 Ray 的肢體與語言暴力的事件。

契約的效期：三十天

監控進展的方法：Klareen 將記錄 Ray 對她以肯定或非破壞性的方式表達他的怒氣的事件（這是用來測量 Ray 已經學會的正向地表達情緒的方式）。Klareen 也記錄 Ray 以肢體與語言暴力對她的每一事件。

達成契約的獎勵：可以維持他們的婚姻，也是雙方都期待的結果。

如果契約沒有達成的後果：如果 Ray 在三十天內有一次打 Klareen，她就會離開。如果 Ray 沒有在三十天內降低三分之二的語言暴力，她也會離開（要取得基礎線的資訊，Klareen 要在過去的一週記錄，結果有九次語言暴力。所以，Ray 同意在之後的二十八天不能有超過十二次的語言暴力，如果超過十二次，Klareen 就會搬去和她的父母住）。

方式）。

如果團體成員無法達到契約上的條款，催化者不能加以批評或接受其理由。藉口會讓人逃離目標，它提供了暫時的放鬆，但會逐漸地引導至更多的錯誤。所以只要簡單地問：「你仍然希望嘗試完成你的承諾嗎？」如果他很肯定地回答，另外一個完成期限就可以再設定。

決定個案的情境是否有所改善的一個重要因素，應該是個案實踐重要任務的動機，所以催化者的工作就是要激勵那些缺乏動機的個案。一個增加成員動機的方法是去澄清，如果達到目標可以獲得的是什麼。當個人完成承諾時，催化者一定要給予回饋，口頭上的或是其他方式。絕對不要因為失敗而批評成員。批評通常會增加敵意，且很少導致積極、持續的改變。而且，批評只是獲

得另一種行為的短暫方法，如果成員覺得他不再順服，可能會回過頭來以攻擊的行為來反擊。

如果團體成員缺乏自信與經驗，在成員實際進行任務前先做角色扮演是有助益的。例如，如果一個懷孕的單身婦女希望別人協助她如何向她的伴侶說懷孕的事，此時在團體中的角色扮演將有助於此婦女選擇文字及發展合適策略。催化者或另外一個團體成員扮演婦女的角色，示範一種途徑，讓婦女扮演她的伴侶的角色，然後互換角色，讓婦女扮演訴說者的角色。

團體發展的階段

團體帶領者必須了解到治療團體有一些發展的階段。一個了解發展階段的模式是在第一章提到的 Garland、Jones 和 Kolodny 的模式。這些階段將在此簡要地重述一次。

成員之間的情緒緊密性是此模式的重要焦點，且反應在五個團體成長階段中的反省：入會前期（preaffiliation）、權力與控制、親密（intimacy）、區別（differentiation）與分離（separation）。

在第一個入會前期階段，成員對於參加團體與否有些不確定的感覺，而互動顯得較為謹慎。成員常常透過接近及避免等行為，來試探他們是否真正想要加入此團體。因為新情境對成員來說總是有些威脅性，成員會試著保護自己不要受到傷害，或是能從團體中有所收穫；成員會保持一定的距離，及試著在沒有太多風險的情況下，從團體中得到他們想得到的。雖然成員知道加入團體可能有一些要求，有時會讓自己覺得挫折，但他們仍然被團體所吸引，因為他們從其他團體得到肯定及滿足的經驗。這些先前的正向經驗遷移到新的團體。在第一階段，帶領者試著藉由各種策略來使團體盡可能地吸引人，包括允許及支持距離的存在，很溫和地營造互信，鼓勵對物理與心理環境的探索，提供活動及建立團體的結構。當成員開始覺得在團體中安全、自在且視團體的回饋值得讓自己投入時，這個階段即逐漸結束。

在第二階段的權力與控制，團體的特質逐漸形成。溝通的型態、結盟及次

級團體開始發展。成員自己承擔角色及責任，建立管理團體任務的規範及方法，會開始問問題。雖然這些歷程對於進行會議是需要的，但是它也會導向權力的爭執。其間每個成員都希望能獲得最大的權力來獲取團體的獎勵及滿足。此時，成員覺得團體對他們來說變得愈來愈重要。第二個階段是轉變的，包括一些需要解決的基本議題：團體或帶領者是否有控制權？團體與領導者的權力的限制爲何？在什麼範圍內，帶領者可以運用他的權威？這種不確定導致焦慮，也會造成成員測試團體的限度與團體與帶領者建立權威所訂的規範。反抗並非特例，且此階段的中途退出率通常是最高的。面臨這些衝突時，帶領者應該 (1) 幫助成員了解權力爭執是團體發展的一般歷程；(2) 給予成員情緒上的支持，以助其平安度過此不確定的不愉快；(3) 解決出現的議題；(4) 協助建立處理不確定性的規範。當團體成員相信帶領者可以維持權力與控制分享的平衡狀態，當信任達到時，團體成員就會決定投入，而變得願意參與團體。

第三階段的**親密期**，親密關係的喜好被表達出來。團體像一個家庭，像兄弟間的競爭關係會顯現出來，有時帶領者就像父母親一樣。感情的表達及討論更開放，團體則被視爲是成長與改變發生的地方。成員可以自由地檢視及努力改變自己的態度、關注與問題，也會有一種協調統一的感覺。成員努力探索與改變個人生活，也檢視團體的內涵。

在第四個**區別**的階段，成員可以試驗新的或變通的行爲模式，因爲他們了解自己的權力與需求而且可以更有效溝通。領導是分享的，角色更具功能性，組織本身更有效能。權力問題變得比較小，決定的確認比較少情緒化且更客觀。這個區分的階段可類比爲健全的家庭。家庭中的成員已經長大成人，且成功地找到他們想要的生活。彼此的關係經常可以維持平等，成員相互支持，也可以以更理性及客觀的態度來對待彼此。

最後一個階段是**分離**。團體的目標已經達成，成員也學到新的行爲模式，可以使他們推進其他的社會經驗。終止通常不容易做到，因爲團體成員可能不願意繼續前進或是呈現倒退的行爲，來延長團體的期間。成員可能在團體試圖終止時，表達出他們的不悅及心理的否定。帶領者在這個階段要能讓團體結束。帶領者必須協助成員評鑑團體的優缺點，解決他們對團體結束的擔心與不

安，確認他們將來有問題時可尋求的資源，及協助成員了解他們的優勢和能力來處理未來的挑戰。

 結束一次集會

　　結束通常不是容易的。理想上，催化者與團體成員都能接受一個事實，就是集會結束，被討論的主題不能留在那裡。突然的結束會讓團體成員覺得不禮貌與拒絕。

　　有一些結束治療會議的原則。在此次聚會的一開始，先為聚會的結束做最初的準備。明顯地告知成員此次聚會即將結束的時間。除非發生不尋常的事情，帶領者應該肯定地在聚會結束的時間結束團體。當分配的時間快到時，催化者告知團體成員說：「我看我們的時間快到了，有沒有任何事情在我們回顧今天所做的事情及未來要做的之前想要加進來的？」

　　在聚會中把討論的重點做一下歸納是有助益的。如果此次的聚會是探討成員所提出的問題，下次的聚會就可以把焦點放在問題的進一步探討與變通的解決方案的討論。

　　在兩次聚會間可以給成員一些指定的作業。一對在溝通上有問題的夫妻可以被鼓勵設定每個傍晚的時間來討論他們的想法。在下次的聚會中可以看一下作業完成的情形。

　　理想上，團體成員在聚會結束時情緒上是很放鬆的，所以催化者不適合在聚會結束時再介紹情緒方面的內容。在聚會開始時來一個小的交談，有時是被建議的，在聚會的最後有一個短的社會會話，對此次聚會提供一個轉換的作用。如果一個團體成員顯示出不願意結束此團體，可以直接面對他說：「我了解到的是，你期望我們有更多的時間。」而此人不願意結束的原因之後可以討論。

　　有時候，團體聚會的結束可以重申催化者與成員都同意的方式來進行。或者可以由帶領者把已經討論的、已經做成的決定、待解決的問題及應該採取的行動等做一個總結。一個比較不同的途徑，是請成員分別說出一項今天已經討

論或學到的事項，或是計畫要做的事。一些治療團體的結束是讓成員把不好的感覺留下來，而帶一種好的感覺回家在未來的一週行動。

有時候一些略微提及卻未充分討論的問題，可以在結束時提及，作爲下次聚會討論的議題。有些成員在聚會將結束時，會把他們最嚴重的問題提出來，或許是因爲他們對於是否已經準備好要與團體一起探討他們的關注感到矛盾有關。在這些例子中，催化者要對於是否延長此次聚會時間，或是安排私人的會晤來討論這些關注，或是等到下次的聚會再討論等，做專業判斷。

有時候以一種放鬆的活動來結束一次的聚會也有幫助（在第十章有討論）。放鬆活動不只是幫助成員放鬆，而且可以減低壓力的程度，使他們更客觀地面對他們的問題。

結束是非常重要的，因爲最後階段所發生的通常會決定成員對整個聚會的印象。留下足夠的時間來做結束，才不會使成員覺得有點趕，好像成員被驅趕一樣。

結束一個團體

團體的結束階段通常爲強而有力且重要的工作提供最大的潛力。團體成員知道團體時間將結束時，可能有一種緊急的感覺，而此可引導他們顯露他們最敏感與最個人的關注。因爲剩下的要完成的工作在此時都已經清楚地界定，成員可以盡力來完成它。此階段的動態關係可能被強化，因爲成員已經準備離開彼此，而團體的結束可能激起成員間的強烈感覺。

如果團體成員彼此間的親近性已經建立起來，團體的結束可能會被解釋成是一種失去而產生許多情緒。Kübler-Ross 的情緒反應階段提到，成員在團體結束時感到失落，與人對其他重要者失去的反應類似，包括成功的和凝聚的團體在內。成員可能藉由忽略團體即將結束，生氣和憤怒、傷心與失望等方式，來表達他們對團體結束的不願意。他們也可能會以各種方式來要求延長團體的時間，例如請團體處理其他問題。理想上，成員都會討論及處理此種情緒，逐漸地接受團體的結束。

其他情緒也可能顯示出來。一些成員可能覺得自責，因爲他們曾經做了負面的批評，或因爲他們覺得他們沒有採取有利於自己和他人的特定行動。如果一個成員過早離開，其他成員可能會覺得是團體讓他失望。成員可能會想分享他們對團體結束後所失去的支持系統的感覺。如果特定的成員想要團體繼續，他們可能把團體的結束解釋成個人的拒絕。另一方面，成員覺得團體很成功的人可能會希望有一個慶祝會來彼此說再見。

在許多方面，結束的那一次聚會對催化者與團體成員來說都是困難的。常會有強烈的情緒產生，而且必須討論與處理。成員已經形成一個分享的關係，分享他們非常個人的問題、感覺與關注。我們的社會並沒有給我們很多有關離別的訓練。事實上在我們的社會中的很多部分都有一個規範，就是不要把感覺表達出來。

催化者可以透過很多方式來幫助成員接受團體的結束。一個團體的結束歷程應該在團體的早期階段。此原則對有時間限制的團體特別重要。催化者應該試著不要讓成員與催化者之間形成依賴的關係。此目標是獨立的且應發揮功能，也要利用團體聚會的適當時機重新提醒。

催化者可以歸納成員在團體結束時可能有的情緒反應。當成員表現出否定、生氣、自責、討價還價或是傷心時，是一個討論的適當時機。當討論這些感覺時，催化者可以分享個人的感受與往事，因爲團體的結束對催化者而言也是有意義的。催化者可以提供一個可能幫助成員表達他們對團體結束的正負向關注的模式。問題解決的策略可以用來減低關注。例如，如果一個團體成員憂慮未來的問題，催化者可以提供此成員一些其他諮商的管道。

結束的歷程要有足夠的時間讓催化者與成員處理他們的感受，且充分運用結束時間。突然的結束縮短了必要工作的時間，可能沒有足夠的時間讓成員處理他們的感受與完成剩下的工作。有時候成員會以遲到、不情願地出現、嘲笑的或爲小事爭執，間接地表達他們的生氣。在這些情境中，催化者應該直接針對這些間接的線索直接反應，說：「我不太確定你最近的批判言行是否與團體即將結束有關？我知道你對這個團體很有興趣，不希望我們的團體結束。」藉由幫助成員認識與表達他們的感受，催化者可以幫他們表達及處理他們的感

受。一旦此種感受處理之後，成員在剩下的團體時間裡就可以更有生產性。

　　在團體將結束時，成員可能測試新技能及獨立的工作。他們可能說他們已經解決一個難題，或自己處理了一個議題。催化者應該鼓勵他們的獨立，且對成員的能力給予正向的評價。

　　有時，催化者可能是離開團體而接其他工作的人。在此種情境中，催化者應該有合適的轉換活動。如果可以的話，可以請成員參與一起選擇新的帶領者。如果能讓之前的帶領者和領導者一起共同帶一段時間，會更有幫助。

　　團體的結束是其他事物的轉換。團體結束階段的重要元素，是與所有成員一起努力來幫助他們發展一個計畫，使他們朝向新的目標前進。這個轉化活動不是要使成員停止而是要幫他們進步。要注意到生活中是充滿變遷與通路的：從幼兒早期到幼稚園；從幼稚園到小學；從兒童到青春期；從青春期到約會期；從學校到工作世界；從單身到結婚；從只要為自己負責任到成為父母親；從工作到退休。在轉換的階段，我們有潛能為選擇而影響我們的未來；我們所做的選擇與努力決定此轉化對我們是建設性或傷害性的。協助成員去做一個具生產性且實際的未來計畫，是許多團體結束階段的目標。

　　在團體結束的歷程中，催化者從成員那裡了解他們對團體改進的回饋是很重要的。此種做法常是請成員在最後一次或前一次的聚會中，填一個簡單的評鑑表。此評鑑由成員匿名填寫。以下的問題可以應用在許多種治療團體。問卷的前七題以五點量表來填答：(1) 非常不同意，(2) 不同意，(3) 無意見或不確定，(4) 同意，(5) 非常同意。

　　1. 我對團體所達成的感到非常滿意。　　　　　　　　1　2　3　4　5

　　2. 我的個人目標在團體中已經達到。　　　　　　　　1　2　3　4　5

　　3. 我非常幸運成為此團體的一員。　　　　　　　　　1　2　3　4　5

　　4. 催化者在團體的領導中表現非常好。　　　　　　　1　2　3　4　5

　　5. 這是我曾參加過最有收穫的團體之一。　　　　　　1　2　3　4　5

　　6. 透過團體的參與我成長很多。　　　　　　　　　　1　2　3　4　5

　　7. 參加此團體已使我在解決個人的問題上有很大的進步。 1　2　3　4　5

接著的三個問題是開放題：

8. 此團體的優點是：

9. 此團體的缺點是：

10. 對此團體改善的意見是：

最後一次的團體聚會，也可以請成員討論他們來團體所獲得的、團體的優點及改善的意見。成員應該有機會談到未完成的工作。在一些案例中，會有一次延伸的聚會來完成未完的工作。

最後的重要建議在此提出。有時，催化者會把個案轉介到其他團體或催化者，或與其他專業催化者討論成員的問題，其理由可能是：(1) 催化者覺得他沒有辦法同理那個成員；(2) 催化者有嚴重的個人困難去接受成員選擇他覺得很不恰當的變通方案（如持續對家中成員施暴）；(3) 成員的問題是天生的，所以催化者覺得無法透過治療來協助；(4) 工作關係不是與成員一起建立的。一個有能力的催化者知道他可以幫助一些人但不是全部。轉介成員到其他對他有幫助的地方，是站在最好的考量點。

協同催化的團體

雖然很多情境沒有足夠的資源允許兩個帶領者來帶領一個團體，但有一些方案能負擔得起此種團體型態。許多實習學生也給予此機會，與機構中的同業教師或其他專業人員一起帶領團體。協同催化者途徑有一些優點如下：

■ 每一個催化者都可以透過一起工作，觀察彼此學習。

■ 團體成員可以從兩個催化者學到不同的生活經驗、洞見與觀點。

■ 兩位催化者可以互補，對團體有利。

■ 兩個催化者可以針對團體聚會中的討論與議題的處理彼此回饋。

■ 兩個催化者可以作為團體成員溝通與尊重的典範。

■ 如果兩個催化者中一個是男性，另一個是女性，在處理團體成員間性別的議題、界限時，能更有效地面對、探討與解決。

■ 當一個催化者在處理另一位成員問題時，另一位催化者可以看其他成員如何反應。

■協同催化的模式提供一定的安全感，尤其是催化者是第一次帶領團體時，因爲生手團體催化者會經驗到質疑與焦慮。當在第一次的團體中與一位你尊重與信任的共同催化者面對時，會讓最初像是困難的任務變成是愉快的學習經驗。

必須注意的是，如果兩位催化者無法建立及維持有效的工作關係，合作帶領一個團體將會產生不利的因素。爲了發展有效的工作關係，很重要的是兩個催化者要互相尊重。兩位催化者可能有一些領導風格的差異，也不一定總是同意或分享同樣的感覺與詮釋。不過有相互的尊重，他們就能溝通及討論這些差異，彼此信任，合作地工作而非競爭。如果兩人間缺乏尊重與信任，成員會感覺到團體的不和諧而有負面的影響。兩個無法相容的催化者之間的權力爭執，可能使團體分成兩部分。兩個催化者之間的摩擦可能變成其他成員的負面示範，而潛在地或口語間傷害彼此。

團體帶領者應該從那些可以互相合作與無法互相合作的人學習。即使是安全的、有能力的與有經驗的催化者尊重他人，也有可能無法有效的與風格衝突的人一起工作。例如，一個覺得應該針對成員所提的問題快速地給予答案及提供許多建議的人，可能會和一個相信成員在找尋及達成他們個人議題的答案時的成長是最佳的學習的人，有所衝突。如果兩個催化者發現他們無法有效地一起工作，並非代表一個人是對的而另一個人是錯的，或是兩個人都缺乏能力。它可能只是意味著兩個人的風格衝突，所以每一個人可能適合與風格相似的人一起工作。

重要的是催化者要能定期的聚在一起（理想上每一次聚會結束後有一小段時間），討論團體已經完成的及團體即將要走的方向。其他討論的領域包括：催化者如何看待團體與個別的成員，催化者對彼此工作的感受，及如何對團體中所引起的複雜議題進行處理。催化者也要爲下一次聚會擬定計畫。

團體催化者合理的安全控管

很不幸的，把訴訟歸檔已經變成是全國的娛樂。爲了避免引起誤診的訴訟

及提供辯護，團體的催化者應維持合理的、平常的及審慎的實際。以下是一些團體帶領者在轉化**合理**、**平常的**及**謹慎的**概念到實務中的實用原則：

- 謹慎地選擇團體經驗的人員。許多潛在的問題可以藉由有效地選擇實際而避免。催化者應選擇其需求與目標與團體目標一致的成員，才不會妨礙團體的歷程，其人格才不會被團體經驗所危害。
- 適度地通知成員團體的歷程。進團的程序、團體經驗的特徵、團體參與的期待、團體的目標、將使用的介入策略、成員的權利、成員與催化者的責任、付費的方式（如果需要），及在團體一開始就說明結束的程序。
- 與未成年的孩子工作時要有父母的同意書。
- 在團體一開始取得參與的同意書。此程序也可以是請催化者及成員都在契約上簽名。
- 對於你在團體中所運用的技巧與活動都要有一個清楚的理念。
- 對你的技巧與活動要有充分的準備來解釋及辯護其背後的理論基礎。
- 遇到涉入複雜的法令與倫理議題時，與律師或你的督導討論。
- 避免與團體參與者的社會關係糾結在一起。
- 注意到一些你在法令上需要去打破的私密性情境。
- 投保誤診的保險。
- 主動求知，掌握與治療有直接貢獻的理論與研究的發展。
- 了解而且遵守社會工作者的倫理規範（在美國是指全國社會工作者協會的倫理規範，在加拿大則是指加拿大社會工作者協會的倫理規範）。
- 當需要的時候可以將團體成員轉介到另外一種形式的治療團體，當團體治療不適合時也要加以轉介。
- 教導成員如何評鑑他們個人目標的進步情形，也定期地評估團體的進展情形。
- 對每一個成員的需求與目標做適當的記錄。
- 避免對成員承諾神奇的療效。對團體可以做到和無法達成的目標有合理的期望。
- 在你的州與地區法律允許的範圍內實踐。

■如果你是為機構工作，會有一個對你的專業功能界定機構合理責任的契約。

■遵守雇用你的機構的政策。如果你不同意機構的政策或他們妨礙你的工作，就試著改變政策。如果政策不能改，考慮辭職。

■清楚地對成員說明保密的意義及為何它是重要的，並強調成員所分享的內容必須予以保密——但也要讓成員了解到保密性也無法完全的保證，因為有些成員可能有意無意地侵害保密性。

與個案設定專業的界限

　　社會工作者與個案一起用午餐或晚餐適合嗎？適不適合參加個案也出席的晚會（晚會中供應酒精飲料）？去擁抱一個有情緒壓力的個案是否合適？這些是專業人員與個案之間互動可能引起的界限問題。最近幾年來，我看到許多社會工作人員及實習的社會工作人員，因為沒有與個案建立與維持適當關係的界限，而遇到嚴重的規範問題。例如，一個女實習生在戒毒中心實習，因為與其中一個成員約會而終止了她的實習工作。一個在高中工作的男性社會工作者，因為被發現與女性個案有性方面的關係而被開除。

　　社會工作者有責任在專業的堅持下與個案建立適當的界限。加拿大的社會工作者協會的社會工作倫理規範對界限議題的陳述，包括下列幾項：

　　社會工作者不應該利用與個案的關係來增進自己的利益。

　　社會工作者不應介入與提供服務無關的個案個人事務。

　　社會工作者應該分辨哪些是屬於個人所採取的行動與說明，哪些是社會工作者所採取的行動與說明。

　　社會工作者不能與個案有性關係。

　　社會工作者不能和個案間有金錢往來，如向個案借錢或借錢給個案。

　　而全國社會工作者協會的倫理規範對於界限的議題也有以下的說明：

　　社會工作者不應該利用任何專業的關係而獲取不當的利益，或是利用

個案來提升他們個人的、宗教的、政治的或是生意上的利益。

社會工作者不應該忙於與個案建立雙重或多重的關係，或是讓個案處於可能被利用的危機或潛在傷害的情境中。如果雙重或多重關係無法避免，社會工作者應該採取保護個案的步驟，建立清楚、適當的及文化的界限（當社會工作者與個案的關係不只一種時，雙重或多重關係就可能發生，不管是專業的、社會的或生意的。雙重或多重的關係可能同時也可能連續發生）。

社會工作者應該避免任何與個案發生性關係的可能性，不管是雙方願意或被迫。

社會工作者不應該介入任何個案親屬或其他與個案關係親密的人的活動或性接觸，而使個案有被利用與受傷害的可能。與個案的親屬或其他關係密切的人有性活動或性的接觸，可能對個案有潛在的傷害，而且使得社會工作人員很難與個案間建立適切的專業界限。社會工作者——不只對於個案、個案的親屬或是那些與個案維持親密關係的人——都應負起責任，與個案設立清楚、適切的及文化的界限。

社會工作者不應該與之前的個案有任何性的活動或性接觸，因為那樣可能傷害到個案。

社會工作者不應該引介與個案曾經有性關係的人當他的輔導者。

社會工作者不應該與個案有身體上的接觸，因為那可能對個案有心理上的傷害（如撫摸或輕搖）。社會工作者如果與個案有身體上的接觸，也要與個案設立清楚、適切的及文化的界限。

要發展其他的原則，來解答所有社會工作者與個案設定界限所引起的問題，是不可能的。以下的原則對解除一些界限的難題可能有些幫助：

■ 在你的專業與個人的生活中，成為符合社會工作專業原則與價值的角色典範。

■ 在與個案的關係中，試著獲得他們的尊重，成為社會工作專業原則與價值的示範，而非建立朋友與朋友的關係。

■ 不要想從與個案的關係中達到個人的需求與想望。

■ 增進對你本身的需求、感覺、價值及限制的覺察，讓你了解到這些對你和個案的關係可能有的影響。

■ 當有關與個案的關係是否適切的問題出現時，試著從個案的角度思考，是否此作爲對個案有建設性的影響。如果沒辦法列出具體的客觀影響，就不要參與此種互動。

■ 與個案間的建設性關係需要維持一定的距離。如果你對你的社會互動是否干擾專業關係的界限有所質疑，可以與你的督導或你敬重的人一起討論。

■ 在你與個案工作的專業社會工作角色中，要對於任何不適切的行爲、語言溝通及裝扮有所覺察。例如與青少年個案分享你的粗野的舞會細節，可能是不專業的。

11.5 練習 與個案的界限

目標：協助你設定與個案的適切界限。

1. 社會工作者問個案是否喜歡擁抱是否適當？如果你的答案是「是」，請你說明何時是合適的。

2. 有沒有哪一種情境下，社會工作人員與個案一起用餐是適當的？如果你認爲有，請把那些情境寫出來。

3. 一個社會工作者帶領治療團體也從事租屋服務，如果個案中有人努力想向帶領者租房子，此社會工作者應如何做？

4. 你是一個高中的社會工作者，你是單身但已經和某人交往三年。和你有性關係的那個人的姪女十六歲，也在這所高中，來到你的辦公室，因爲個人的一些難題來請求諮商協助，你會接受她的諮商嗎？

治療的因素：治癒的面向

有哪些治療的因素使接受團體治療的個案有積極的改變？特定的因素並未全然了解。此段落將呈現兩種不同的架構，第一個是由發展理性治療的 Albert Ellis 博士所建構的，第二個是由著名的團體治療者 Irvin Yalom 博士所改良的架構。

Ellis 主張任何治療技術會改變不想要的情緒或傷害性的行動，主要是因為它改變人們不合理性的或負面的自我對話，而使其變得正向與合理。

Yalom 列出十二個他認為可能造成接受團體治療的個案積極改變的因素：

1. **希望的逐漸形成**：成員因為與其他有類似經驗的團體成員接觸而受到啓發，提升他們的期望。

2. **普遍性**：許多成員進到團體中是帶著錯誤概念而來，以為只有他們有這樣的問題與困難。團體治療協助團體成員發現其他有類似問題的人，而且已經藉由團體治療解決了問題也改善了生活。

3. **分享訊息**：成員從帶領者與其他成員那裡得到資訊（包括忠告、建議及指導）。成員學習心理的功能、症候的意義、人際與團體的動力、治療的歷程及如何更有效地解決問題。

4. **利他主義**：此概念與在第一章所描述的助人者治療原則類似。成員間有時會互換角色成為其他人的協助者，此協助成員把他們的問題提出來。助人使人覺得值得且有意義。另外一個利他行為的優點是對生活提供了其他的意義，特別是對那些抱怨生活缺乏意義的人。

5. **原生家庭的修正要點**：許多團體治療中的成員都有對原生家庭不滿意的經驗。團體治療使成員對於過去原生家庭所造成的創傷有更深入的了解。成員可以與帶領者及其他成員互動，以回想他們如何與父母與兄弟姊妹互動。團體治療對於早期的家庭衝突提供重生與治療的機會。

6. **社會化技術的發展**：社會學習在所有治療團體中發生。成員從其他成員那裡得到有關他們優點及需要面對的挑戰的回饋。有更多機會嘗試更具功能性的行為，例如更有自信取代攻擊或缺乏自信的行為，或是更能溝

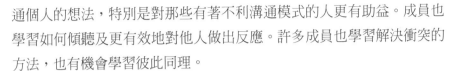

通個人的想法，特別是對那些有著不利溝通模式的人更有助益。成員也學習如何傾聽及更有效地對他人做出反應。許多成員也學習解決衝突的方法，也有機會學習彼此同理。

7. **模仿的行為**：團體帶領者與其他團體成員表現出建設性的行為（如問題解決技能、有自信、同理心、支持性），會提供有同樣議題的成員模仿的機會。此現象有時也稱為替代與旁觀者治療。

8. **導洩作用**：團體治療提供成員宣洩的機會。透過感覺、害怕、過去的創傷經驗及關注的宣洩，成員可以減緩焦慮與緊張，進而改善他們的功能。在團體中，強烈的情緒宣洩有助於團體凝聚力的發展。

9. **存在主義的因素**：成員了解到，其實從他人那裡得到的引導是有限的，而且他們對自己的生活負有最終的責任。他們知道每一個人都是獨自到這個世界，死亡時也是獨自一人。這種孤獨的感覺有部分可以透過學習，也可以透過與親密的夥伴在世界旅遊，而得到深度的滿足。

10. **團體凝聚力**：許多的研究顯示，當團體建立起互信、溫暖、同理的了解及接納的氣氛，成員就會有積極正向的改變。為了讓成員在表露他們的問題時覺得自在，重要的是成員不會把他們在團體中表露的問題在團體外談論。

11. **人際學習**：與其他人建立親近的關係與其他生理的需求一樣基本，也與生存一樣重要。許多成員有改善他們的人際關係的目標。團體治療經常提升更有效地與他人溝通的學習，學習更信任與更誠實及學習愛他人。

12. **團體像小型社會**：團體逐漸地形成一個參與者所在世界的縮影。一段時間後，團體成員開始當他們自己。他們逐漸地與其他團體成員互動，好像他們與其他社會領域的人互動一樣。成員會開始在團體中呈現他們適應不良的人際行為，而帶來一個機會，使帶領者與其他團體成員能幫助成員去意識到自己適應不良的行為。此外，其他團體成員與帶領者可以協助成員解決問題，及與他人共同探索更具功能性的方法。

11.6　練習　哪些是透過諮商而導致的積極改變？

目標：此練習在協助你達成結論，了解哪些因素使具有情緒與行為議題的人透過諮商
　　　而有積極的改變。

社會工作者對個案透過諮商而有積極改變因素的覺察，是非常重要的。我
們必須了解透過諮商而有積極改變的因素，才能在諮商時有信心地應用這
些元素。Ellis 所發展的理性治療，呈現了一種解釋。Yalom 則呈現另外一
種。先閱讀這兩種解釋，然後把你所相信的透過諮商而有積極改變的因素
陳列出來。

12 團體的結束與評鑑

　　結束與評鑑是團體中最重要的階段。本章先簡述學生在閱讀與進行完本章練習所應該學習的重點,然後討論一些結束團體的方式,最後描述團體中歷程評鑑與結果評鑑的研究途徑。

透過本章內容的閱讀、練習的參與及一些練習的帶領，希望能發展技能，成為一個有效的團體領導者與成員。你的語言與非語言的溝通及積極傾聽的技能應該可以改善。了解團體可能出現爭議的原因，就應該能運用問題解決的策略及做決定的途徑來提升團體效能。你應該能帶領腦力激盪及名義團體並對議會的程序有些熟悉。

團體可以用來協助成員控制不當的情緒、管理悲傷，對於死亡較能面對，變得更有自信，管理壓力，獨立處理問題，預防崩潰，改善時間的管理，發展積極的自我認同，及改善親密關係。課堂結束時，你應該更有能力領導各種不同的社會工作團體。有效的團體運作可以協助我們達成個人目標，促進個人的成長及改善我們的人際關係。獲得團體的技能與知識，可以使我們的能力更有效的在組織、社區、家庭與社會中運用。現在我們已到了課程與本文的尾聲，必須把焦點放在如何結束一個團體。

 ## 結束

治療團體的結束歷程已經在第十一章說明，此段落將針對一般團體的結束歷程做一個描述。

「結束」本身就是從團體及成員中分離。分離的感覺是非常複雜的，其強度因各種因素而有不同。其中一些因素將會在此討論。當一個成員對團體更親密、投入更多情感時，成員的失落感會愈大。成員藉由團體達成個人目標的成功感覺愈大，他們的甜蜜傷感愈大——他們有的甜蜜感覺是他們覺得成長與成功，傷感的是因為他們即將從一個對他們而言有意義而重要的團體離開。

成員對團體的情緒依賴性愈強，他對於團體的結束會有更多生氣、拒絕與失望的感覺。成員如果在過去曾經歷過與重要他人分離，團體結束的分離會變得更困難，而其對分離的反應會再度出現。

有許多種結束的型態，包括：

1. 一個成功團體的結束
2. 一個不成功團體的結束

12.1 練習｜離開重要團體所包含的情緒

目標：此練習協助了解當成員離開一個重要團體時可能有的情緒。

1. 成員在離開一個重要團體時所經驗的情緒，與你結束重要的參與活動所經驗的情緒是類似的。描述你在結束一個重要的參與所經驗的情緒。它可能是離開一個團體（如女童軍或棒球隊），或是離開你的家人和朋友去上大學，或離開高中等。

2. 描述你離開的感覺。把你的正向與負向的感覺描述出來。或許此分離的感覺是酸甜的——爲了離別傷心，但爲了能走入人生的另一個正向的記憶與感覺而感到甜美。

3. 如果你對分離覺得非常傷心（或其他負向的情緒），你會讓這些感覺離去嗎？如果是，是什麼幫助你這樣做的？如果不是，你需要努力的是什麼？你用哪些策略讓這些感覺離開？

　3. 一個成員中途退出
　4. 一個成員的轉介
　5. 帶領者離開
　以上每一種型態都會簡要的描述一下。

一個成功團體的結束

　　一個成功的團體是一個團體和成員都達成目標的團體。此種團體的結束是產生一種甜蜜與悲傷的反應。成員們對於他們的成就都很高興。此成就可以增加他們自信與自尊的程度。成員也會有一種失去的感覺，因爲他們已經對團體投入許多。此種團體可以有一個慶祝活動來記錄與表揚團體與成員的成就。

　　在結束一個成功的團體時，最後的第二或第三次聚會做團體的結束是重要的。理想上，最後一次聚會的日期必須在最後的團體聚會前與成員討論決定（有些團體在團體開始聚會前就已經決定最後聚會的時間）。在結束一個成功

的團體時，要有足夠的時間，才能 (1) 評鑑完成目標所做的努力；(2) 對於未決問題可以計畫如何進行；(3) 在未決的最後提出的議題才能解決；(4) 成員對團體結束的情緒反應才能處理；(5) 成員有時間討論是否在團體結束時有一個特別的活動。

由於說再見總是傷心的，這些負向的感覺可以藉由強調團體成員已經給予與獲得的、成長、已學得的技能及團體已經達成的來調和。在一些個案中，可以有多餘的一次聚會來解決未完成的工作。成員可以決定未來有定期的團體聚會及社交聚會。

一個不成功團體的結束

一個不成功的團體是指團體的目標及個人目標的達成程度很低的團體。成員對缺乏進步的反應可能變化很大：生氣、挫折、失望、失落、自責（因為缺乏投入或收穫）、代罪羔羊、抱怨等。在很少的案例中，一些不成功的團體也會有令人可接受的成果。例如，一個為了申請聯邦的補助而形成的團體，可能對它的努力與其他人所形成的關係感到滿意，雖然最後他們並沒有得到資金補助。

在計畫一個不成功的團體結束時，重要的是其正式的結束要和成功的團體一樣有很好的計畫，最後一次聚會的日期必須在最後的團體聚會前與成員討論決定。在結束一個不成功的團體時，要有足夠的時間，才能 (1) 評估與評鑑缺乏團體進展的理由；(2) 其他達成團體與個人目標的變通方案才能被討論（此類的變通方案可能包括改變團體的形式、轉介成員到其他團體，及包括個人努力的變通方案）；(3) 成員對於結束及缺乏進展的情緒反應才能處理；(4) 成員才有時間解決他們未決的問題及最後提出的議題；(5) 成員有時間討論是否在團體結束時有一個特別的活動。

有時候，一個不成功的團體的結束是混亂的及被打擾的。例如，一個為了申請經費而組成的計畫撰寫團體，可能在計畫將完成時才接到訊息說，提供資金的組織因為資金短缺而中止此申請活動。此類的團體可能匆忙地結束而且很失望。或是在一個非自願的團體中（例如在監獄或青少年住宿治療），帶領者可能決定如果繼續此團體可能會有不良後果，因為成員遊手好閒，不想再為團

體而努力。在每一個案例中，團體結束的理由都應該說明，而且要留時間來處理成員對結束的反應。如果最後一次的聚會沒有足夠的時間來處理包括結束團體的活動，可以有再一次的聚會，或是由帶領者私下與對成果不滿意的成員討論他們的感覺、達成目標的變通方案、團體結束的反應，及可能有的未解決的關注。

當一個不成功的團體突然結束時，一些團體成員可能對帶領者、團體成員或他們所經驗的強烈地批評。如果帶領者與成員接觸，了解成員對團體的看法，必須先有心理準備面對這些批判。一個帶領者面對批評可以準備的是先預見這些批評，然後對每一個批評給予正向實際的反應。

成員中途退出

當成員中途退出，即使團體持續，他也不太可能再參加。成員退出的理由很多。成員可能對團體不抱希望，覺得團體可能無法達成原來設定的目標，也可能是不同意或不喜歡另外的團體成員，或是成員是為人父母者，在團體聚會的時間必須照顧小孩，或是成員開始上班而團體聚會的時間與其上班時間衝突，另外還有其他原因。

當一個團體成員退出但沒有說明理由時，帶領者應與此成員聯絡，了解他終止的原因。在一些情境中，帶領者可以說明，決定離去是一個很重要的抉擇，不應受干擾，但是可以利用此機會探討此決定可能的原因。如果此成員與另外的成員有衝突，或許解決了此衝突後，成員會再回來，也可以做一些努力使成員再回來。例如，如果照顧小孩形成父母的問題，可以安排孩童的照顧。

如果成員決定不再回來，必須探討其離開的理由。此成員的關注需要處理以免其他成員也跟著離開。如果一個人退出治療團體或會心團體或教育團體，但其關注仍未處理，就要轉介到其他團體或採一對一的專業協助。

當成員退出時，帶領者需要把此成員對團體的正向貢獻跟成員們說。中途退出一個團體通常被視為個人的失敗，所以要對此成員的正向貢獻表達感謝，以減低他個人的挫敗感。

當成員退出，其他的成員可能有各種的情緒。有一些人可能覺得他們沒有

好好對待此成員，有的人為他們過去所作所為感到愧疚——或是後悔沒有做一些努力使成員留下來。有的人對於此成員的離去感到放鬆與喜悅，因為他們可能認為此成員對團體沒有貢獻，或是妨礙團體努力完成目標的因素。有些人對此成員的退出感到傷心，擔心是否有一些不好的事情發生在此成員身上。有些人可能對此成員的離去感到生氣，因為他們覺得此成員放棄了團體，少數人可能會拒絕。因此，必須要告訴團體成員離開的原因，因為成員的離開對團體的規範可能是具破壞性的。如果一些成員離開，此團體的存在可能受到威脅。

理想上，離開的人應該告訴成員理由，當面或書面都可以。如果成員未如此做，帶領者或其他成員要與此成員聯絡來了解其離開的原因，再告知團體成員。

12.2 練習 被拒絕的經驗

目標：增加你對團體成員被要求離開團體可能感覺的覺察。

1. 描述你被拒絕的事件。此被拒絕的事件必須是在情緒上具有重要性的。

2. 你有何種感受？（此種感受可能和一個被要求離開團體的人的感受相當。）

3. 你是否曾經成功地處理你被拒絕的負向情緒？如果是，是什麼幫助你處理的？如果否，有什麼策略是可以幫助你處理的？

成員的轉換

團體成員轉換到其他團體或其他專業的服務，一般包括團體帶領者與成員間有計畫的安排。此轉換可能有許多理由。在問題解決的團體中，雇用機構可能認為團體成員的天資和技能在其他職位上更能發揮。在治療團體中，帶領者和團體成員可以共同決定，接受其他更專業的服務可能是比較好的。團體成員可能從任何因彼此間的衝突無法解決的團體轉換。此衝突可能嚴重地影響團體目標的達成（例如，可能有因為宗教信仰或語言差異所造成的嚴重的無法克服

的鴻溝）。

當轉換發生時，帶領者要盡可能做一些事，讓此轉換不要變得突然。被轉換的成員必須很清楚自己轉換的理由而且能接受。此外，團體應該接收到此轉換的訊息。理想上，此成員應該解釋他轉換的原因，讓其他團體成員有機會祝福此成員，而且了解此成員即將離開。

帶領者離開

有時候帶領者因為另外的任務交派、雇主的改變、健康的因素或家庭危機，必須結束團體。此種結束對帶領者及成員而言都是很難的。情緒的反應可能很強烈，而且處理這些情緒的時間很有限。一些比較容易受傷又依賴帶領者的成員可能會覺得很難接受。有些人可能會把帶領者的離開歸咎於自己曾說過或曾做過的。有的人會覺得生氣與被背叛的感覺，因為他們已經對團體有所承諾，且信任帶領者，帶領者離開後，其團體目標只達成部分。

帶領者也一樣會有強烈的情緒，包括對無法領導團體以達成團體目標而感到愧疚。

當帶領者離開時，應該鼓勵成員表達他們的感受。帶領者可以說明他離開的理由，列出團體的許多正向的事物及其對離開團體的愧疚感與感傷。離開前，帶領者或團體應該選一個新的帶領者。如果新的帶領者不是團體的成員，即將離開的帶領者必須告知新的帶領者團體的目標、成員的特徵、目前的任務與困難，及團體達成目標已有的進展。新的帶領者應該由即將離開的帶領者介紹給團體。順利的轉換是從前任帶領者的責任轉移到新的帶領者的重要目標。

12.3 練習 重要人物離開的經驗

目標：覺察當重要的帶領者離開團體時成員的情緒感受。

1. 描述重要人物遠離你的經驗。

2. 對於此人的離開有何感受？

評鑑

　　過去幾十年，社會福利非常強調績效。資金來源要求補助資金有效的證據。績效的一個重要元素就是評鑑。

　　廣義的說，評鑑是設計來評估所提供的服務是否有效能有效率。所提供的服務如果未達成目標，就是缺乏效能效率。在評鑑團體所提供的服務中，評鑑有兩個面向——歷程評鑑和結果評鑑。

歷程評鑑

　　歷程評鑑是一種評量，通常是由團體成員針對團體的優缺點進行評估。有助於歷程的技巧與阻礙事件的回饋，對團體帶領者而言是有極大價值的。藉由此訊息，領導者可以使他的特定技能更精進，淘汰教材，提供選擇途徑與增加教材的方向，也可以增加信心。回饋可能是具批判性的，也可能是謙遜的或是破壞性的。最好的方式是根據評鑑來調整，而非拒絕及否認這些回饋，持續地在以後的團體犯同樣的錯誤。團體帶領者應該歡迎批評而且有準備地予以反應，這也是社會工作者期待個案給予建設性批評的方式。

　　歷程評鑑可以口頭進行，請團體成員討論那些建設性及破壞性的事件、面向、教材與技巧。此種口頭評鑑的優點是大部分的成員都喜歡口頭的討論，缺點是有一些人可能不好意思說出缺點，因為社會規範中強調正向的回饋。

　　歷程評鑑也可用簡單的問卷完成。三個重要的問題如下：

1. 歸納團體的優點（引用特定的教材與事件，或者是帶領者所使用的技能與技術）。

2. 歸納團體的缺點（引用特定的教材與事件或者是帶領者所使用的技能與技術）。

3. 簡要地列出你的特別建議。

　　在歷程評鑑中，團體成員比較會提出正向的因素多於負向因素。此類正向回饋能夠使帶領者更覺察到他們的優點，而在以後增進這些技能的運用。

　　負向的回饋通常比正向的回饋更有價值。它告知帶領者一些需要改善的面

向，使帶領者注意。如同 Hepworth 和 Larsen 所說的，「與個案在一起，覺察可以促進改變。」

另外一種評鑑歷程是**同儕評鑑**，是一種品質控制的形式。同儕評鑑是由一位或多位同儕（通常是其他團體帶領者）定期地在團體中坐下來討論（一些機構有單面鏡，可以觀察團體的討論）。同儕評鑑最重要的是機構或組織要有反應團體領導品質的共同原則或規準。同儕評鑑是整個團體功能的小部分評鑑。此小部分評鑑可能是整體團體功能的典型或非典型的（許多學院與大學使用同儕評鑑歷程來評鑑新進同仁的等級）。

同儕評鑑的另一種變形是影音評論會議。此錄音帶反覆地播放，由帶領者與另一位同儕（或是帶領者的督導）來評論。錄音會議重要的是帶領者應該解釋聚會錄音或錄影的原因，說明誰將擔任評鑑者，然後徵求成員錄音的許可。

12.4 練習 你的團體歷程評鑑

目標：讓你熟悉歷程評鑑。

1. 描述一個你曾參與而現在已經結束的團體。
2. 做以下相關的摘要：
   a) 此團體的優點：
   b) 此團體的缺點：
   c) 團體改進的建議：

結果評鑑

結果評鑑包括團體成立所設定目標達成程度的評估。測量目標達成程度的特殊途徑是單一樣本設計、任務成就量表及滿意度問卷。

單一樣本設計　單一樣本設計在過去二十年間在助人專業中已經變得愈來愈受歡迎。單一樣本設計有十二種以上的變化，有些很複雜而且嚴謹。很幸運地，簡單的設計可以讓剛進入的社會工作人員在許多直接的實務情境中運用。

此種設計的基本要素在此描述。

單一樣本設計也由許多詞來界定——單一系統設計，單 N 或 N=1 研究，密集或表意的研究，單一個案研究設計，單一機體研究，時間系列研究或設計，及單一個案實驗設計。**單一樣本**這個詞指出研究焦點是在單一個案——通常是個人，但也可以是一個團體或家庭。

在單一樣本設計中，個案成為控制組。因此，此途徑相對地較容易融入實務者的一般服務中。

研究歷程的步驟包括：

1. 明確說明結果
2. 選擇適合的測量統計
3. 記錄基礎線的資料
4. 執行介入方案並監控結果
5. 評估改變
6. 推論效能

單一樣本設計的第一步是明確說明有興趣的結果。此選擇的結果應該反應個案的需求及合理可達成的。此結果也必須是明確定義且是可測量的。對一個很容易腹瀉的個案，適切的結果是止瀉。對一個經常有爭執的家庭而言，適切的結果是減低爭執的次數。

設計歷程的第二步是選擇適切的測量方法。實務工作者與個案期望改變的目標行為以一種可以信賴的測量方式來界定。有許多測量個案結果的方法，包括直接觀察、個案的自陳報告及標準化的測量。標準化的測量包括測驗、問卷、評量表、清單及檢核表。許多標準化的測量已經被發展出來，如自尊、自信程度、沮喪的程度、焦慮的程度、婚姻滿意度、退出者、壓力的量、自殺傾向及滿意度。

第三步是記錄基礎線。基礎線包括在介入方案前一段時間的資料蒐集。基礎線的目的在於建立介入前結果測量的基本比例。此基礎比例可以用來提供一個目標行為在介入方案前、中、後的發生率的比較基準。

第四步是執行介入方案及監控結果。例如，對於一個通常沒有自信的個案

來說，介入方案可能是讓個案參與一個自信訓練團體。

　　第五步是評估改變。此步驟包括目標行為在治療前、中、後發生率的比較。通常目標行為在此三個時間階段的發生率可以圖表來表示，如**圖** 12.1。

　　第六步是推論效能。此步驟包含邏輯的、實證地呈現證據，證明此介入方案是唯一促成個案改變的理由。本質上，此步驟也包括其他非相關因素的排除。推論因果的重要規準是共變項，也就是結果中所觀察到的改變必須發生在介入方案執行時。如果正向的改變發生在基礎線階段，我們可能會推論說，有其他非介入方案的因素使它產生正向的改變。類似的，如果改變發生在介入方案後很久，可能有其他因素影響此改變。如果我們檢視**圖** 12.1 容易腹瀉的個案的介入結果，我們可以下結論說，此介入有正向的效果，因為腹瀉的次數在介入方案執行中與之後都明顯的下降。不過，對於此類個案的治療目標是希望能使腹瀉停止，但是個案仍是定期地有腹瀉的情況，所以可能要有其他的介入方案。

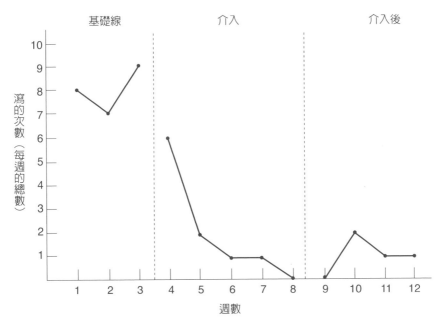

圖 12.1　容易腹瀉的個案的介入結果

在一些單一樣本研究的情境中，有必要使用多重基礎線來作為測量改變的方法。Sheafor、Horejsi 與 Horejsi 舉出一個可以運用多重基礎線的例子：

> 在與有學校問題的孩子工作時，一條基礎線可能是學校出席率，另一條是每週作業的等第，第三條是老師對孩子在教室合作的每週評比。除非目標行為是非常明確特定的，為了解介入方案的效果，多重基礎線的設計通常是必需的。

有許多方式可以把單一樣本設計的方法應用到治療的、會心及教育團體中。方式之一是為每一個成員設計一個單一樣本設計。如果團體是住在一起（例如，在一個團體的家），而成員有人際間的問題（如強烈的爭吵），單一樣本設計就可以團體為個案。例如，如果減少爭吵的量是目標行為，就可以在基礎線、介入中及介入後的三個階段，由職員來計算每週成員間爭吵的次數。

12.5 練習 應用單一樣本設計來改變你的一個壞習慣

目標：協助你了解及應用單一樣本設計。

1. 確認一個你有而且想減少它出現的次數或改掉它的壞習慣。它可以是減少飲酒或戒煙。

2. 為了改掉此壞習慣，明確界定以下事物：

   a) 你的結果：

   b) 決定進步程度的適當測量方法：

   c) 你的基礎資料：

   d) 執行介入方案與監控此結果：

   e) 評估改變：

   f) 推論效能：

3. 完成此評鑑後，你覺得你是否願意努力減低你其他不喜歡的習慣？

任務成就量表　此途徑的目標是用來測量團體成員或帶領者對介入任務完成的程度。在此途徑中，達成團體成員與團體目標的工作被分成許多行動或任務。這些任務經過成員的相互認可而選定，而每一位成員都被指定或選擇特定的任務，來達成他個人與整體的團體目標。每一個任務完成的日期都事先設定。任務成就量表（Task Achievement Scaling）是指每一個任務達成程度的評估。

Reid 和 Epstein 在使用此途徑時，使用四點量表來記錄每一個任務的進步情形：

4 ＝完全達到

3 ＝大體上達到，但仍需要一些行動

2 ＝部分達到，仍有許多工作要達成

1 ＝很少達到或沒有達到

如果需要的話，可以有第五個選項是「沒有」，表示沒有機會完成此任務。使用此種途徑，只有結果是被評定的——不是努力的程度、動機或好的意圖。此途徑的主要優點是它的簡易性，當更精密的程序因為時間不夠、資料不足，或很難找到一個測量目標行為改變的方式時，任務成就量表是可以應用的。不過此途徑亦有其限制。例如，如果任務本身在解決個案問題的概念化上是錯誤的，即使完成了任務，可能也只有一點點效果。

滿意度問卷　另外一個評估團體成果的方式，是讓團體成員填寫測量滿意程度的問卷。此類問卷的例子如**圖 12.2** 的團體成員滿意度問卷。

像此類的問卷是相對簡單而花費較低的方法，可以測量成員對團體滿意的程度。問卷可以在團體的最後一次聚會時請成員填寫，也可以在團體結束後以郵寄方式寄給成員填寫。有關歷程評鑑的問題也可以加到問卷中。

12.6　練習　在你參與的團體中應用滿意度問卷

目標：協助你應用滿意度問卷。

1. 描述一個你曾參與但目前已經結束的團體。

2. 以你所參加的團體的經驗來回答**圖 12.2** 的問卷問題。

感謝你花時間來評鑑你在我們團體中的經驗。你對此問卷的回答將有助於我們改善未來的團體。自由地提供你的想法。為了匿名，請不要寫上你的名字。

1. 在你參加的團體中你是否完成你預期的目標？
　　_____ 是的，完全達成
　　_____ 大部分達成
　　_____ 沒有實際的進步
　　_____ 比以前更糟
　　意見：_____

2. 在你參加的團體中你覺得團體已達成它的目標嗎？
　　_____ 是的，完全達成
　　_____ 大部分達成
　　_____ 沒有實際的進步
　　_____ 此團體完全失敗
　　意見：_____

3. 你對此團體帶領者的感覺如何？
　　_____ 非常滿意
　　_____ 滿意
　　_____ 沒有感覺
　　_____ 不滿意
　　_____ 很不滿意
　　意見：_____

4. 你對此團體的其他成員感覺如何？
　　_____ 對每個人都滿意
　　_____ 對一些人滿意但對一些人不滿意
　　_____ 沒有感覺
　　_____ 對大部分成員不滿意
　　_____ 對所有成員都不滿意
　　_____ 對所有成員都很不滿意
　　意見：_____

圖 12.2　團體成員滿意度問卷

團體練習

練習 A：評量與結束課程

目標：團體的結束。

注意：此門課的教學者必須帶領此活動的進行。

步驟 1. 教學者開始先說明他對團體的一些正向的想法與感受，也可以提一些深刻的印象。

步驟 2. 團體圍圈坐下來，教學者問：「在此門課結束前，有沒有任何人想要發表任何意見？有沒有哪些未完成的事項我們必須處理？」

步驟 3. 教學者請團體對課程有所反省而進行討論，其問題可以是：此課程是否對你在社會工作的團體帶領中有所助益？還有哪些是有助於你的社會工作領導但尚未做到的？哪些活動或教材有助於你了解自己？你認為此課程的優點是什麼？你認為此課程的缺點是什麼？此課程可以如何改進？（另外一種替代口語表達的方式，是請學生把他們的想法寫在一張紙上再交給老師。）

步驟 4. 成員分享他們記憶最深刻的經驗及從課程中所學到的。每個成員都應給予機會表達他們的看法。

步驟 5. 每一個成員以文字的方式表達他們對第一堂課及在此課堂中的經驗（此步驟是變通的）。

步驟 6. 帶領者請每個成員送給他右邊的成員一個想像的禮物。每一個人應該輪流，才能讓每一個人聽到禮物是什麼。當給予或接收到禮物時，成員要張開手象徵他們已經給予或收到禮物。此禮物的例子，如時間管理鑰匙來解決遲到的問題，溫暖的太陽代表微笑的人格特質，愛心意味著快樂的關係，正向與合理的思考來處理不合理的情緒，默想用來減輕壓力（此步驟是供選擇用的）。

步驟 7. 教學者可以請學生做課程評鑑或說一些結語，或以其他方式來結束此門課。

Note